Manual de actividades
to accompany

EXPERIENCE
SPANISH

Un mundo sin límites

Maria J. Amores
West Virginia University

José Luis Suárez García
Colorado State University, Fort Collins

Michael Morris
Northern Illinois University

Contributing Writers:

Mary Goodrich
University of Connecticut

Bethany J. Sanio
University of Nebraska—Lincoln

Mc Graw Hill

Connect
Learn
Succeed™

Published by McGraw-Hill Higher Education, an imprint of The McGraw-Hill Companies, Inc., 1221 Avenue of the Americas, New York, NY 10020. Copyright © 2012 by the McGraw-Hill Companies, Inc. All rights reserved. No part of this publication may be reproduced or distributed in any form or by any means, or stored in a database or retrieval system, without the prior written consent of The McGraw-Hill Companies, Inc., including, but not limited to, in any network or other electronic storage or transmission, or broadcast for distance learning.

This book is printed on acid-free paper.

1 2 3 4 5 6 7 8 9 QDB/QDB 0 9 8 7 6 5 4 3 2 1

ISBN: 978-0-07-328018-9
MHID: 0-07-328018-6

Vice President and Editor-in-Chief: *Michael Ryan*
Editorial Director: *William R. Glass*
Publisher: *Katie Stevens*
Senior Sponsoring Editor: *Katherine K. Crouch*
Director of Development: *Scott Tinetti*
Development Editor: *Jennifer E. Kirk*
Editorial Coordinators: *Margaret Young, Erin Blaze, Laura Chiriboga*
Executive Marketing Manager: *Hector Alvero*
Faculty Development Manager: *Jorge Arbujas*
Media Project Manager: *Thomas Brierly*
Senior Production Editor: *Mel Valentín*
Design Manager: *Andrei Pasternak*
Art Editor: *Robin Mouat*
Illustrator: *Harry Briggs*
Buyer II: *Louis Swaim*
Composition: *Aptara®, Inc.*

The Internet addresses listed in the text were accurate at the time of publication. The inclusion of a website does not indicate an endorsement by the authors or McGraw-Hill, and McGraw-Hill does not guarantee the accuracy of the information presented on those sites.

Contents

Preface

The *Manual de actividades* to accompany *Experience Spanish* follows the organization of the textbook and provides you with additional review and practice of vocabulary and grammatical structures. At the end of each **Tema,** you will find a **Síntesis y repaso** section that recycles the vocabulary and grammatical structures learned in that **Tema.** In addition, each chapter includes a **Pronunciación** section to give you tips on spelling and pronunciation of Spanish. The **Palabra escrita: A finalizar** section at the end of each chapter gives you exercises to help you review and complete the writing activity that you began in the **Palabra escrita** section of the textbook.

You will find several types of activities in this workbook:

- **Vocabulary practice activities** allow you to make meaningful associations of new words with previously studied material or with situations that are familiar to you.
- **Mechanical activities** help you to review and practice how a grammar point works in expressing meaning.
- **Open-ended writing activities** allow you to integrate the material you have studied and convert it into meaningful communication in Spanish.
- **Listening activities** (denoted by a headphones icon in the margin) help you to develop the important skill of aural comprehension.
- **Pronunciation and orthography activities** help you isolate problems in your pronunciation and spelling that may impede effective communication with Spanish speakers.
- **Cultural readings** allow you to integrate and consolidate your increasing knowledge about the cultures of the regions where Spanish is spoken.
- The full **Laboratory Audio Program** can be found as part of each chapter of the Online Learning Center at **www.mhhe.com/experiencespanish.**

The following suggestions should help you to use the *Manual de actividades* successfully.

- You will benefit most if you complete the activities in this workbook immediately after the material is presented and practiced in your class. That is, do not wait until the end of the chapter to complete all the exercises!
- Remember that it is more important to know *why* a given answer is correct that just to guess the right one, especially while doing the grammar activities.
- Even if your teacher does not assign all of the exercises, you may wish to complete them for extra practice.
- Try to complete the activities with your textbook closed. One effective way of proceeding is to review the textbook material first, then test your understanding by working in the Manual.
- Most of the answers are given in the Answer Key at the back of the Manual. You may want to highlight the items you were unable to answer correctly. This will help you study and review before chapter tests.

Capítulo preliminar

TEMA: La identidad

Vocabulario del tema

Práctica 1. Hola. University students in the United States greet many different people every day. Look at the drawings and match each one with the letter of the interaction that is most likely occurring.

1. __e__

4. __f__

2. __d__

5. __a__

3. __c__

6. __b__

a. —¡Hasta luego!
—¡Nos vemos!

b. —Buenas tardes, José.

c. —¿Cómo está usted?
—No muy bien.

d. —Me llamo Lisa.
—Mucho gusto.

e. —Buenos días, profesor Martínez.

f. —¿Qué tal, Felicia?
—Bien. ¿Y tú, Jorge?

Práctica 2. Saludos y presentaciones. Complete each dialogue with words from the corresponding list.

Mark y Ángela

cómo	igualmente	nombre
de dónde eres	me llamo	y tú

—Hola.

—Hola. ¿_COMO_¹ te llamas?

—_me llamo_² Ángela. ¿Cuál es tu nombre?

—Mi _nombre_³ es Mark. Mucho gusto.

—_igualmente_⁴.

—¿_DE DONDE ERES_⁵ Ángela?

—Soy de Texas. ¿_Y tú_⁶?

—Soy de Florida.

Juan y el profesor Peña

buenos días	de nada	gracias	usted

—Buenos días, Juan.

—_buenos días_⁷, profesor Peña. ¿Cómo está _usted_⁸?

—Bien, _gracias_⁹. ¿Y usted?

—Muy bien, gracias.

—_de nada_¹⁰

Práctica 3. Los números. Write out the numbers in the list.

1. 27 _____

2. 9 _____

3. 14 _____

4. 30 _____

5. 16 _____

6. 5 _____

7. 11 _____

8. 22 _____

9. 18 _____

10. 4 _____

Práctica 4. Las matemáticas. Perform the following calculations and spell out the resulting number. Note: + (más), − (menos), = (son).

1. veinte + seis = _____

2. diez + cinco = _____

3. trece − once = _____

4. quince + catorce = _____

5. dos + ocho = _____

6. diecinueve − dos = _____

Práctica 5. ¿Qué número es? Listen to each phrase and write the numeral that you hear.

> MODELO: (*you see*)   _____ estudiantes
>
> (*you hear*)   dos estudiantes
>
> (*you write*)   2

1. _____ clases   3. _____ amigos   5. _____ carros   7. _____ diccionario

2. _____ libros   4. _____ hombres   6. _____ mapas   8. _____ números

Gramática

P.1   Nouns, Articles, Gender, and Number

Práctica 1. ¿Masculino o femenino? Imagine you have been hired to give a tour of the Southwest area of the United States. You will be giving the tour in both English and Spanish.

PASO 1. Give the correct definite article (**el, la, los, las**) for each word that you might need during your tour.

1. _____ montañas   3. _____ museos   5. _____ hombre

2. _____ ruta   4. _____ señora   6. _____ intereses

PASO 2. Now give the correct indefinite article (**un, una, unos, unas**) for these additional words you might need.

7. _____ actor   9. _____ personas   11. _____ problema

8. _____ días   10. _____ nación   12. _____ café

Práctica 2. Singular y plural.

PASO 1. Here is a list of essentials you will need to bring for the members of your tour group. Give the plural of each item, as you will need more than one of these things.

1. el cuaderno   _____

2. el lápiz   _____

3. el papel   _____

4. la silla   _____

5. el dólar   _____

PASO 2. This is the list of essentials you will need to bring for yourself. Give the singular form of the following items, as you only need one of each.

1. las novelas   _____

2. los mapas   _____

3. las sandalias   _____

4. los diccionarios   _____

5. las luces (*lights*)   _____

P.2   Subject Pronouns and the Verb **ser**

Práctica 1. **¿Formal o informal?** Choose the correct personal pronoun (**tú, Ud., Uds.**) to address the following people.

1. un actor famoso _____

2. un bebé _____

3. un amigo _____

4. una artista famosa _____

5. un profesor _____

6. unos doctores _____

7. una compañera _____

8. un animal _____

9. unas profesoras _____

10. unos amigos _____

Práctica 2. **Los pronombres personales.** Write the correct personal pronoun for talking *about* each of the following people.

yo	nosotros
tú	
Ud.	Uds.
él/ella	ellos/ellas

1. la profesora _____

2. el doctor _____

3. unos amigos _____

4. unas amigas _____

5. mis amigos y yo _____

6. tú y tres mujeres _____

7. Juan y Carlos _____

8. Sofía _____

9. tú y él _____

10. el presidente _____

Práctica 3. **Descripciones con el verbo *ser*.** As you get to know the people on your tour, you find out some interesting information about them, like where they are from and some adjectives that describe them. Complete each sentence with the correct form of the verb **ser.**

1. Yo _____ una persona interesante.

2. Uds. y yo _____ amigos.

3. Ellos _____ unos cantantes (*singers*) famosos.

4. Uds. _____ optimistas.

5. ¿_____ ellos los profesores?

6. ¿_____ el autobús de Guatemala?

7. Ellas _____ de Nueva York.

8. Ella _____ la estudiante puertorriqueña.

9. Tú no _____ de Colorado.

10. Ud. _____ muy paciente.

Síntesis y repaso

Práctica 1.   Una conversación con el profesor. Listen to the conversation between Professor Gómez and two of his new Spanish literature students on the first day of classes. Then listen again and answer the following questions. Don't worry if you don't understand every word. Phrases you have learned in this chapter will help you understand the gist of the conversation.

VOCABULARIO PRÁCTICO
ocupado   busy

1.   ¿Cómo se llama el profesor? _____

2.   ¿Cómo se llaman los dos estudiantes? _____

3.   ¿Cómo está el profesor hoy?

   ☐ No muy bien.   ☐ Muy bien.

4.   ¿Quién (*Who*) es de Arizona? _____

5.   ¿Quién es de Texas? _____

6.   ¿Quién es de California? _____

Práctica 2.   Formal e (*and*) informal. Indicate the appropriate person with whom you might use each expression: with a professor, with a fellow student, or with both (**ambos**).

	PROFESOR	ESTUDIANTE	AMBOS
1. Buenas tardes.	☐	☐	☐
2. ¿Qué tal?	☐	☐	☐
3. ¿De dónde es Ud.?	☐	☐	☐
4. ¿Cómo se llama?	☐	☐	☐
5. Gracias.	☐	☐	☐
6. ¿Cuál es tu nombre?	☐	☐	☐

Práctica 3.   Una encuesta (*survey*).

PASO 1.   You are conducting a survey of the Spanish-speaking students in your dormitory for a class project. You want to find out (1) their names, (2) where they are from, and (3) how many students are in their English classes. First, write the three questions that would be appropriate to ask the students in order to find out this information:

1.   ¿_____?

2.   ¿_____?

3.   ¿_____ en su clase de inglés?

PASO 2.   Now listen as the students respond to your questions. Complete the chart based on what they say. You may listen more than once if you like.

	NOMBRE	LUGAR (*PLACE*)	NÚMERO DE ESTUDIANTES
ESTUDIANTE 1	_____	_____	_____
ESTUDIANTE 2	_____	_____	_____
ESTUDIANTE 3	_____	_____	_____

Práctica 4. Dos personas famosas.

PASO 1. Read the following descriptions of two famous Hispanic actors. Don't worry if you don't understand every word. Use context and other cues to get the gist of the reading. Read the paragraphs at least two times before answering the questions.

      Adam Michael Rodríguez es un actor famoso. En el programa *CSI: Miami,* Rodríguez es Eric Delko, un investigador de crimen en Miami, Florida. Rodríguez, de Yonkers, Nueva York, es de ascendencia[a] cubana y puertorriqueña. Una de sus dos casas[b] está[c] en Puerto Rico.

      La actriz Dania Ramírez es Maya Herrera en el programa *Heroes.* Ramírez es de la República Dominicana. De[d] adolescente, era[e] modelo en Nueva York. Ramírez estudió[f] en Montclair State University, donde también jugaba al[g] vólibol. Ahora tiene[h] una casa en Los Ángeles.

[a]*descent* [b]*houses* [c]*is* [d]*As an* [e]*she was* [f]*studied* [g]donde... *where she also played* [h]Ahora... *Now she has*

PASO 2. Read the following sentences and indicate who each sentence describes: Adam Michael Rodríguez Dania Ramírez, or both (ambos).

	ADAM	DANIA	AMBOS
1. Es famoso/a.	☐	☐	☐
2. Tiene (*He/She has*) dos casas.	☐	☐	☐
3. Es de los Estados Unidos.	☐	☐	☐
4. Tiene experiencia como (*as*) modelo.	☐	☐	☐
5. Es atleta.	☐	☐	☐

PASO 3. Imagine that you are also a famous actor or actress. Complete the following paragraph with information about a fictional character you play.

1. ¿Cómo se llama? _____

2. ¿De dónde es? _____

3. ¿Cómo es? (descripción de su personalidad) _____

4. ¿Cuál (*What*) es su palabra (*word*) favorita en español? _____

5. ¿Cuántas casas tiene? Tengo (*I have*) _____

Pronunciación

El alfabeto español

The Spanish alphabet has twenty-nine letters, three more than the English alphabet. These letters are listed below, along with their Spanish names. You will have the chance to practice most of these letters individually in future chapters.

Práctica 1. El abecedario. Listen and repeat the letters of the Spanish alphabet and names that feature each letter.

a	a	Alberto, Ana	n	ene	Norberto, Natalia
b	be	Bernardo, Belinda	ñ	eñe	Íñigo, Begoña
c	ce	Carlos, Cecilia	o	o	Óscar, Olivia
ch	che	Chuy, Charo	p	pe	Pedro, Paula
d	de	David, Diana	q	cu	Roque, Enriqueta
e	e	Ernesto, Evita	r	ere	Ramón, Rosa
f	efe	Felipe, Francisca	s	ese	Santiago, Sara
g	ge	Gerardo, Graciela	t	te	Tomás, Teresa
h	hache	Héctor, Herminia	u	u	Ulises, Úrsula
i	i	Ignacio, Isabel	v[†]	uve	Víctor, Verónica
j	jota	José, Juanita	w*[†]	doble ve	Wilfredo, Wilma
k*	ka	Karlos, Kiki	x	equis	Xavier, Xenia
l	ele	Luis, Leticia	y	i griega	Cayo, Yolanda
ll	elle	Guillermo, Olalla	z	zeta	Zacarías, Zunilda
m	eme	Marcos, Margarita			

Práctica 2. Pronunciación de la *h*. The Spanish spelling system is easy to learn. Each letter of the Spanish alphabet generally has only one pronunciation associated with it. Most of the letters are similar to English, with a few exceptions. One of these exceptions is the letter **h,** which in Spanish is silent. Listen carefully and repeat the following phrases containing **h.** Don't worry if you don't recognize all the words. Just focus on pronouncing them correctly.

1. Hola.
2. Hasta luego.
3. No hay de qué.
4. Hablo español.
5. ¿Qué haces?
6. El hombre es mi profesor.

Práctica 3. Letras similares. Many Spanish letters are pronounced very similarly to English letters. Listen to and repeat the following words. You will hear each word twice. Note that the pronunciation of the highlighted letter is nearly identical to the pronunciation of the English letter.

1. mucho 2. café 3. luego 4. muy 5. nada 6. bonito 7. papel 8. famoso

Práctica 4. La ortografía (*Spelling*). Throughout this chapter, you have learned many expressions to use when meeting new people. One commonly occurring problem when meeting people is learning not only how their names are pronounced but also how they are spelled. By knowing the names of the letters in Spanish, you can easily ask for the spelling of any word you are unsure of.

Listen as three people spell their names for you using the Spanish alphabet. You will hear each name spelled twice. Follow along and write the names as you hear them. You can check your answers in the Answer Key.

1. _ _ _ _ _ _ _ _

2. L U I S F l o r e s

3. _ _ _ _ _ _ _ _ _ _ _ _ _

---

*The letters **k** and **w** only appear in words borrowed from another language.
†The letter **v** can also be called **ve** and the letter **w** can also be called **uve doble.**

Capítulo 1

TEMA I: En la universidad

Vocabulario del tema

Práctica 1. **¡Encuentre las diferencias!** (*Spot the differences!*) Indicate if each sentence is **cierto** (**C**) or **falso** (**F**) based on the following drawings of two classrooms.

1. ☐ C ☐ F   3. ☐ C ☐ F   5. ☐ C ☐ F   7. ☐ C ☐ F
2. ☐ C ☐ F   4. ☐ C ☐ F   6. ☐ C ☐ F   8. ☐ C ☐ F

Práctica 2. En el salón de clase. Complete each sentence with words from the list to describe what each student is carrying on his or her first day of classes. **¡OJO!** Not all of the words will be used, and some will be used more than once.

un bolígrafo   una computadora portátil   un lápiz   una mochila
un teléfono celular   un cuaderno   unos libros de texto   unos papeles

Sam   Linda   Mateo   Yasmin

1. Sam tiene (*has*) _____ y _____.

2. Linda tiene _____ y _____.

3. Mateo tiene _____ y _____.

4. Yasmin tiene _____ y _____.

Práctica 3. Las carreras (*Majors*). Indicate the class that does *not* correspond to the major.

1. Matemáticas
   a. la geometría   b. el periodismo   c. el álgebra   d. el cálculo
2. Administración Empresarial
   a. las finanzas   b. la economía   c. la física   d. la contabilidad
3. Ciencias
   a. la química   b. el japonés   c. la biología   d. la astronomía
4. Bellas Artes
   a. la informática   b. la música   c. la pintura   d. el teatro
5. Lenguas Extranjeras
   a. el alemán   b. el español   c. el francés   d. el derecho
6. Estudios Internacionales
   a. la geografía   b. las ciencias políticas   c. el chino   d. la anatomía

Práctica 4. Mi futuro. Read the first sentence about each student's future career goals. Then complete the second sentence about what he or she would logically study, using words from the list.

arquitectura	ciencias políticas	escultura	inglés	pintura
biología	derecho	ingeniería	literatura	química

1. Alberto desea ser (*wants to be*) novelista. Estudia _____ y

   _____.

2. Lisa desea ser una mujer política (*politician*). Estudia _____ y

   _____.

3. Miguel desea ser profesor de ciencias. Estudia _____ y _____.

4. Amanda desea ser artista. Estudia _____ y _____.

5. Manolo desea ser arquitecto. Estudia _____ y _____.

Práctica 5. Los edificios. In what buildings on campus would you find the following people or things?

1. _____ la clase de drama
2. _____ una pintura
3. _____ libros y mapas
4. _____ el equipo (*team*) de basquetbol
5. _____ la clase de anatomía
6. _____ estudiantes en pijama (*pajamas*)
7. _____ la clase de sicología
8. _____ pizza y hamburguesas

a. la biblioteca
b. la Facultad de Ciencias Sociales
c. el museo
d. el teatro
e. la residencia
f. el gimnasio
g. la cafetería
h. la Facultad de Medicina

Gramática

1.1 Descriptive Adjectives

Práctica 1. Identificaciones. Identify someone or something you know that has the following characteristics.

1. una clase aburrida: _____

2. un escritor inteligente: _____

3. una mujer elegante: _____

4. un cantante arrogante: _____

5. un hombre idealista: _____

6. una persona pesimista: _____

7. una ciudad grande: _____

8. un libro interesante: _____

Práctica 2. Adjetivos opuestos (*opposite*). Complete the sentences with the adjective that is the opposite of the one in the first statement. Be sure that the adjective matches the noun in number and gender.

1. Mis clases son interesantes, pero tus clases son _____.

2. Tu estéreo es pequeño, pero mi estéreo es _____.

3. Mi profesor es trabajador, pero tu profesor es _____.

4. Mis compañeros de cuarto son simpáticos, pero tus compañeros de cuarto son

   _____.

5. Tus amigos son altos, pero mis amigos son _____.

6. Mis notas son buenas pero tus notas son _____.

7. Tu perro (*dog*) es bonito, pero mi perro es _____.

Práctica 3. Descripción. Imagine you work in the admissions office and you take calls from prospective students. Answer affirmatively the questions they ask about your campus, adding the descriptive adjective given in order to convince the caller that your university is a good place to attend. Then listen and repeat the correct answer.

> MODELO   (*you hear*) ¿Hay una librería en el campus?   (*you see*) bueno →
> (*you say*)   Sí, hay una librería buena en el campus.

1. moderno   3. bonito   5. interesante
2. famoso   4. grande

Práctica 4. Nuestras cosas (*things*). Complete the sentence with the possessive adjective **mi, tu,** or **su.**

1. Juan, ¿cuál (*what*) es _____ clase favorita este semestre?

2. Lilia desea ser novelista. _____ clase favorita es literatura.

3. Guy es de Francia. _____ ciudad de origen es París.

4. Yo soy muy creativa. _____ clase favorita es arte.

5. Ana, ¿cuál es _____ carrera?

6. Me gusta (*I like*) la música. _____ artista favorita es Shakira.

1.2 Introduction to the Verb gustar

Práctica 1. ¿*Gusta* o *gustan*? Circle the correct form of **gustar** to complete each sentence.

1. Me (gusta / gustan) los perros calientes (*hot dogs*).
2. Me (gusta / gustan) las novelas románticas.
3. Me (gusta / gustan) el programa de televisión *American Idol*.
4. Me (gusta / gustan) la clase de historia.
5. Me (gusta / gustan) almorzar (*to eat lunch*) a mediodía.
6. Me (gusta / gustan) bailar (*to dance*) y cantar (*to sing*).
7. Me (gusta / gustan) charlar por el Internet.
8. No me (gusta / gustan) escribir (*to write*) poemas.

Práctica 2. ¿**Te gusta?** You are being interviewed for a magazine article. Everyone wants to know your likes and dislikes. You will hear a series of nouns. Say if you like or dislike each item, according to the responses given. Use **gusta** or **gustan** as necessary. Then listen and repeat the correct answer.

> MODELO (*you hear*) la clase de español
>
> (*you see*)   sí →
>
> (*you say*) Me gusta la clase de español.

1. sí 2. no 3. sí 4. sí 5. no 6. sí 7. no 8. sí

Práctica 3. ¿**Qué le gusta a Ud.?** Choose one item you like and one you don't like from each category and create a sentence following the **modelo.**

> MODELO en la biblioteca: novelas (románticas / de ciencia ficción), libros científicos, mapas (*m. pl.*)
>
> Mi gustan los libros científicos, pero no me gustan las novelas de ciencia ficción.

1. la comida (*food*) mexicana: los tacos, las enchiladas, los burritos, las chimichangas

   _____

2. los restaurantes: la comida mexicana / italiana / china / rápida (*fast*)

   _____

3. las bebidas (*drinks*): el té, el café, el vino (*wine*), la cerveza, la limonada, Coca-Cola, Pepsi

   _____

4. las materias: el inglés, las matemáticas, la biología, la sicología, las lenguas extranjeras, la historia, la sociología

   _____

5. los animales: las jirafas, los pingüinos, los tigres, los mosquitos, los elefantes, las tarántulas, las cucarachas (*cockroaches*)

   _____

Síntesis y repaso

Práctica 1. **El primer día (*first day*) de clases.** Listen to Lisa and Miguel talking on the first day of classes, then answer the questions. Don't worry if you don't understand every word—just try to get the gist of the conversation. Listen to the dialogue once to see what you can understand. Then read over the questions and replay the dialogue again, this time listening for the answers.

VOCABULARIO PRÁCTICO

¿Cómo van las clases?	How are your classes going?
todas	all
pues...	well . . .
claro	of course
¿Qué clases tomas?	What classes are you taking?
también	also

1. ¿Qué clases toma Miguel este (*this*) semestre?

    ☐ cálculo ☐ arquitectura ☐ química
    ☐ farmacia ☐ sociología ☐ sicología
    ☐ español ☐ anatomía ☐ informática

2. Las clases de Miguel son: ☐ difíciles ☐ fáciles

3. ¿Cuál es la carrera de Miguel? _____

4. ¿Cuál es la clase favorita de Miguel? _____

5. ¿Cómo es la profesora Peña? _____

Práctica 2. Nuestra universidad. Listen to the description of the university campus, then answer the questions. Don't worry if you don't understand every word—just try to understand the main points of the narration. You may listen more than once if you like.

VOCABULARIO PRÁCTICO

la vida estudiantil	student life
los estudiantes de primer año	freshmen
viven	they live
ofrece	offers

1. Las clases son _____.

    a. difíciles b. populares c. aburridas

2. La universidad ofrece clases en la Facultad de _____.

    a. Ciencias b. Bellas Artes c. las dos (*both*)

3. Los estudiantes de primer año viven en _____.

    a. residencias b. apartamentos c. casas

4. ¿Qué hay en el centro del campus?

    a. una cafetería b. una biblioteca c. un teatro

5. El campus tiene un hospital para _____.

    a. animales b. estudiantes c. profesores y estudiantes

Práctica 3. Las clases de Sara. Listen to Sara describe her classes and professors this semester. Then indicate if the following sentences are **cierto** (**C**) or **falso** (**F**) based on the information you hear.

	C	F
1. Su profesor de historia es muy antipático.	☐	☐
2. Su clase de ciencias políticas es difícil.	☐	☐
3. Su clase de derecho es aburrida.	☐	☐
4. Su profesor de sociología es impaciente.	☐	☐
5. Su clase de español es divertida.	☐	☐

Práctica 4. Los cognados

PASO 1. Cognates, words that are similar in form and meaning in Spanish and English, can help you understand commercials, announcements and other forms. Scan the following announcement and use cognates to complete the following questions.

EMPIEZA A HABLAR INGLÉS - EDUCACIÓN CLASES PARTICULARES	
EDUCACIÓN: Texas, Estados Unidos	
Titular:	Empieza a hablar inglés
Localización:	Texas
Categoría:	EDUCACIÓN > CLASES DE INGLÉS
Precio:	20 $
DESCRIPCIÓN DEL CLASIFICADO	

EMPIEZA A HABLAR INGLÉS
Profesora en traducción e interpretación da clases de inglés a profesionales. Énfasis en la conversación.

Tengo 4 años de experiencia viviendo en Londres y Dublín.

PASO 2. ¿Cierto o falso?

	C	F
1. Ella ofrece (*offers*) clases de español.	☐	☐
2. La clase cuesta (*costs*) treinta dólares.	☐	☐
3. Las clases están (*are*) en Dublín.	☐	☐
4. Ella tiene (*has*) un año de experiencia.	☐	☐
5. Ella practica mucho la conversación.	☐	☐
6. Las clases son para (*for*) profesionales.	☐	☐

PASO 3. Using the preceding notice as a guide, write a classified ad for giving classes in a subject you enjoy. Include a title, place, category, price, and a short description.

Titular:
Localización:
Categoría:
Precio:
DESCRIPCIÓN DEL CLASIFICADO

Pronunciación

Las vocales (*vowels*)

Spanish has five vowels that, unlike English vowels, are pronounced only one way. For example, the vowel *a* is pronounced many different ways in English: c*a*t, f*a*ther, m*a*de, *a*bout. But the Spanish **a** is pronounced in only one way, similar to the "ah" sound in English f*a*ther.

Below are the five Spanish vowels along with a description of their pronunciations.

Práctica 1.   Las vocales. Listen to each vowel and repeat what you hear. You will hear each vowel twice.

- **a**   *ah* as in f*a*ther
- **e**   *ay* as in caf*é*
- **i**   *ee* as in m*ee*t
- **o**   *oh* as in *oa*k
- **u**   *oo* as in f*oo*d

Note that these vowels do not sound exactly like their English counterparts. The reason for this is that in English, most long vowels are pronounced as though they have a *y* or a *w* on the end. Speakers of Spanish, on the other hand, simply pronounce the pure vowel.

Práctica 2.   Las vocales en inglés y español comparadas. Listen to the following pairs of words, paying attention to the differences in the vowels. Pay particular attention to the *y* and *w* sounds at the end of English words, and their absence in the Spanish words. Repeat each Spanish word and try to imitate the vowel sound you hear.

	ENGLISH	SPANISH
1.	see	**si**
2.	say	**se**
3.	lay	**le**
4.	too	**tu**
5.	no	**no**
6.	low	**lo**

One final difference between Spanish and English vowels is that Spanish vowels are never pronounced with an *uh* sound as in the English *apartment* (*uh*-PART-m*uh*nt) or *economics* (ee-k*uh*-NAH-m*uh*ks). Therefore, a word like **hola** will <u>not</u> be pronounced as *OH-luh*. The correct pronunciation is **OH-lah.**

Práctica 3.   Las vocales en español. Listen to and repeat each of the following cognates paying close attention to the pronunciation of the vowel sounds.

1. apartamento	3. profesor	5. campus	7. regular
2. económica	4. universidad	6. literatura	

TEMA II: ¿Estudia y trabaja Ud.?

Vocabulario del tema

Práctica 1.   Los días feriados (*Holidays*). Many university students in the United States look forward to various holidays that occur over winter break. Use the December calendar to answer questions about the days of the week on which some of these special days fall.

DICIEMBRE						
DOMINGO	LUNES	MARTES	MIÉRCOLES	JUEVES	VIERNES	SÁBADO
		1 Día mundial del SIDA (*World AIDS Day*)	2	3	4	5
6	7 Día de Pearl Harbor	8	9	10 Día de los derechos humanos (*human rights*)	11	12
13	14 Primer día de Hanuká	15	16	17	18	19
20	21	22	23	24 La Nochebuena (*Christmas Eve*)	25 La Navidad	26 Primer día de Kwanzaa
27	28	29	30	31 La Noche Vieja (*New Year's Eve*)		

1. ¿Qué día de la semana es la Nochebuena? _____

2. ¿Qué día de la semana es el primer día de Kwanzaa? _____

3. Si hoy es el Día mundial del SIDA, ¿qué día de la semana es mañana? _____

4. ¿Qué día de la semana es el día antes de Hanuká? _____

5. ¿Qué día de la semana es la Navidad? _____

Práctica 2.   El reloj. You will hear a series of times. Indicate them on the following clocks. You will hear each time twice.

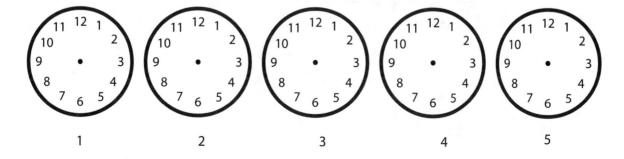

Práctica 3.   ¿Qué hora es? Write out the following times in Spanish. Use complete sentences.

1. 8:45 A.M. _____

2. 12:00 A.M. _____

3. 4:40 P.M. _____

4. 9:10 P.M. _____

5. 3:30 P.M. _____

6. 6:55 A.M. _____

Práctica 4.   La semana de Miguel. Look at Miguel's class schedule and answer the questions that follow.

	LUNES	MARTES	MIÉRCOLES	JUEVES	VIERNES
8:00	historia de Europa		historia de Europa		historia de Europa
9:00		sicología		sicología	
10:00					
11:00	ciencias políticas	geografía	ciencias políticas	geografía	
12:00	español		español		español
13:00	comer (*eat*) con los amigos				
14:00			literatura mexicana		
15:00	estudiar (*study*)	estudiar		jugar (*play*) al fútbol	

1. ¿A qué hora es la clase de geografía?

    _____

2. ¿Cuántas clases de literatura tiene Miguel?

    _____

3. ¿A qué hora juega al fútbol?

    _____

4. ¿Qué clases tiene Miguel el lunes?

    _____

5. ¿A qué hora come con sus amigos?

    _____

6. ¿Cuántas horas de tiempo libre tiene Miguel el viernes?

_____

7. Si hoy es miércoles, ¿qué clases tiene Miguel mañana?

_____

Gramática

1.3   Present Tense of Regular -ar Verbs

Práctica 1.   Un día típico. Indicate the things you might do on a typical day.

☐ Camino a clase.
☐ Busco un libro en la biblioteca.
☐ Hablo con mis profesores.
☐ Trabajo por la tarde.
☐ Compro una hamburguesa en la cafetería.
☐ Escucho la lección de español en mi computadora.
☐ Miro la televisión por la noche.
☐ Estudio mucho.

Practica 2.   En el campus. Complete each sentence with the correct form of the verb in parentheses.

1. Mi amigo y yo _____ (practicar) el tenis por una hora por la mañana.

2. Alicia _____ (regresar) a la residencia para estudiar.

3. Yo _____ (hablar) con una amiga por teléfono celular.

4. Los estudiantes _____ (tomar) muchos apuntes en clase.

5. Uds. _____ (trabajar) en la cafetería.

6. Tú _____ (buscar) al profesor de historia.

7. Los estudiantes de teatro _____ (cantar) en clase.

8. Yo _____ (tocar) la guitarra en la clase de español.

Práctica 3.   Necesidades y deseos. Write about your current daily routine and then express your ideal routine following the model.

MODELO   practica: Practico el tenis los lunes, pero deseo practicar todos los días.

1. practicar: _____ pero _____.

2. trabajar: _____ pero _____.

3. bailar: _____ pero _____.

4. estudiar: _____ pero _____.

5. escuchar: _____ pero _____.

6. _____: _____ pero _____.

Práctica 4. Yo escucho, tú escuchas.

PASO 1. Listen to the series of statements about what several people do during the week. You will hear each statement twice. Then restate the sentence using the subject listed.

> MODELO (*you hear*) El profesor trabaja mucho. (*you see*) tú →
> (*you say*) Tú trabajas mucho.

1. nosotros   2. Ud.   3. tú   4. yo

PASO 2. Now you will hear questions about what *you* do during the weekend. You will hear each question twice. Respond affirmatively, following the model. Then listen and repeat the correct answer.

> MODELO (*you hear*) ¿Estudias los sábados? →
> (*you say*) Sí, estudio los sábados.

1. ….   2. ….   3. ….   4. ….

1.4   Present Tense of Regular -er and -ir Verbs

Práctica 1. Detective. Read the following paragraphs, then underline and list all the **-er** and **-ir** verbs as they appear in the paragraphs. Do not write down **-ar** verbs.

Los profesores creen que es difícil enseñar cinco días a la[a] semana porque[b] también[c] necesitan publicar[d] artículos y libros. Leen y escriben muchos artículos y estudios académicos. Necesitan más tiempo para trabajar.

Los estudiantes también trabajan mucho y viven con mucho estrés. Asisten a clases cinco o seis días a la semana y generalmente no comen bien porque estudian mucho. Algunos[e] estudiantes no reciben dinero de sus padres u otras fuentes[f] y necesitan trabajar también.

[a]*a… per* [b]*because* [c]*also* [d]*publish* [e]*Some* [f]*sus… their parents or other sources*

VERBOS REGULARES -ER	VERBOS REGULARES -IR
1. _____	4. _____
2. _____	5. _____
3. _____	6. _____
	7. _____

Práctica 2. En la clase. Describe the things people do in class by completing each sentence with the correct form of the verb in parentheses.

1. Yo _____ (aprender) mucho en la clase.

2. Nosotros también _____ (escribir) en la clase.

3. Ellos siempre (*always*) _____ (asistir) a la clase.

4. Tú no _____ (deber) comer en la clase.

5. A veces, yo no _____ (comprender) todo en la clase de español.

6. El profesor _____ (creer) que somos buenos estudiantes.

7. Para estudiar, tú _____ (leer) los libros.

8. Cuando hay un examen, nosotros no _____ (abrir) los libros.

9. Pablo _____ (recibir) mucha atención del profesor.

10. Al final del semestre, ellas _____ (vender) los libros.

Práctica 3. Nuestras rutinas diarias. Read the following essay in which Julio describes his daily routine and the routine of his friend Celia. Then indicate whether each of the following statements is **cierto (C)** or **falso (F)**. If a sentence is false, correct it by writing a complete sentence.

Me llamo Julio y estudio lingüística en la universidad. Me gusta mucho mi universidad. A mi amiga Celia le gusta la universidad también, pero ella estudia ingeniería. Celia también trabaja en la librería de la universidad todos los días de las ocho y media a las once y media de la mañana.

A las nueve de la mañana los lunes, miércoles y viernes tomo una clase de español. Es mi clase favorita. No es muy difícil. El profesor, el señor García, es colombiano y es simpático. Los lunes, miércoles y viernes también tomo una clase de literatura americana. No me gusta la literatura, pero la profesora es inteligente e interesante. Los martes y jueves tomo dos clases: una clase de lingüística española y otra clase de sociología. Las clases son buenas, pero difíciles. Estudio en la biblioteca todos los días. ¡Hay muchos exámenes en mis clases!

La primera clase de Celia, los lunes, miércoles y viernes, es la clase de ingeniería civil a la una de la tarde. Los martes y jueves, toma clases de arquitectura, cálculo e inglés. Su carrera es muy difícil, pero a Celia le gusta mucho. Estudia en la biblioteca todas las noches.

Los fines de semana, me gusta hablar con mis amigos y bailar en el club. Me gusta tocar el piano los sábados. También practico deportes con mis amigos. A Celia le gusta descansar los fines de semana. No trabaja y no estudia. Mira mucho la televisión.

	C	F
1. Julio y Celia estudian ingeniería.	☐	☐
2. Celia trabaja en la biblioteca.	☐	☐
3. Julio tiene un profesor de español simpático.	☐	☐
4. Celia toma cuatro clases.	☐	☐
5. Julio toma muchos exámenes.	☐	☐
6. Celia toca el piano.	☐	☐

Práctica 4. Las escuelas bilingües.

PASO 1. Read the following description of bilingual schools.

En los Estados Unidos hay más de trescientos[a] escuelas y colegios con programas bilingües español-inglés. Hay tres tipos de escuelas bilingües.

- Escuelas con instructores bilingües que enseñan una parte del día en inglés y la otra parte en español
- Escuelas que enseñan el inglés y el español en días alternos:[b] un día entero[c] enseñan inglés y el otro día sólo[d] español
- Escuelas que enseñan cursos específicos en español (por ejemplo, ciencias) y los demas[e] en inglés

¿Por qué[f] hay escuelas bilingües? Los niños tienen[g] la capacidad de comprender muchas lenguas. Para los niños es fácil aprender dos o tres lenguas, pero para los adultos es más difícil. Según[h] evidencia, las personas bilingües son más inteligentes. ¿Hay una escuela bilingüe en tu ciudad?

[a]*three hundred* [b]*alternate* [c]*whole* [d]*only* [e]*los... the rest* [f]*Por... Why* [g]*have* [h]*According to*

PASO 2. Indicate the correct answer for each question, based on **Paso 1. ¡OJO!** There may be more than one correct answer.

1. ¿Cuántos escuelas y colegios hay en los Estados Unidos con programas bilingües?

   ☐ muchos   ☐ tres   ☐ más de trescientos

2. ¿Cuántos tipos hay de escuelas bilingües?

   ☐ trescientos   ☐ tres   ☐ diferentes

3. En el primer tipo de programa, enseñan ___ en español.

   ☐ parte del día   ☐ un día entero   ☐ todo (*everything*)

4. Es fácil para ___ aprender dos o tres lenguas.

   ☐ los niños   ☐ para los adultos   ☐ las personas bilingües

PASO 3. Search the Internet for bilingual or dual language programs in your city. If there are no programs in your area, choose one in another city. Explain which model is followed in terms of percentages of Spanish and English.

_____

_____

_____

_____

_____

_____

Palabra escrita

A finalizar

You are now going to write your final composition, based on the first draft you wrote in the **Palabra escrita: A comenzar** section of your textbook. Remember that the theme for your composition is **Mi universidad** and that your purpose is to tell the reader about some aspects of your university.

Práctica 1.   El borrador (*draft*). Review the first draft of your composition and ask yourself if you've adequately answered these questions.

1. ¿Es grande o pequeña su universidad? ¿Cuántos estudiantes y cuántos profesores hay en su universidad? ¿De dónde es la mayoría (*majority*) de los estudiantes?
2. ¿Cuántos programas académicos hay? ¿Cuáles son los programas más populares?
3. ¿Qué actividades sociales o eventos culturales hay para los estudiantes de su universidad? ¿Cuáles le gustan a Ud.? ¿Cuáles no le gustan?
4. ¿Hay otros datos (*facts*) importantes que desea mencionar?

Práctica 2.   El vocabulario y la estructura. Review the vocabulary and grammar sections of this chapter, and consider these questions about your composition.

1. Have you included information to answer the questions in **Práctica 1**?
2. Is the vocabulary appropriate?
3. Have you used grammatical structures correctly, especially **gustar**?
4. Do the verb forms agree with their subjects?
5. Do adjectives agree with the nouns they modify?

Práctica 3.   ¡Ayúdame, por favor! (*Help me, please!*) Have a classmate read your composition and suggest changes or improvements then do the same for him/her.

Práctica 4.   El borrador final. Rewrite your composition and hand it in to your instructor.

Capítulo 2

Tema I: Una pasión por los deportes
Vocabulario del tema

Práctica 1. **¿Qué hace?** Indicate which caption correctly describes each drawing.

1. ☐ Nada en la piscina.
   ☐ Patina en línea.

2. ☐ Pasea en el parque.
   ☐ Corre en el parque.

3. ☐ Juega al baloncesto.
   ☐ Juega al vólibol.

4. ☐ Navegan en Internet.
   ☐ Sacan fotos.

Práctica 2.   ¿En la casa o en el parque? Indicate whether each activity would typically be done **en casa** or **en el parque.**

		CASA	PARQUE
1.	jugar al fútbol	☐	☐
2.	mirar la televisión	☐	☐
3.	andar en bicicleta	☐	☐
4.	jugar al béisbol	☐	☐
5.	navegar en Internet	☐	☐
6.	patinar en línea	☐	☐

Práctica 3.   El tiempo libre y el trabajo. Pick the activity that would be most likely to occur in each situation.

1. el lunes por la mañana, en clase
   a. cantar   b. estudiar   c. correr
2. el sábado por la tarde, en el parque
   a. sacar un DVD   b. tocar el piano   c. andar en bicicleta
3. el viernes por la noche, en una fiesta
   a. trabajar   b. nadar   c. bailar
4. el domingo por la mañana, en las montañas
   a. sacar fotos   b. jugar al tenis   c. enseñar
5. el martes por la tarde, en el restaurante
   a. navegar en Internet   b. correr   c. comer
6. el lunes por la noche, en casa
   a. escuchar música   b. enseñar   c. patinar en línea

Práctica 4.   Nota comunicativa: Los pronombres después de preposiciones. Listen to each question and complete the answer using the correct prepositional pronoun from the list. Then listen and repeat the correct answer. You will hear each question twice.

mí / conmigo   nosotros
ti / contigo   ellos / ellas / Uds.
él / ella

1. Sí, traigo el chocolate para _____.

2. Sí, voy a la fiesta _____.

3. Sí, pongo la radio para _____.

4. Sí, hablo por teléfono con _____.

5. No, no trabajo con _____.

6. Sí, voy a jugar con _____.

7. Sí, son para _____.

8. Sí, es el lápiz de _____.

9. Sí, Mariana sale _____.

10. No, es mi carta; es para _____.

Práctica 5.   ¿De qué color es? Match each object with the color that it typically represents.

amarillo	azul	gris	negro	verde
anaranjado	blanco	morado	rojo	

1.

2.

3.

4.

5.

6.

7.

8.

9.

1. _____   2. _____   3. _____

4. _____   5. _____   6. _____

7. _____   8. _____   9. _____

Gramática

2.1 Hacer, poner, oír, salir, traer, and ver

Práctica 1. ¿Cuál es lógico? Match the phrases in the right-hand column with the corresponding phrase in the left-hand column.

1. _____ Hago ejercicio todos los días.

2. _____ Veo películas en clase.

3. _____ Yo salgo a bailar al bar argentino.

4. _____ Hago muchas fiestas en mi casa.

5. _____ Hago toda la tarea los domingos por la noche.

6. _____ Pongo mis libros, cuadernos y lápices en mi mochila antes de dormir cada noche.

a. Me gusta estar preparado para la clase.
b. Soy extrovertida y me gusta hablar.
c. Deseo correr un maratón.
d. Procrastino mucho.
e. Yo aprendo el tango.
f. Estudio cinematografía.

Práctica 2. ¿Cómo pasan el tiempo? You will hear a series of questions about how you and your classmates spend your free time. Listen carefully and circle the appropriate response. ¡OJO! Pay careful attention to the verb conjugations.

1. a. Hago muchas cosas. b. Haces muchas cosas.

2. a. Sí, ven muchas películas. b. Sí, vemos muchas películas.

3. a. Sí, salen a bailar con frecuencia. b. Sí, salimos a bailar con frecuencia.

4. a. No, no haces fiestas los lunes. b. No, no hago fiestas los lunes.

5. a. Hacemos la tarea. b. Hago la tarea.

6. a. Pones tu libro de español en la mochila. b. Pongo mi libro de español en la mochila.

Práctica 3. ¿Qué hacen los fines de semana? Complete each sentence with the correct form of the appropriate verb from the list.

hacer   oír   poner   salir   traer   ver

1. Ella _____ el DVD en la computadora.

2. Martín _____ al parque a practicar deportes.

3. Yo _____ ejercicio el sábado por la tarde.

4. Ellos _____ el fútbol americano en la televisión.

5. Él _____ la tarea en la biblioteca.

6. Ud. _____ comida a la fiesta.

7. Uds. _____ a nadar en la piscina.

8. Ellas _____ mucha tarea.

9. Nosotros _____ las noticias (*news*) por la radio.

10. Tú _____ la música de Juanes.

Práctica 4. ¿Qué *no* hace Ud.? Write a sentence for each of the following verbs stating something you do *not* do. **¡OJO!** Don't forget to place the **no** before the verb.

    MODELO hacer → No hago fiestas en mi casa.

  1. hacer: _____

  2. poner: _____

  3. salir: _____

  4. ver: _____

  5. traer: _____

  6. oír: _____

2.2 **Ir** + **a** + infinitive

Práctica 1. Los planes de Ud. Indicate the activities that you plan to do this Saturday.

- ☐ Voy a estudiar.
- ☐ Voy a practicar deportes.
- ☐ Voy a mirar la televisión.
- ☐ Voy a navegar en el Internet.
- ☐ Voy a andar en bicicleta.
- ☐ Voy a salir con mis amigos.
- ☐ Voy a sacar fotos.
- ☐ Voy a nadar en la piscina.
- ☐ Voy a tocar el piano.
- ☐ Voy a hacer un examen.

Práctica 2. Planes para mañana. Imagine that tomorrow evening you have a big test in calculus. Answer the following questions about what you are going to do tomorrow to be well-prepared for the test. Use **ir** + **a** + *infinitive* to form your responses. Then listen and repeat the correct answer.

    MODELO (*you hear*) ¿Vas a una fiesta esta noche?

                 (*you see*)   no →

                 (*you say*)   No, no voy a una fiesta esta noche.

                 (*you hear*) ¿Vas a ir a la biblioteca con nosotros?

                 (*you see*)   sí →

                 (*you say*)   Sí, voy a ir a la biblioteca con Uds.

  1. sí   2. sí   3. sí   4. sí   5. no
  6. no   7. sí   8. no   9. sí

Práctica 3. **¿Qué van a hacer?** Write what each person will do this weekend, based on the drawings. The first one is done for you.

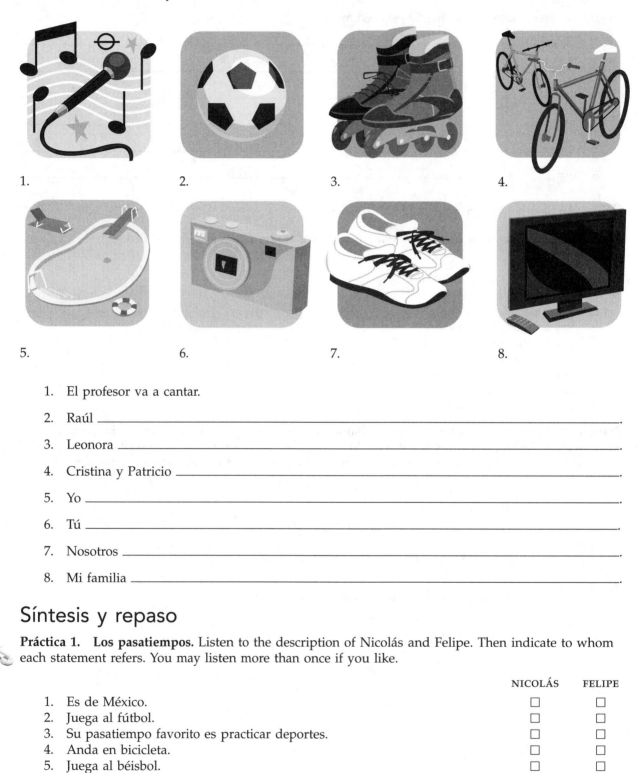

1.

2.

3.

4.

5.

6.

7.

8.

1. El profesor va a cantar.

2. Raúl _____.

3. Leonora _____.

4. Cristina y Patricio _____.

5. Yo _____.

6. Tú _____.

7. Nosotros _____.

8. Mi familia _____.

Síntesis y repaso

Práctica 1. **Los pasatiempos.** Listen to the description of Nicolás and Felipe. Then indicate to whom each statement refers. You may listen more than once if you like.

	NICOLÁS	FELIPE
1. Es de México.	☐	☐
2. Juega al fútbol.	☐	☐
3. Su pasatiempo favorito es practicar deportes.	☐	☐
4. Anda en bicicleta.	☐	☐
5. Juega al béisbol.	☐	☐

Práctica 2. **El fin de semana de Isabel.** Listen as Isabel describes her plans for the upcoming weekend. Then indicate whether the following statements are **cierto** (**c**) or **falso** (**f**). You may listen more than once if you like.

VOCABULARIO PRÁCTICO

cosas things
voy a quedarme I am going to stay

	C	F
1. El viernes, Isabel va a jugar al vólibol.	☐	☐
2. El viernes, Isabel va a salir con sus amigos.	☐	☐
3. El béisbol es el deporte favorito de Isabel.	☐	☐
4. El sábado, Isabel va a sacar un DVD.	☐	☐
5. El domingo, Isabel va a escuchar música.	☐	☐

Práctica 3. **Las actividades de Inés.** Listen to the dialogue between Inés and her friend Miguel. Then indicate the correct answer for each question. You may listen more than once if you like.

1. ¿Cuántas clases toma Inés?
   a. cinco   b. cuatro   c. diez   d. tres
2. ¿Qué estudia Inés?
   a. sociología   b. sicología   c. ingeniería   d. medicina
3. ¿Qué hace Inés en su tiempo libre?
   a. patina   b. baila   c. escucha música   d. mira la tele
4. ¿Cuál es el pasatiempo favorito de Miguel?
   a. correr   b. pasear   c. nadar   d. patinar
5. ¿Cuál es el pasatiempo favorito de Inés?
   a. correr   b. pasear   c. nadar   d. patinar
6. ¿Dónde hace Inés su actividad favorita?
   a. en casa   b. en el restaurante   c. en la universidad   d. en el parque

Práctica 4. **Una velocista** (*sprinter*) **mexicana.**

PASO 1. Read the following paragraph about Zudikey Rodríguez, a Mexican track and field athlete.

Zudikey Rodríguez es una famosa deportista de la Ciudad Juárez, México. Nació[a] el 14 de marzo de 1987. Ella es velocista, especialista en la carrera[b] de doscientos[c] metros. Compitió[d] en la carrera de cuatrocientos[e] metros en Beijing en el verano de 2008. Para las Olimpiadas, era[f] importante entrenar[g] seis horas al día: correr, nadar, levantar pesas, etcétera. Ella quedó en el séptimo lugar.[h] Desea mejorar su marca[i] y va a participar en más competencias.[j] También asiste a la Universidad Autónoma de la Ciudad Juárez (UACJ) y estudia medicina. Tiene una beca de la universidad, por eso ella no paga por sus estudios.

[a]*She was born* [b]*race* [c]*two hundred* [d]*She competed* [e]*four hundred* [f]*it was* [g]*to train* [h]*quedó... in finished seventh place* [i]*mejorar... to improve her record* [j]*competitions*

PASO 2. Complete the following items based on the reading in **Paso 1**. ¡OJO! There may be more than one correct answer.

1. Zudikey Rodríguez es _____.

   a. joven   b. deportista   c. atleta   d. velocista

2. Ella compitió en las Olimpiadas de Beijing en el verano de 2008.

   a. cierto   b. falso

3. Ella estudia _____.

   a. arte   b. matemáticas   c. ingeniería   d. medicina

(*continúa*)

4. Para entrenarse, necesita _____.

    a. nadar   b. correr   c. navegar en Internet   d. levantar pesas

5. Va a participar en más competencias en el futuro.

    a. cierto   b. falso

6. La palabra **beca** significa (*means*) _____.

    a. *medal*   b. *scholarship*   c. *computer*

PASO 3. Choose your favorite athlete or research a famous Hispanic athlete and write a brief description of him or her. Answer the following questions in your description. Remember to title your description.

¿Cómo se llama?	¿Qué deporte practica?	¿Cuándo va a competir?
¿De dónde es?	¿Juega solo o en equipo (*team*)?	¿Por qué es una persona
¿Dónde vive ahora?	¿Qué hace para entrenarse?	interesante para ti?

_____ (título)

_____

_____

_____

_____

_____

_____

_____

_____

Pronunciación: Diphthongs and linking

Diphthongs

Spanish has five vowels: **a, e, i, o,** and **u.** The vowels **a, e,** and **o** are considered strong vowels. The weak vowels are **i** and **u.** Two successive weak vowels or a combination of a strong and weak vowel form a diphthong and are pronounced as one syllable. For example, in the Spanish word **bueno,** the **u** and the **e** are pronounced together as **BWE-no** (not **bu-EH-no**).

Práctica 1. Los diptongos. Listen to each word containing a diphthong and repeat what you hear. Notice that the vowels are pronounced as a single syllable.

1.	**ai** b*ai*lar	5.	**ia** p*ia*no	9.	**oi** s*oy*	12.	**ui** m*uy*
2.	**au** *au*to	6.	**ie** f*ie*sta	10.	**ua** c*ua*tro	13.	**uo** individ*uo*
3.	**ei** v*ei*nte	7.	**io** estac*io*nes	11.	**ue** b*ue*no		
4.	**eu** *Eu*ropa	8.	**iu** c*iu*dad				

Linking

Another important aspect of Spanish pronunciation is known as linking. For example, in the phrase **una amiga,** the **a** at the end of the first word and at the beginning of the second word link resulting in one continuous phrase: **unaamiga.** Dipthongs can also be formed by linking two words together and pronouncing them as one long word.

Práctica 2. Entre palabras. Listen to the following phrases pronounced first as individual words and then strung together. Imitate the speaker and note how the sounds are linked together in the second repetition.

1. Elena_es una_amiga de_Isabel.
2. Voy_a ver a mi_hermano.
3. Enrique_estudia_inglés.

Linking Consonants

In Spanish, consonants can also link. For example, in the phrase **con Nora,** the two occurrences of **n** are pronounced as one long sound, instead of two separate ones.

Práctica 3. Las consonantes. Listen to and repeat the following phrases, paying attention to the linking of the consonants.

1. con Nora   2. los señores   3. el lápiz   4. la libertad de expresión

Práctica 4. Frases y oraciones. Now listen and repeat the following phrases, making sure to link the sounds when appropriate.

1. la escuela   3. Los señores son normales.
2. un estadio   4. La estudiante está alegre.

Tema II: El tiempo y las estaciones

Vocabulario del tema

Práctica 1. El termómetro. Read each thermometer and write out the temperature that it shows in Celsius. Then, indicate what the weather is like using **frío, fresco,** or **calor,** based on the temperature.

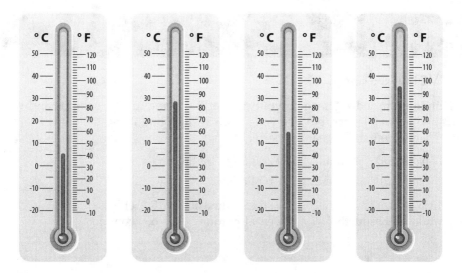

1. La temperatura está a _____ grados. Hace _____.

2. La temperatura está a _____ grados. Hace _____.

3. La temperatura está a _____ grados. Hace _____.

4. La temperatura está a _____ grados. Hace _____.

Práctica 2. Los meses y el tiempo. Complete the sentences with the names of the appropriate months for the northern hemisphere. Then, indicate which weather is most typical of those months. ¡OJO! You may need to check more than one box.

1. Los meses de verano son _____, _____ y _____.

    En el verano, _____. ☐ hace sol   ☐ hace calor   ☐ hace frío

2. Los meses de invierno son _____, _____ y _____.

    En el invierno, _____. ☐ hace frío   ☐ nieva   ☐ hace muy buen tiempo

3. Los meses de otoño son _____, _____ y _____.

    En el otoño, _____. ☐ hace fresco   ☐ está nublado   ☐ hace mucho calor

4. Los meses de primavera son _____, _____ y _____.

    En la primavera, _____. ☐ llueve   ☐ hace fresco   ☐ hace mucho frío

Práctica 3. El tiempo y las actividades. Indicate which activity is best suited to the different types of weather described in each phrase.

1. Hace mucho viento y está nublado.
    a. sacar fotos en el parque   b. estudiar en casa
2. Está lloviendo.
    a. mirar la tele   b. andar en bicicleta
3. Hace muy mal tiempo y está nevando.
    a. jugar al golf   b. navegar en Internet
4. Hace mucho calor y hace sol.
    a. caminar en la calle   b. nadar en la piscina
5. Hace fresco, pero hace sol.
    a. esquiar   b. correr en el parque

Gramática

2.3 The Verb estar

Práctica 1. ¿Dónde están todos? Imagine your mother has come to visit campus and wants to meet all your friends and acquaintances, but everyone is away. Respond using the correct form of **estar** and the cues given. Then, listen and repeat the correct answer.

> MODELO (*you hear*) ¿Y Raúl? (*you see*) en la biblioteca →
>
> (*you say*) Raúl está en la biblioteca.

1. en el centro (*downtown*)   3. en el gimnasio   5. en casa
2. en el partido de basquetbol   4. en el parque   6. contigo

Práctica 2.   Veo, veo (*I spy*). Follow the directions given to identify the correct object.

1.   Está encima de la mesa. Está a la derecha del papel. Es _____.

   ☐   el libro de texto   ☐   un lápiz

2.   Está en su escritorio. Está lejos de la maestra. Está detrás de otra estudiante. Es _____.

   ☐   Alberto   ☐   Antonia

3.   Está a la izquierda de los estudiantes. Está a la derecha de la profesora. Es _____.

   ☐   la mesa   ☐   el pizarrón

4.   Están encima del escritorio de cada estudiante. Son _____.

   ☐   los libros de texto   ☐   los papeles

5.   Está encima de la mesa. Está cerca del papel. Es _____.

   ☐   el lápiz de Sergio   ☐   el lápiz de la profesora

6.   Están enfrente de la profesora. Son _____.

   ☐   los pizarrones   ☐   los estudiantes

Práctica 3.   Dando direcciones. Use **estar** and the prepositional phrases to describe where the following items are located on your campus.

cerca de	delante de	encima de	a la derecha de
lejos de	detrás de	debajo de	a la izquierda de

1.   ¿Dónde está el edificio de administración?

   _____

2.   ¿Dónde está la librería?

   _____

3.   ¿Dónde está el gimnasio?

   _____

4.   ¿Dónde está la cafetería?

   _____

5.   ¿Dónde está la biblioteca?

   _____

6.   ¿Dónde está _____?

   _____

Práctica 4.   ¿Cómo está Adela hoy? Match each drawing of Adela to the description of how she is feeling.

a.

b.

c.

d.

e.

f.

1.   _____ Está irritada.

2.   _____ Está preocupada.

3.   _____ Está feliz.

4.   _____ Está asustada.

5.   _____ Está sorprendida.

6.   _____ Está enferma.

Práctica 5. Betty la fea. Complete each sentence with the correct form of **estar** to describe how the star of *Yo soy Betty, la fea* and the people she knows are feeling.

1. Yo _____ nerviosa.

2. Mi familia _____ muy contenta.

3. Mis amigos _____ alegres.

4. Mi director _____ cansado.

5. Nosotros _____ un poquito preocupados.

6. Ud. _____ triste porque no tiene (*you don't have*) una televisión.

7. Uds. _____ locos de alegría (*happiness*).

8. Y tú, ¿_____ interesado/a en el programa *Yo soy Betty, la fea*?

2.4 The Present Progressive

Práctica 1. ¿Qué están haciendo todos? While taking a walk around campus, you run into one of your friends who wants to know what everyone is doing. Complete each sentence using the present progressive of the verb in parentheses to explain what everyone is doing.

1. Mi amigo Matías _____ (**comprar**) ropa (*clothing*) en el centro.

2. Samuel y Elías _____ (**ver**) el partido de basquetbol.

3. Carolina y Menchu _____ (**hacer**) ejercicio en el gimnasio.

4. Carmen _____ (**leer**) en el parque.

5. Los profesores _____ (**trabajar**) en su casa.

6. Yo _____ (**hablar**) contigo.

7. Nosotros _____ (**pasear**) por el campus.

8. ¿Qué _____ (**hacer**) tú?

Práctica 2. **¿Qué están haciendo?** You will hear a series of questions about what the people in the drawings are doing. Answer each question using the present progressive, then listen to and repeat the correct answer.

MODELO (*you see*)   Elisa
(*you hear*) ¿Qué está haciendo Elisa? →
(*you say*)   Está nadando.

1. Pedro

2. Nora y Tanya

3. el Sr. Jiménez

4. Tito

5. Jaime

6. Adelina

Práctica 3. Ahora mismo. Use the present progressive form to write sentences about what these people are doing at this very moment. You may use verbs from the box or any other verb of your choosing.

andar	chatear	escribir	hablar	nadar	sacar
bailar	correr	escuchar	jugar	navegar	salir
cantar	enseñar	estudiar	leer	pasear	trabajar

1. Mi mamá _____.

2. Mi papá _____.

3. El presidente de este país _____.

4. Mi profesor(a) de español _____.

5. Mi compañero/a de cuarto _____.

6. Mis amigos _____.

7. Yo _____.

Síntesis y repaso

Práctica 1. ¿Qué tiempo hace? Listen to the weather report on the radio for two different cities. Then answer the following questions using complete sentences. You may listen more than once if you like.

1. ¿Qué día de la semana es hoy? _____

2. ¿Y qué mes es? _____

3. ¿Qué tiempo hace en Guadalajara? _____

4. ¿Cuál es la temperatura? Está a _____

5. ¿Está nublado en Guadalajara? _____

6. ¿Qué tiempo hace en Buenos Aires? _____

7. ¿Cuál es la temperatura? Está a _____

8. ¿Hace viento es Buenos Aires? _____

Práctica 2. Escenas (*scenes*) de las estaciones. Listen to the three descriptions. Then circle the letter of the drawing which corresponds to each description. You may listen more than once if you like.

1.   A   B   C

(*continúa*)

2.   A   B   C

3.   A   B   C

Práctica 3. **Mis vacaciones** (*vacation*). Listen as Jessica describes her ideal vacation, then answer the questions in complete sentences based on what you hear. You may listen more than once if you like.

VOCABULARIO PRÁCTICO

desde	since
hasta	until
voy de vacaciones	I'm going on vacation
el Caribe	Caribbean
el mar	sea

1. ¿Qué hace Jessica desde el otoño hasta la primavera?

_____

2. ¿Cómo está Jessica en el invierno?

_____

3. ¿Por qué le gusta a Jessica el verano?

_____

4. ¿Qué actividades va a hacer Jessica en las vacaciones?

_____

5. ¿Qué actividades *no* va a hacer?

_____

Práctica 4.   Una página Web.

PASO 1.   Read the blog and answer the following questions. Don't worry if you don't understand every word. Use cognates and the structures you know as clues to find information.

```
http://artesania.blog.com                                          ▼
```

Artesanía Blog en Español

Inicio   Acerca de[a]   Contacto

Delicadas imágenes...
Una entrevista con Lidia Tinieblas
Publicado en: Ilustraciones; Talentos y artistas
Autora: Paulina

Paulina: ¿Cómo te llamas?
Lidia: Me llamo Lidia Tinieblas, y en el mundo del Internet me conocen[b] como Litín.

P: ¿De dónde eres?
L: Soy de Cancún, México, pero ahora vivo en Madrid.

P: ¿Qué puedes contarnos[c] sobre tí?
L: Estudié[d] la carrera de antropología en la Universidad Nacional Autónoma de México, pero me gustó[e] el mundo de la ilustración y decidí[f] estudiar bellas artes. Ahora no imagino mi vida sin dibujar y crear.[g] Espero algún día poder vivir exclusivamente de la ilustración.

P: ¿De dónde vienen[h] tus ideas?
L: Cualquier cosa[i] resulta inspiradora. Todas las situaciones pueden crear una historia, sólo hay que estar atenta.[j]

P: ¿Cómo entrastes al mundo artístico-creativo?
L: Supongo que siempre he estado[k] dentro del mundo artístico-creativo. Conservo dibujos de cuando era[l] pequeña. Un día tu hobby se convierte en tu profesión casi sin darte cuenta[m] ¡Y qué feliz día!

P: ¿Solo te dedicas a la actividad creativa?
L: Trabajo por las mañanas en un estudio de escenografía. Es otro trabajo que requiere la creatividad. Además[n] de la ilustración.

Usuarios en línea
5 Usuarios en línea

Categorias
Accesorios (3)
Arte y pintura (8)
Editorial (14)
Guía de regalos (4)
Ilustraciones (4)
Joyería (16)
Mis creaciones (3)
Negocios (17)
Publica tu testimonio (10)
Talentos y artistas (75)
Tejido (11)
Textil (5)
Universo de blogs (4)

[a]acerca... *about* [b]me... *I'm known as* [c]tell us [d]*I studied* [e]me... *I liked* [f]*I decided* [g]dibujar... *draw and create* [h]*come* [i]cualquier... *Anything* [j]sólo... *you just have to pay attention* [k]siempre... *I have always been* [l]*I was* [m]sin... *without noticing* [n]Además... *Besides*

1.   ¿Cómo se llama la persona que escribe el blog? _____
2.   ¿De dónde es la artista? _____
3.   ¿Dónde estudia ilustración? _____
4.   ¿Qué desea hacer con sus ilustraciones? _____
5.   ¿Dónde trabaja por las mañanas? _____

(continúa)

PASO 2. Now skim the structure of the page and answer the following questions.

6. ¿Cómo se llama la página Web? _____

7. Para escribir un e-mail a esta página Web, ¿en qué palabra hace clic? _____

8. ¿Cuántas personas están en línea? _____

9. ¿Qué categoría de blog debe usar para publicar (*publish*) su opinión? _____

Palabra escrita

A finalizar

You are now going to write your final composition, based on the first draft you wrote in the **Palabra escrita: A comenzar** section of your textbook. Remember that the theme for your composition is **La pasión por los deportes** and that your purpose is to tell the reader about what sports are popular in your area.

Práctica 1. El borrador. Review the first draft of your composition and ask yourself if you've adequately answered these questions.

1. ¿Cuáles son los deportes más populares en este país? ¿en su estado o provincia?
2. ¿Qué deportes practica Ud.?
3. ¿Qué deportes le gusta mirar en la televisión?
4. ¿Qué otras actividades deportivas hace Ud.?
5. ¿Qué actividad deportiva va a hacer el fin de semana que viene?

Práctica 2. El vocabulario y la estructura. Review the vocabulary and grammar sections of this chapter, and consider these questions about your composition.

1. Have you included information to answer the questions in **Práctica 1?**
2. Is the vocabulary appropriate?
3. Have you used the correct forms for irregular verbs such as **hacer** and **ver?** Have you used **ir** + **a** + *infinitive*?
4. Do the verb forms agree with their subjects?
5. Do adjectives agree with the nouns they modify?

Práctica 3. ¡Ayúdame, por favor! Have a classmate read your composition and suggest changes or improvements, and do the same for him/her.

Práctica 4. El borrador final. Rewrite your composition and hand it in to your instructor.

Capítulo 3

TEMA I: Las obligaciones y los quehaceres
Vocabulario del tema

Práctica 1. **Quehaceres necesarios.** Write the chores that need to be done in each room.

arreglar el cuarto	lavar los platos	planchar la ropa	sacar la basura
hacer la cama	pasar la aspiradora	quitar la mesa	trapear

1. En la cocina, necesitamos….

   _____

   _____

   _____

   _____

2. En el dormitorio (*bedroom*), necesitamos…

   _____

   _____

   _____

   _____

Práctica 2.   Los aparatos domésticos. Match each household appliance to its use.

1. _____ la aspiradora
2. _____ la secadora
3. _____ el horno
4. _____ la lavadora
5. _____ el lavaplatos

a.   cocinar
b.   lavar los platos
c.   secar la ropa
d.   lavar la ropa
e.   limpiar el piso

Gramática

3.1   Deber/Necesitar + infinitive

Práctica 1.   Obligaciones.

PASO 1.   Indicate the things you should do on a typical day.

- ☐ Debo asistir a clase por la tarde.
- ☐ Debo sacar un DVD de Blockbuster.
- ☐ Debo ir al gimnasio.
- ☐ Debo hacer la cama.
- ☐ Debo comer más fruta.
- ☐ Debo lavar los platos.
- ☐ Debo mirar los partidos de fútbol americano en la televisión.
- ☐ Debo estudiar por tres horas.

PASO 2.   Now indicate the things you need to do today or tomorrow.

- ☐ Necesito trabajar dos horas o más.
- ☐ Necesito buscar un libro en la biblioteca.
- ☐ Necesito hablar con mi profesor(a) de español.
- ☐ Necesito correr tres millas.
- ☐ Necesito arreglar el cuarto.
- ☐ Necesito escuchar la lección de español en el laboratorio o por Internet.
- ☐ Necesito lavar la ropa.
- ☐ Necesito barrer el piso.

Práctica 2.   ¿Qué debemos hacer? Write original sentences using **deber** or **necesitar** + *infinitive* to tell what everyone should do. Use verbs from the list.

| aprender | comer | creer | leer | recibir |
| asistir | comprar | hacer | limpiar | trabajar |

MODELO   Todos debemos jugar un deporte.

1. Todos _____.
2. Todos _____.
3. Todos _____.
4. Todos _____.
5. Todos _____.

3.2 Tener, venir, preferir, and querer

Práctica 1. **Expresiones con *tener*.** Read the explanations and decide which **tener** expression best describes the situation. **¡OJO!** Don't forget to conjugate **tener.**

tener + calor / éxito / frío / miedo / razón / prisa / suerte / sueño

1. Hoy es un día increíble. A las once de la mañana, recibo una llamada de Bill Gates. Él quiere trabajar conmigo en un proyecto que estoy haciendo para mi clase de informática. También, él me va a pagar un millón de dólares por mi trabajo. Yo _____.

2. Hoy Pedro necesita hacer muchas cosas antes de ir al trabajo: tiene que lavar los platos a mano, tiene que dar de comer (*feed*) al perro, tiene que sacar la basura y tiene que leer un artículo sobre la literatura medieval. Pedro sólo tiene media hora para hacer todas estas cosas. Pedro _____.

3. Nosotros estamos sufriendo. Hace mucho sol, la temperatura es de 35 grados y estamos en el campo jugando con los niños. Nosotros _____.

4. Carolina estudia mucho. Ella estudia en la biblioteca cuarenta horas cada semana. Ella siempre lee todas las lecciones y hace la tarea. Beto estudia mucho también. Él busca información para sus clases y estudia en el café todas las tardes. Carolina y Beto siempre tienen notas muy buenas. Carolina y Beto _____ en sus estudios.

5. No te gusta patinar en línea. Patinando en línea, una persona tiene una alta velocidad y tú no quieres caerte (*fall down*). Tú _____.

Práctica 2. **Una voluntaria del Cuerpo de Paz (*Peace Corps*).** Complete the following paragraph with the correct form of **tener, venir, preferir,** and **querer.**

Mi día es muy interesante. En la mañana yo _____[1] que hacer la cama. En

Chiapas hay muchos escorpiones y nosotros los _____[2] mucho miedo, por eso

limpiamos muy bien todos los días. Hay una mujer simpática que _____[3] a mi

casa para ayudarme a limpiar. Yo _____[4] pagarle cinco dólares por hora, pero ella

_____[5] recibir libros y no dinero.

Después de limpiar la casa, los niños _____[6] para leer libros conmigo. Ellos

_____[7] leer libros de aventuras, pero yo _____[8] las novelas

clásicas para ellos.

Por la tarde, yo _____[9] mucho calor. _____[10] tomar una siesta

y no hacer nada. Por las noches, siempre me gusta salir y pasear por el pueblo.

Práctica 3. **¿Qué tiene? ¿Qué prefiere? ¿Qué quiere?** Listen to the following survey questions and the most popular answers. Use the answers to form complete sentences. Then listen and repeat the correct answer.

1. sí   2. Perú   3. sí   4. calor   5. salir con mis amigos   6. muchos   7. no   8. sí
9. no   10. barrer el piso

Práctica 4.   Nota comunicativa: *Tener que* + **infinitive.** Describe what each person or group of people has to do based on the situation given. Use **tener que** + *infinitive.* **¡OJO!** There may be more than one possible answer.

1.   El piso está sucio. Mariana _____.

2.   La basura está llena (*full*). Yo _____.

3.   Todos los platos están sucios. Nosotros _____.

4.   Toda la ropa está arrugada (*wrinkled*). Tú _____.

5.   Estas toallas (*towels*) están mojadas (*wet*). Las niñas _____.

6.   ¿Ud. no tiene ropa limpia? Ud. _____.

Síntesis y repaso

Práctica 1.   Los quehaceres de una familia. Listen to the description of each member of the family. Then underneath each drawing, write the name of the person who should complete that chore.

VOCABULARIO PRÁCTICO

el miembro   member

1.   _____   5.   _____   9.   _____

2.   _____   6.   _____   10. _____

3.   _____   7.   _____

4.   _____   8.   _____

Práctica 2. Las obligaciones de Ana. Listen to the dialogue between Ana and her friend Jon. Based on the information you hear, indicate whether each statement is **cierto (C)** or **falso (F)**.

VOCABULARIO PRÁCTICO
responsabilidad   responsibility

	C	F
1. Ana tiene obligaciones en la casa.	☐	☐
2. Ana trabaja en el jardín los miércoles.	☐	☐
3. Jon va a comer en el restaurante italiano.	☐	☐
4. Ana no quiere salir con sus amigos.	☐	☐
5. Ana debe limpiar la casa hoy.	☐	☐

Práctica 3. Quehaceres preferidos (*preferred*). Listen to the description of Roberto and his chores and answer the questions in complete sentences based on what you hear.

VOCABULARIO PRÁCTICO
afuera   outside
por eso   therefore

1. ¿Qué necesita hacer Roberto afuera?

_____

2. ¿Por qué no quiere trabajar afuera hoy?

_____

3. ¿Qué prefiere hacer hoy?

_____

4. ¿Qué va a hacer por la mañana?

_____

5. ¿Qué va a hacer por la tarde?

_____

Práctica 4. Cleaning Wizards, LLC.

PASO 1.   Read the paragraph about a small business in Oregon.

Cleaning Wizards, LLC, es una empresa de limpieza[a] que ofrece limpieza «verde», o natural, para casas, apartamentos y empresas pequeñas. Las dueñas,[b] Idolina, Gabriela y Margarita, son de Michoacán, México. Participan en el programa para adultos que se llama «Adelante,[c] mujeres». En 2007, fundaron[d] su empresa de limpieza para apoyar[e] a sus familias económicamente.[f] Cleaning Wizards ofrece una variedad de servicios: arreglar, limpiar, sacudir el polvo, barrer el piso, trapear, limpiar los baños, limpiar las ventanas y otras cosas. Estas mujeres prefieren usar productos orgánicos y no tóxicos, para proteger la naturaleza de Oregón.[g]

[a]empresa... *cleaning company* [b]*owners* [c]*Forward!* [d]*they founded* [e]*support* [f]*economically* [g]proteger... *protect Oregon's nature*

PASO 2. Circle the correct answer based on the reading in **Paso 1. ¡OJO!** There may be more than one correct answer.

1. ¿Dónde trabajan las mujeres de Cleaning Wizards?
   a. en las casas
   b. en empresas grandes
   c. en empresas pequeñas
2. ¿De qué lugar son las mujeres de esta empresa?
   a. Oregón
   b. México
   c. Adelante
3. ¿En qué programa participan Idolina, Gabriela y Margarita?
   a. «Arriba, mujeres»
   b. «Adelante, mujeres»
   c. «Delante de las mujeres»
4. ¿Para quiénes trabajan Idolina, Gabriela y Margarita?
   a. para su familia
   b. para «Adelante, mujeres»
   c. para una empresa grande
5. ¿Cuál es una cosa que *no* hace Cleaning Wizards?
   a. sacudir los muebles
   b. limpiar las ventanas
   c. cortar el césped
6. ¿Qué clase de productos de limpieza usan?
   a. productos orgánicos
   b. productos naturales
   c. productos tóxicos

PASO 3. To make some extra money, you plan to establish a cleaning service in your area. Answer the following questions about your cleaning service.

1. ¿Cómo se llama su empresa? _____

2. ¿Qué clase de productos quiere usar? _____

3. ¿Qué servicios va a ofrecer? _____

   _____

   _____

   _____

4. ¿A qué horas prefiere trabajar? _____

Pronunciación

Stress Rules and Written Accent Marks

Most Spanish words follow two simple rules for pronouncing words with correct stress:

1. If a word ends in **s, n,** or a vowel, the stress is on the next-to-the-last syllable, for example, **mar-tes** and **pro-gra-ma**
2. If a word ends in any other consonant, the stress falls on the final syllable of the word, for example, **ju-gar** and **a-ni-mal**

Práctica 1. Repeticiones. Repeat the following words ending in **s, n,** or a vowel, imitating the speaker. Pay close attention to which syllable receives the spoken stress.

1. nom-bre
2. cin-co
3. cua-der-no
4. me-nos
5. lu-nes
6. ha-blan

Práctica 2. Más repeticiones. Repeat the following words, imitating the speaker. Pay close attention to which syllable receives the spoken stress.

1. pro-fe-sor
2. pa-pel
3. hos-pi-tal
4. ha-blar
5. a-bril
6. us-ted

Most words in Spanish follow these two rules. Words that follow a different stress pattern require a written accent (**el acento ortográfico**).

For example, the word **fútbol** ends in the consonant l but the stress is on the next-to-last, not the last syllable, therefore it is spelled with a written accent mark: <u>fút</u>-bol.

Accents are also required in the following situations:

- When the stress falls on the third-to-last syllable, such as in **matemáticas** or **bolígrafo,** the stressed syllable requires a written accent, regardless of the final letter.
- If two successive vowels do not form a dipthong, such as in **biología** or **día,** the stressed vowel requires a written accent mark.
- If two successive vowels form a dipthong, such as in **acción** or **también,** the stronger vowel (**a, o,** or **e**) receives the stress, and therefore requires a written accent.

Práctica 3.   El acento ortográfico. Listen and repeat each word containing a written accent. Notice that the stress falls where the accent mark is written.

1. es-t<u>á</u>s	3. in-gl<u>é</u>s	5. b<u>é</u>is-bol	
2. s<u>á</u>-ba-do	4. me-<u>nú</u>	6. c<u>é</u>s-ped	

Práctica 4.   ¿Acento ortográfico o no? Listen to the pronunciation of the following words, which are probably unfamiliar to you. Based on what you know about stress rules and written accents, decide if each word requires an accent or not. Write accents over the vowels that need them. The words are divided into syllables for you.

1. a-qui	3. ma-tri-cu-la	5. chim-pan-ce	7. a-le-ma-nes
2. del-ga-do	4. es-ta-dis-tica	6. sim-pa-ti-co	8. ac-ti-tud

Práctica 5.   Dictado. You will hear a list of words that require an accent mark. Listen to each word and then spell it. Be sure to write in the accent mark where it belongs.

1. _____	6. _____	11. _____
2. _____	7. _____	12. _____
3. _____	8. _____	13. _____
4. _____	9. _____	14. _____
5. _____	10. _____	15. _____

TEMA II: El tiempo libre

Vocabulario del tema

Práctica 1.   Distracciones saludables (*healthy*). Read the description of how each person is feeling and indicate which activity would most likely improve his/her mood or physical state.

1. Juan está enfermo y tiene frío. Juan debe…
   a. levantar pesas.   b. tomar medicina.
2. Lisa está aburrida y quiere ver a sus amigos. Lisa debe…
   a. ir al cine.   b. mirar la televisión.
3. Eric está muy cansado. Eric debe…
   a. tomar una siesta.   b. correr.
4. Alita está enojada. Alita debe…
   a. practicar yoga.   b. jugar al billar.

Práctica 2. ¿Qué quiere hacer Ben? Look at the calendar of activities that Ben wants to do this week. Complete each sentence with the name of the activity that he wants to do.

1. El lunes, Ben quiere _____.

2. El martes, Ben quiere _____.

3. El miércoles, Ben quiere _____.

4. El jueves, Ben quiere _____.

5. El viernes, Ben quiere _____.

6. El sábado, Ben quiere _____.

7. El domingo, Ben quiere _____.

Gramática

3.3 More Stem Changing Verbs

Práctica 1. Los verbos.

1. Underline the stem vowel that will change to **ie.**
   a. pensar b. perder c. cerrar d. empezar e. entender
2. Underline the stem vowel that will change to **ue.**
   a. jugar b. almorzar c. dormir d. volver e. poder
3. Underline the stem vowel that will change to **i.**
   a. repetir b. pedir c. servir d. seguir

Práctica 2. ¿Qué hacemos hoy? Complete the following conversation with the correct form of the verbs in parentheses.

VÍCTOR: ¿Qué tal, Esteban?

ESTEBAN: Bien. ¿Qué _____[1] (*tú:* pensar) que debemos hacer hoy?

VÍCTOR: Yo no _____[2] (querer) perder tiempo hablando. _____[3]

(*Yo:* Cerrar) la puerta y nos vamos.

ESTEBAN: Está bien, pero yo no _____[4] (entender) adónde vamos.

VÍCTOR: El partido de vólibol _____[5] (empezar) a las once y ya son las diez menos

diez.

ESTEBAN: Hombre, yo no _____[6] (poder) ver jugar a nuestro equipo. ¡Ellas siempre

_____[7] (perder)!

VÍCTOR: ¡Qué actitud! Nuestra amiga Lilia _____[8] (jugar) en el equipo.

_____[9] (*Yo:* Pensar) que debemos asistir a los partidos para darles ánimo a las

jugadoras.[a]

ESTEBAN: _____[10] (*Tú:* Tener) razón.[b] Vamos. Pero después del partido,

_____[11] (*nosotros:* almorzar) en el centro.[c]

VÍCTOR: Sí, claro. _____[12] (*Nosotros:* Poder) ir a ese café nuevo, cerca del parque.

Creo que hoy lo vamos a pasar muy bien.[d]

[a]darles... *encourage the players*   [b]tener... *to be right*   [c]*downtown*   [d]lo... *we're going to have a good time*

Práctica 3.   Actividades de un día.

PASO 1.   Refer to Rodolfo's schedule to answer the following questions. Use complete sentences.

LUNES	
8:00	*desayunar*
9:30	*clases*
12:15	*almorzar*
1:00	*llamar a mi novia*
2:30	*clase*
4:00	*rugby*
6:00	*cenar*
7:00	*estudiar*
11:30	*dormir*

1.   ¿A qué hora almuerza? _____

2.   ¿Qué puede hacer después de almorzar? _____

3.   ¿A qué hora vuelve a clase en la tarde? _____

4.   ¿Qué deporte juega a las cuatro? _____

5.   ¿A qué hora duerme finalmente? _____

PASO 2.   Now answer similar questions about your schedule.

1.   ¿A qué hora almuerza Ud.?

_____

2.   ¿Qué puede Ud. hacer después de almorzar?

_____

(continúa)

3. ¿A qué hora vuelve Ud. a clase en la tarde?

_____

4. ¿Qué deporte juega Ud.?

_____

5. ¿A qué hora duerme Ud. finalmente?

_____

Práctica 4.   Grupo de estudio. Complete the dialogue with the correct conjugation of the verb in parentheses.

JUANA: Hola, Natalia, Jorge y Fátima. Por favor, entren.[a]

FÁTIMA: Estamos listos[b] para estudiar la lección de hoy.

NATALIA: ¿Estudiamos aquí o vamos al café de la esquina?[c] _____[1] (*Ellos:* Servir) café

muy rico allí.

JORGE: Pero, ¿_____[2] (*nosotros:* poder) conseguir una mesa a esta hora?

NATALIA: Jorge, tú _____[3] (poder) ir al café. Si _____[4] (conseguir)

una mesa, nos llamas. Si no, _____[5] (pedir) cuatro cafés con leche.

FÁTIMA: Yo _____[6] (querer) ir con Jorge porque prefiero tomar té.

NATALIA: _____[7] (*Yo:* Pensar) pedir un sándwich también. Tengo hambre.

JUANA: Yo no _____[8] (entender). ¿Vamos a estudiar o no?

NATALIA: Tienes razón. Debemos estudiar aquí por unas horas y comer después.

[a]*come in*   [b]*ready*   [c]*de... on the corner*

Práctica 5.   La vejez. Listen as different people state which activities they continue to do now that they're older. You'll hear each sentence twice. Restate the sentence using the names given, then repeat the correct answer.

MODELO   (*you hear*) Sigo bailando el tango.   (*you see*) Ernesto →

(*you say*)   Ernesto sigue bailando el tango.

1. Isabel   2. Rodrigo   3. José y Paco   4. Dayana   5. Armando   6. Lourdes y Juan

3.4   The Verbs **saber** and **conocer**

Práctica 1.   Los usos de *saber* y *conocer*. Indicate the use of **saber** and **conocer** for each sentence. Write the letter of the correct use.

SABER

a.   knowing facts or specific bits of information
b.   knowing how to do a skill

CONOCER

c.   familiarity with things
d.   having been to a place
e.   knowing people
f.   meeting somebody for the first time

1. _____ Conozco a tu papá.

2. _____ Sabemos dónde vives.

3. _____ Ellos conocen Idaho.

4. _____ Hoy voy a conocer al nuevo profesor.

5. _____ No sé la respuesta correcta.

6. _____ Uds. saben bailar la salsa.

7. _____ Conozco las películas de Almodóvar.

8. _____ Sé hablar japonés.

9. _____ Sé que te gusta esta clase.

10. _____ ¿Conoces los poemas de Poe?

11. _____ Ellos saben que tú eres antipático.

12. _____ Vosotros conocéis Florida.

Práctica 2. ¿*Saber* o *conocer*? Complete each statement using the correct conjugation of **saber** or **conocer.**

1. Yo _____ jugar al billar.

2. Nosotros _____ a Sammy Sosa. Le hablamos después de un partido de béisbol.

3. Tú _____ que Vicente Fox es el ex presidente de México.

4. Aliana y tú _____ mi número de teléfono.

5. Ellos _____ la música de Selena.

6. Ella _____ hacer *snowboarding*. Practica el deporte desde los 2 años.

7. Yo _____ Baja California.

8. Tú _____ a la mujer que limpia mi residencia.

9. ¿_____ tú cuáles son las horas de oficina del profesor?

10. Tú y Carlos _____ la literatura española.

Práctica 3. ¿**Qué sabe Ud.?** ¿**Qué conoce Ud.?** Answer the following questions, according to the responses given. Then listen and repeat the correct answer.

1. no 2. sí 3. sí 4. no 5. no 6. sí 7. no 8. sí 9. sí 10. no 11. sí 12. sí

Práctica 4. **Nota comunicativa: The Personal** *a.*

PASO 1. Underline the direct object in each sentence. Then indicate whether or not the direct object is a person.

		SÍ	NO
1.	No conozco a tu profesor de química.	☐	☐
2.	Practico muchos deportes.	☐	☐
3.	Limpiamos la casa los sábados.	☐	☐
4.	¿Conoces a mi mejor amigo?	☐	☐

PASO 2. Complete each sentence with an **a personal** if needed. Write *x* if the **a** is not needed.

1. Conozco _____ una persona famosa.

2. ¿Sabes _____ el apellido de Isabel?

3. No conozco _____ las novelas de Carlos Ruiz Zafón.

4. Nosotros conocemos bien _____ los instructores de yoga.

Síntesis y repaso

Práctica 1. **¿Qué prefieres hacer?** Listen to the conversation between Rocío and Carlos. Then indicate the correct word(s) to complete each sentence based on their conversation. You may listen more than once if you like.

VOCABULARIO PRÁCTICO

¡Qué pena!	That's too bad!
algo	something
relajante	relaxing

1. Carlos está irritado porque tiene que _____.

   a. estudiar b. limpiar la casa c. levantar pesas d. tomar copas

2. Cuando va al cine, Carlos está _____.

   a. contento b. enojado c. triste d. emocionado

3. Hoy, Carlos prefiere _____.

   a. hacer la cama b. tomar una siesta c. hacer ejercicio d. tomar copas

4. Hoy, Rocío está _____.

   a. cansada b. emocionada c. irritada d. enojada

5. Hoy, Rocío y Carlos van a tomar _____.

   a. una siesta b. clases c. copas d. una sauna

Práctica 2. **Las actividades perfectas.**

PASO 1. Write the name of each activity depicted.

1. _____ 2. _____ 3. _____ 4. _____ 5. _____

PASO 2. Listen to the descriptions of María, Alisa, and Susan. Then indicate which activities from **Paso 1** would be most suited to each person. Answer each question using a complete sentence.

VOCABULARIO PRÁCTICO

vive sola   lives alone

1. ¿Qué debe hacer María?

_____

2. ¿Qué debe hacer Alisa?

_____

3. ¿Qué debe hacer Susana?

_____

Práctica 3. Un día interesante. First, indicate whether each activity listed is **una obligación** or **una distracción.** Then listen to the description of Eduardo's day and put the activities in order (from 1 to 12) based on what you hear.

		OBLIGACIÓN	DISTRACCIÓN
1.	_____ ir al cine	☐	☐
2.	_____ quitar la mesa	☐	☐
3.	_____ comer un sándwich	☐	☐
4.	_____ tomar una siesta	☐	☐
5.	_____ pasar la aspiradora	☐	☐
6.	_____ hacer yoga	☐	☐
7.	_____ hacer la cama	☐	☐
8.	_____ sacar la basura	☐	☐
9.	_____ tomar café	☐	☐
10.	_____ jugar al dominó	☐	☐
11.	_____ lavar los platos	☐	☐
12.	_____ jugar a las cartas	☐	☐

Práctica 4. El ejercicio frente al estrés.

PASO 1.   Read the following health article.

¿Estás ansioso? ¿Estás estresado? ¿Estás preocupado? ¿Estás cansado? El ejercicio puede animarte[a] y ayudarte.[b] Con el ejercicio aeróbico puedes reducir la ansiedad[c] hasta en un 50 por ciento.[d] Hay cuatro beneficios más que Ud. debe saber.

1. El ejercicio mejora el humor.[e] El ejercicio aeróbico produce sustancias químicas que te hacen sentir contento.
2. También te da[f] mucha energía. Si tienes más energía, puedes hacer todas las cosas que debes hacer en el día. Las personas estresadas están deprimidas[g] y cansadas durante el día. Cuando haces ejercicio por la mañana, mantienes[h] la energía todo el día.

[a]*cheer you up* [b]*help you* [c]*anxiety* [d]*hasta... up to fifty percent* [e]*mejora... improves your mood* [f]*te... it gives you* [g]*depressed* [h]*you maintain*

(continúa)

3. El ejercicio te ayuda[i] a dormir bien. El sueño refresca la mente[j] y te ayuda a organizar mejor la información del día.
4. El ejercicio abre la mente para pensar mejor. Si estás preocupado, no puedes solucionar bien un problema. El ejercicio ayuda con la concentración y aclara[k] la mente. Puedes pensar sin distracciones.

   Si no puedes hacer ejercicio aeróbico, siempre puedes hacer ejercicios como el yoga o Pilates. ¡Debes empezar una nueva rutina mañana!

[i]te… *helps you* [j]refresca… *refreshes your mind* [k]*clears*

PASO 2. Answer the following questions about the article in **Paso 1.**

1. Según el artículo, si estás estresado, debes _____.

   a. tomar té de hierbas (*herbal*)   b. hacer ejercicio aeróbico   c. dormir

2. El ejercicio aeróbico puede reducir la ansiedad en un _____.

   a. 25 por ciento   b. 40 por ciento   c. 50 por ciento

3. ¿Qué idea *no* se menciona en el artículo? El ejercicio _____.

   a. mejora el humor   b. refresca la mente   c. te hace más guapo/a

4. ¿Qué debes hacer mañana?

   a. dormir más   b. empezar una nueva rutina   c. beber Red Bull

PASO 3. Design a new exercise routine for yourself. Mention what types of exercises you will do, what time of day you will do them, and how many days per week. Tell why you are choosing this type of exercise and what you will do to ensure success.

_____

_____

_____

_____

_____

_____

_____

Palabra escrita

A finalizar

You are now going to write your final composition, based on the first draft you wrote in the **Palabra escrita: A comenzar** section of your textbook. Remember that the theme for your composition is **Las obligaciones y los quehaceres** and that your purpose is to tell the reader about the things that your classmates and you have to do or should do in a typical week.

Práctica 1.   El borrador. Review the first draft of your composition and ask yourself if you've adequately identified the following.

1. los quehaceres que a mí y a mis compañeros no nos gustan
2. los quehaceres que preferimos hacer
3. las cosas que tenemos que hacer en una semana típica
4. las cosas que debemos hacer en una semana típica

Práctica 2.   El vocabulario y la estructura. Review the vocabulary and grammar sections of this chapter and consider these questions about your composition.

1. Have you included information to answer the questions in **Práctica 1?**
2. Is the vocabulary appropriate?
3. Have you used expressions of obligation such as **deber / necesitar / tener que** + *infinitive* correctly? Have you checked the spelling of irregular verbs?
4. Do the verb forms agree with their subjects?
5. Do adjectives agree with the nouns they modify?

Práctica 3.   ¡Ayúdame, por favor! Have a classmate read your composition and suggest changes or improvements, and do the same for him/her.

Práctica 4.   El borrador final. Rewrite your composition and hand it in to your instructor.

Capítulo 4

TEMA I: La familia tradicional

Vocabulario del tema

Práctica 1. **El árbol genealógico.** Mire el árbol genealógico y complete cada una de las oraciones con la relación familiar apropiada.

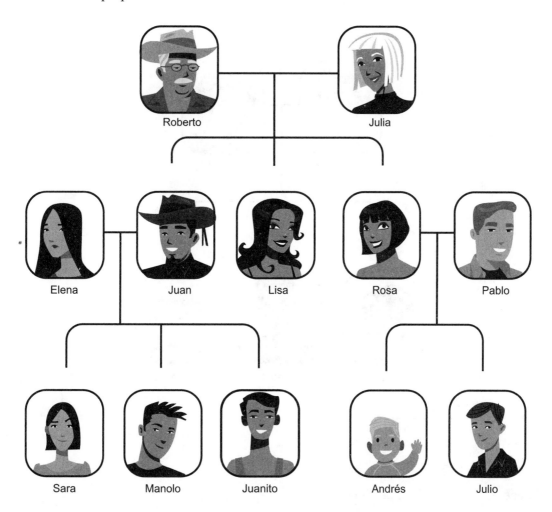

1. Pablo es el _____ de Manolo.

2. Elena es la _____ de Manolo.

3. Julia es la _____ de Sara.

4. Pablo es el _____ de Roberto.

5. Julio es el _____ de Juanito.

6. Juanito es el _____ de Rosa.

7. Juan es el _____ de Lisa.

8. Julia es la _____ de Elena.

9. Andrés es el _____ de Rosa.

10. Lisa es la _____ de Elena.

11. Sara es la _____ de Roberto.

12. Roberto es el _____ de Julia.

Práctica 2.   ¿Cuántos años tiene? Mire el árbol genealogico de Leo y escriba las relaciones familiares y las edades (*ages*) de cada persona.

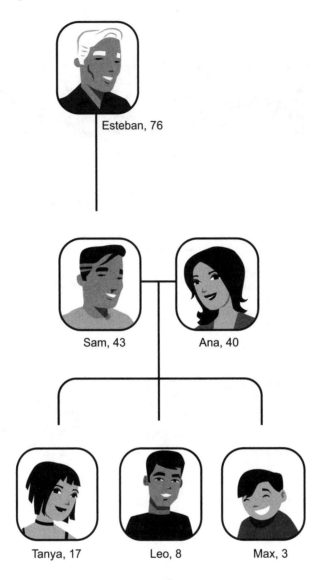

Esteban, 76

Sam, 43   Ana, 40

Tanya, 17   Leo, 8   Max, 3

1. Ana es la _____ de Leo.

    Tiene _____ años.

2. Esteban es el _____ de Leo.

    Tiene _____ años.

3. Tania es la _____ de Leo.

    Tiene _____ años.

4. Sam es el _____ de Leo.

    Tiene _____ años.

5. Max es el _____ de Leo.

    Tiene _____ años.

Práctica 3.   Descripciones de una familia. Indique si las oraciones son **ciertas** (**C**) o **falsas** (**F**), según el árbol genealógico y las descripciones. Si la oración es falsa, corríjala.

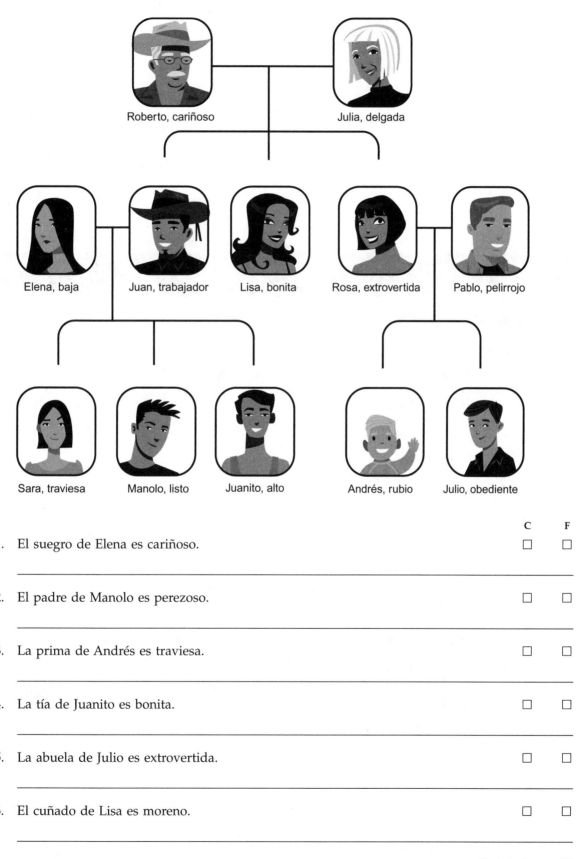

		C	F
1.	El suegro de Elena es cariñoso.	☐	☐
2.	El padre de Manolo es perezoso.	☐	☐
3.	La prima de Andrés es traviesa.	☐	☐
4.	La tía de Juanito es bonita.	☐	☐
5.	La abuela de Julio es extrovertida.	☐	☐
6.	El cuñado de Lisa es moreno.	☐	☐

Práctica 4. Nota comunicativa: Asking Someone's Age with tener. Listen to Prince Felipe of Spain as he describes the members of his family, then write the ages of the people as you listen. **¡OJO!** Don't forget to include the correct conjugation of **tener** in your answer. You will hear the description twice.

¿Cuántos años tiene(n)?

1. El Rey Juan Carlos y la Reina Sofía _____.

2. La Infanta Elena _____.

3. La Infanta Cristina _____.

4. La Infanta Leonor _____.

5. La Infanta Sofía _____.

6. Letizia _____.

7. Felipe, El Príncipe de Asturias _____.

Gramática

4.1 Por and para

Práctica 1. Los usos. Indique los usos de **por** y **para** en cada oración. Use cada respuesta una vez.

POR	PARA
a. period of the day	f. to express *in order to*
b. mode of transportation	g. *for whom/what* something is destined to be given
c. mode of communication	h. to express *toward* or in the direction of
d. movement through or along	i. to express deadlines
e. fixed expression	

1. _____ Estos zapatos de tenis son para mi hermano.

2. _____ Por fin, mi hermano quiere empezar a correr conmigo.

3. _____ Mi hermano y yo vamos a hacer ejercicio por las mañanas.

4. _____ Vamos a correr por el parque.

5. _____ Después, debemos salir para la universidad.

6. _____ Tenemos que estar listos para las nueve porque tengo clase.

7. _____ En nuestra universidad, hay mucho tráfico y es mejor llegar caminando o por autobús.

8. _____ Voy a llamar a mi hermano por teléfono.

9. _____ ¡Tengo que llamar a mi hermano para recordarle (*remind him*) que mañana empezamos nuestra nueva rutina!

Práctica 2. Preguntas personales. Answer the following questions about your college life in complete sentences using the phrases suggested. Then listen and repeat a possible answer.

>   MODELO (*you hear*) ¿Por cuánto tiempo estudias los sábados?
>
>   (*you see*) por tres o cuatro horas →
>
>   (*you say*) Estudio por tres o cuatro horas los sábados.

1. por la noche
2. por teléfono
3. por autobús
4. porque es importante
5. para mañana
6. para conseguir (*get*) un trabajo bueno

Práctica 3. Los planes. Complete the conversation between Fermín and Norma Ochoa about a month-long trip to the Canary Islands for a family vacation using **por** or **para**.

FERMÍN: _____[1] favor, Norma. No es necesario viajar[a] _____[2] barco.[b] Es mucho mejor ir

_____[3] avión.[c] Es más rápido, y además, viajar _____[4] barco me enferma.[d]

NORMA: Fermín, estas vacaciones no son sólo _____[5] ti, son _____[6] toda la familia. Creo

que nuestras hijas deben viajar por barco _____[7] lo menos una vez en su vida.

_____[8] eso prefiero viajar en barco.

FERMÍN: Pero Norma, el movimiento de las olas[e] es muy problemático _____[9] mí.

Especialmente _____[10] la noche.

NORMA: Fermín, _____[11] lo general, la gente duerme mejor[f] en barco _____[12] el ritmo

constante y el movimiento. Vas a dormir como un bebé.

FERMÍN: Tienes razón, pero yo no soy como las personas típicas; además, no voy a poder hablar

_____[13] teléfono celular en el barco.

NORMA: ¿_____[14] qué quieres hablar por teléfono durante nuestras vacaciones? Solamente

estamos de vacaciones _____[15] cuatro semanas.

FERMÍN: _____[16] mantenerme[g] en contacto con mi padre. Ya sabes que él está muy viejo...

NORMA: Bueno, Fermín, si estás tan preocupado _____[17] tu padre, vamos en avión. Salimos

_____[18] las Islas Canarias el 23 de agosto.

FERMÍN: Un beso _____[19] ti, mi querida,[h] y gracias _____[20] comprender.

[a]*to travel* [b]*boat* [c]*airplane* [d]*me... makes me sick* [e]*waves* [f]*better* [g]*keep myself* [h]*darling*

4.2 Demonstrative Adjectives and Pronouns

Práctica 1. Pronombres demostrativos. Indicate the correct form of the demonstrative adjective (**este, ese, aquel**), based on the distance of each object from manolito. **¡OJO!** Be careful with gender and number agreement.

1. _____ perros	5. _____ coche	9. _____ bicicleta
2. _____ perros	6. _____ coche	10. _____ cartas
3. _____ perros	7. _____ bicicleta	11. _____ cartas
4. _____ coche	8. _____ bicicleta	12. _____ cartas

Práctica 2. De paseo. Complete Francisco's exchanges with his young daughter Sofía as they walk around Madrid. Every time Francisco suggests something, Sofía insists on an alternative that is farther away. Use the correct form of **aquel** for Sofía's responses, following the model. Then listen and repeat the correct response.

    MODELO (*you hear*) Sofía, vamos a esta tienda.

                 (*you say*) No, no quiero entrar en esta tienda, quiero ir a aquella tienda.

1. ...   2. ...   3. ...   4. ...   5. ...

Práctica 3. Nuestra familia. Complete the exchanges between cousins Mauricio and Nur as they examine a family tree. Complete Mauricio's statements with the correct form of **este** and Nur's statements with the correct form of **ese**.

> MODELO   MAURICIO: Este es mi sobrino, Basilio.
>
> NUR: Ese es mi sobrino, Basilio.

1. MAURICIO: _____ es mi padre, Flavio.

   NUR: _____ es mi tío, Flavio.

2. MAURICIO: _____ es mi abuelo, Roberto.

   NUR: _____ es mi abuelo, Roberto.

3. MAURICIO: _____ es mi tía, Juanita.

   NUR: _____ es también mi tía, Juanita.

4. MAURICIO: _____ es mi tía, Ramona.

   NUR: _____ es mi madre.

5. MAURICIO: _____ son mis primas Catalina y Margarita.

   NUR: _____ son mis primas también.

6. MAURICIO: _____ son mis primos, Jorge y Pedro.

   NUR: _____ son mis primos también.

Síntesis y repaso

Práctica 1. Mi familia. Escuche mientras Josh describe a su familia. Luego escoja las respuestas correctas, según lo que oye. Puede escuchar más de una vez, si Ud. quiere.

1. La _____ de Josh se llama Jennifer.

   ☐ madre   ☐ abuela   ☐ hermana

2. La madre de Josh es de _____.

   ☐ Nuevo México   ☐ México   ☐ Nueva York

3. Bill es el _____ de Josh.

   ☐ abuelo   ☐ padre   ☐ primo

4. El padre de Josh nació en _____.

   ☐ 1952   ☐ 1964   ☐ 1962

5. Josh tiene _____ hermanos.

   ☐ dos   ☐ tres   ☐ cuatro

6. Susie es la _____ de Josh.

   ☐ prima   ☐ hermano   ☐ hermana

7. El hermano de Josh tiene _____ años.

   ☐ 11   ☐ 27   ☐ 18

8. A la hermana de Josh le gusta _____ con sus amigos.

   ☐ jugar   ☐ estudiar   ☐ salir

Práctica 2. **¿Quién es?** Escuche la descripción de cada persona. Indique quienes son, según lo que oye.

1
2
3
4
5

1. nombre: _____   relación: _____

2. nombre: _____   relación: _____

3. nombre: _____   relación: _____

4. nombre: _____   relación: _____

5. nombre: _____   relación: _____

Práctica 3. **Una familia grande.** Escuche la descripción de la familia de Jorge. Luego conteste las preguntas con oraciones completas, según lo que oye. Puede escuchar más de una vez, si Ud. quiere.

1. ¿Cuántos años tiene Jorge? _____

2. ¿Cuántos primos tiene Jorge? _____

3. ¿Cómo son los primos de Jorge? _____

4. ¿Cuántos años tiene la madre de Jorge? _____

5. ¿Cuál es la profesión del padre de Jorge? _____

6. ¿Cómo es el padre de Jorge? _____

Práctica 4. **Una tradición de fútbol y éxito**

PASO 1. Lea el siguiente párrafo sobre el Real Madrid.

Real Madrid es uno de los equipos de fútbol más populares de España. Tiene una larga historia de éxitos[a] y drama y muchos lo consideran entre[b] los mejores equipos[c] de fútbol del mundo. Es miembro fundador[d] de la FIFA, la Federación Internacional de Fútbol Asociación. Elegido[e] como el mejor equipo del siglo[f] XX por FIFA, el Real Madrid es el equipo más célebre[g] de España. El Estadio Santiago Bernabéu, construido[h] en 1947 en el centro de Madrid con capacidad para 80.354 personas, es la sede[i] del Real Madrid. Es el equipo más rico[j] de la liga y el único[k] equipo del fútbol profesional autónomo.[l] El equipo controla el dinero y como entidad[m] autónoma, es dueño[n] del estadio también.

[a]*successes* [b]*lo… consider it among* [c]*mejores… best teams* [d]*miembro… founding member* [e]*Elected* [f]*century* [g]*celebrated, famous* [h]*built* [i]*venue* [j]*más… richest* [k]*only* [l]*self-governing, self-owned* [m]*entity* [n]*owner*

El Estadio Santiago Bernabéu tiene clasificación de UEFA[n] de elite, que es la mejor clasificación posible. Las entradas[o] al estadio para ver un partido de fútbol son caras[p]: 150€* por un asiento[q] lejos del campo.[r] Para los mejores asientos, cerca del campo, hay que pagar más de 300€. A pesar de los precios,[s] los partidos son muy populares entre las familias españolas y la asistencia media[t] a partidos de Real Madrid es casi 70 mil. En España, el fútbol es una pasión.

[n]*Union of European Football Associations* [o]*tickets* [p]*expensive* [q]*seat* [r]*field* [s]*A... Despite the prices* [t]*asistencia... average attendance*

PASO 2. Conteste estas preguntas sobre el **Paso 1. ¡OJO!** Deletree (*Spell out*) los numeros en sus respuestas.

1. ¿Cómo se llama el equipo de fútbol más popular de España? _____

2. ¿Qué honor recibió (*did they receive*) de FIFA al final del siglo xx? _____

3. ¿Cuántos años tiene de jugar el equipo en el estadio Santiago Bernabéu? _____

4. ¿Cuántos aficionados (*fans*) pueden asistir a un partido en el estadio Santiago Bernabéu? _____
   _____

5. ¿Cuántos euros pagan los aficionados por una de las entradas (*tickets*) para ver un partido?
   _____

PASO 3. Indique si las oraciones son **ciertas** (**C**) o **falsas** (**F**), según la lectura del **Paso 1.**

	C	F
1. Los aficionados son los dueños (*owners*) del equipo.	☐	☐
2. Es el peor equipo de fútbol de España.	☐	☐
3. Es el mejor equipo entre los años 1900 y 2000.	☐	☐
4. Tiene los jugadores (*players*) más famosos.	☐	☐
5. Tiene más éxito que los otros equipos de España.	☐	☐
6. Tiene más dinero que los equipos de Europa y Latinoamérica.	☐	☐
7. Tienen un estadio nuevo en el centro de Barcelona.	☒	☐

Pronunciación

b and v

In Spanish, **b** and **v** are pronounced exactly the same way. If the letters **b** and **v** occur at the beginning of a phrase or after **m** or **n**, they are pronounced like the English *b*; no air is allowed to escape the lips.

Práctica 1. Repeticiones. Listen and repeat each word. You will notice that **b** and **v** are pronounced identically.

   bonita   bueno   veinte   ver   nombre

In all other instances, **b** and **v** are both pronounced as a "soft" fricative **b,** meaning that some air is allowed to escape through the lips.

Práctica 2. Más repeticiones. Listen and repeat each word, paying close attention to the "soft" fricative **b** or **v** in each word.

   árabe   sábado   hablar   trabajar   aburrido   abuelos   invierno   favorito

_____

*The symbol for **euros** is €. Note that, unlike the dollar symbol, it follows the number.

Práctica 3.   Ortografía (*Spelling*). Listen and write the sentences you hear. Because **b** and **v** sound alike in Spanish, you will need to memorize the spelling of words with these letters. You will hear each sentence twice.

1. _____

2. _____

3. _____

4. _____

5. _____

6. _____

TEMA II: La familia contemporánea

Vocabulario del tema

Práctica 1.   Una familia moderna. Complete cada oración con la palabra correcta basándose en las relaciones del árbol genealógico.

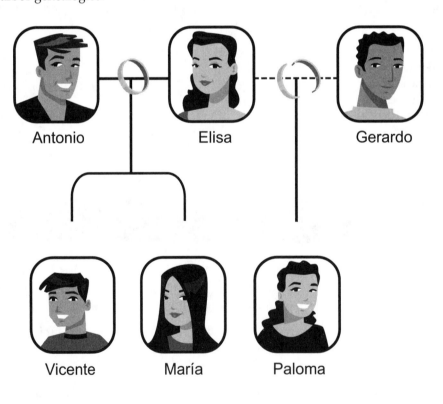

Antonio   Elisa   Gerardo

Vicente   María   Paloma

1. Elisa es la _____ de Vicente.

2. Paloma es la _____ de Antonio.

3. María y Vicente son los _____ de Paloma.

4. Vicente es el _____ de María.

5. Antonio es el _____ de Paloma.

Práctica 2. Los estados civiles y el parentesco

PASO 1. Escribe las palabras que se definen abajo. Ud. puede repasar la lista del **Vocabulario del tema** antes de empezar. **¡OJO!** Incluya el artículo definido en su respuesta.

1. Es una mujer que no está ni (*neither*) casada ni (*nor*) divorciada. _____

2. Un matrimonio consigue (*gets*) esto cuando rompen las relaciones. _____

3. Es la unión legal entre un hombre y una mujer. _____

4. Son hermanos que nacen juntos (*together*). _____

5. Es una ceremonia religiosa o civil que formaliza la unión de una pareja. _____

6. Es un hombre cuya (*whose*) esposa ya murió. _____

7. Es un hijo que no tiene hermanos. _____

PASO 2. Ahora, dé definiciones para las siguientes palabras en español.

1. el ahijado _____

2. la hijastra _____

3. el padrastro _____

4. los hijos adoptivos _____

Gramática

4.3 Más/Menos... que...

Práctica 1. La familia Rodríguez y la familia García. Using comparisons of inequality, complete the comparative statements about these two families based on the information and cue word given. **¡OJO!** Don't forget about the special comparative forms used to express *better than* and *worse than*.

1. La familia Rodríguez tiene mucho dinero, pero la familia García tiene poco dinero.

   rico: La familia Rodríguez es _____ la familia García.

2. La familia Rodríguez tiene tres mascotas, pero la familia García tiene cinco mascotas.

   mascotas: La familia Rodríguez tiene _____ la familia García.

3. En la familia García hay diez personas, pero en la familia Rodríguez hay cinco personas.

   grande: La familia García es _____ la familia Rodríguez.

4. Los chicos García corren una milla (*mile*) en ocho minutos, pero los chicos Rodríguez corren una milla en siete minutos.

   correr rápido: Los chicos Rodríguez _____ los chicos García.

5. Las hamburguesas que cocinan los Rodríguez son buenas, pero las hamburguesas que cocinan los García son buenísimas.

   cocinar bien: Los padres García _____ los padres Rodríguez.

(*continúa*)

6. La Sra. García compra dos pares de zapatos nuevos cada mes, pero la Sra. Rodríguez compra tres pares de zapatos nuevos cada mes.

   zapatos: La Sra. Rodríguez compra _____ la Sra. García.

7. Los niños Rodríguez sacan malas notas en la escuela, pero los niños García sacan buenas notas.

   inteligente: Los niños Rodríguez son _____ los niños García.

8. Los niños García practican deportes quince horas por semana, pero los niños Rodríguez practican deportes cinco horas por semana.

   horas: Los niños García practican deportes _____ los niños Rodríguez.

Práctica 2. Términos especiales. Complete las oraciones con la forma apropiada de **mayor, menor, mejor,** y **peor.**

1. Nuestra casa es _____ (+ bueno) que la casa de mi hermano.

2. El abuelo es _____ (+ viejo) que su nieto.

3. Los bebés son _____ (− viejo) que el bisabuelo.

4. Los mapas impresos (*printed*) son _____ (+ malo) que los GPS.

Práctica 3. ¿El otro o tú? Listen to the following questions comparing Antonio to others in his family. Respond using the subject given below. Use comparisons in your answers. Then listen and repeat the correct answers.

> MODELO (*you hear*) ¿Quién es más guapo, tu hermano o tú?
>
> (*you see*) Yo →
>
> (*you say*) Yo soy más guapo que mi hermano.

1.	mi padre	4.	mi hermana	7.	mi tío	9.	mi sobrino
2.	mi madre	5.	yo	8.	yo	10.	mi mascota
3.	yo	6.	yo				

4.4 Tan, tanto/a/os/as... como...

Práctica 1. Comparaciones de igualdad

PASO 1. Complete las oraciones con adjetivos que se apliquen (*apply*) a Ud. y a los familiares que aparecen abajo. **¡OJO!** Cuidado con la concordancia (*agreement*).

1. Yo soy tan _____ como mi padre.

2. Yo soy tan _____ como mi madre.

3. Yo soy tan _____ como mi hermano/a.

4. Yo soy tan _____ como mi mejor amigo/a.

5. Yo soy tan _____ como mi mascota.

PASO 2. Ahora haga comparaciones basándose en la siguiente información.

1. Raúl corre media hora cada día. Amalia corre media hora cada día.

   Raúl _____ Amalia.

2. Diego estudia diez horas por semana. Paco estudia diez horas por semana.

   Paco _____ Diego.

3. Rogelio come mucho. Isabel come mucho.

   Rogelio _____ Isabel.

4. Mi abuelo tiene mucho dinero. Tu abuelo tiene mucho dinero.

   Tu abuelo _____ mi abuelo.

5. Yo tengo dos gatos. Tú tienes dos gatos.

   Tú _____ yo.

6. Mi tío tiene tres casas. Tu tío tiene tres casas.

   Mi tío _____ tu tío.

7. Tú tienes mucha suerte (*luck*). Yo tengo mucha suerte.

   Yo _____ tú.

Práctica 2. Comparaciones de igualdad y desigualdad

PASO 1. Compare the members of the Obama family by completing the sentences with the missing words. Note: Barack was born in 1961, his wife Michelle in 1964, and their daughters Malia Ann in 1998 and Sasha in 2001.

1. Sasha es _____ alta que Malia Ann.

2. Barack es _____ alto que Sasha.

3. Las hijas son _____ bajas que Barack.

4. Michelle es _____ inteligente como Barack.

5. Las hijas son _____ morenas como sus padres.

6. Barack está tan contento _____ Michelle.

7. Sasha es (*age*) _____ Malia Ann.

8. Barack es (*age*) _____ su esposa.

9. Sasha es más cariñosa _____ Malia Ann.

PASO 2. Write five sentences comparing your age, height, intelligence, looks, and so on with other members of your family.

1. _____

2. _____

3. _____

4. _____

5. _____

Práctica 3. **¿Qué piensa Ud.?** Complete las oraciones basándose en sus opiniones. Luego explique por qué Ud. opina así.

1. El mejor mes del año es _____.

   ¿Por qué? _____

2. La peor actriz de Hollywood es _____.

   ¿Por qué? _____

3. El quehacer más difícil es _____.

   ¿Por qué? _____

4. El pasatiempo más aburrido es _____.

   ¿Por qué? _____

5. El país latinoamericano más interesante es _____.

   ¿Por qué? _____

6. El mejor programa de televisión es _____.

   ¿Por qué? _____

7. El día festivo menos divertido es _____.

   ¿Por qué? _____

8. El aparato doméstico más necesario es _____.

   ¿Por qué? _____

Práctica 4. **Nota comunicativa: Superlatives.** Conteste las preguntas sobre la familia de Ana. Luego escuche y repita la respuesta correcta.

> MODELO (*you hear*) ¿Quien es la persona más interesante de tu familia? (*you see*) mi padre →
> (*you say*) Mi padre es la persona más interesante de mi familia.

1. mi madre	4. mi padre	7. mi abuela	9. mi tío
2. mi hermano	5. mi primo	8. mi perro	10. mi padre
3. yo	6. mi hermana		

Práctica 5. **Nota comunicativa:** *ísimo*

Forming the Absolute Superlative with *ísimo*. Añade -ísimo/a/os/as a los adjetivos entre paréntesis para completar las oraciones. Haga cambios de ortografía cuando sea (*it is*) necesario.

¿Sabes qué, Adela? ¡Mi novio es _____[1] (bueno)! Él me trae[a] rosas

todos los viernes cuando salimos. Es _____[2] (cariñoso). Mi ex novio no

es tan simpático. Es _____[3] (torpe). No tiene nada de romántico. Ahora

mi ex novio sale con Raquel Amores. La conoces,[b] ¿no? Ella es _____[4]

(alto). Su hermana mayor estudia aquí también y es _____[5] (inteligente).

Sale con el _____[6] (guapo) profesor de antropología. Ellos están

[a]me... *brings me*   [b]La... *You know her*

_____[7] (orgulloso) de su relación. Ser tan orgulloso es

_____[8] (feo). Y tú, ¿qué dices? ¿Qué te pasa?[c] Estás

_____[9] (nervioso). ¿Te sientes[d] bien? Eres mi mejor amiga. Somos

_____[10] (unido). Dime qué te pasa.[e]

[c]¿Qué… *What's wrong with you?*   [d]¿Te… *Do you feel*   [e]Dime… *Tell me what's wrong with you*

Síntesis y repaso

Práctica 1.   Un árbol genealógico. Escuche la descripción de la familia de César y rellene los espacios en blanco con el nombre apropiado. Puede escuchar más de una vez, si Ud. quiere.

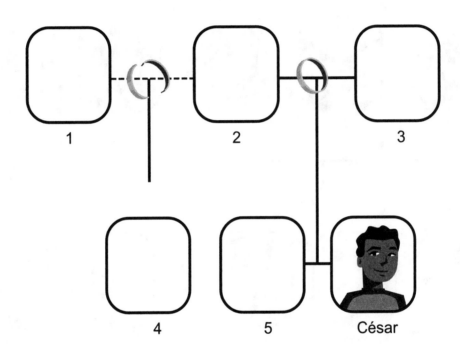

1   2   3

4   5   César

Práctica 2.   Mis hermanos y hermanastros. Escuche a Enrique mientras describe sus hermanos. Luego indique si las oraciones son **ciertas (C)** o **falsas (F)**. Puede escuchar más de una vez, si Ud. desea.

		C	F
1.	David es mayor que Linda.	☐	☐
2.	Olivia es menor que Enrique.	☐	☐
3.	Gustavo es menor que Guillermo.	☐	☐
4.	Olivia es mayor que Graciela.	☐	☐
5.	Graciela es menor que Guillermo.	☐	☐
6.	Linda es mayor que Alex.	☐	☐

Práctica 3. Descripciones de los parientes. Escuche la descripción de los Cisneros y responda a las preguntas, según lo que oye. Ud. puede usar el árbol genealogico para ayudarlo/la a organizar sus apuntes (*notes*).

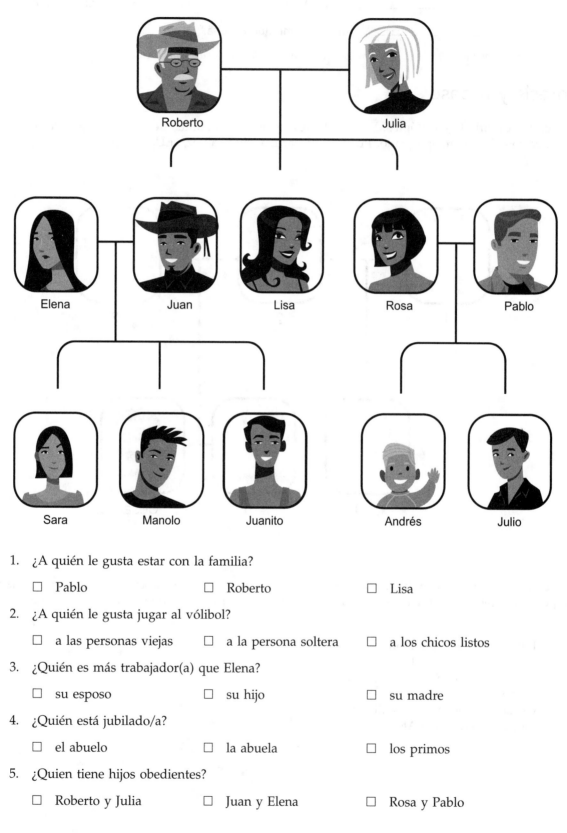

1. ¿A quién le gusta estar con la familia?

   ☐ Pablo ☐ Roberto ☐ Lisa

2. ¿A quién le gusta jugar al vólibol?

   ☐ a las personas viejas ☐ a la persona soltera ☐ a los chicos listos

3. ¿Quién es más trabajador(a) que Elena?

   ☐ su esposo ☐ su hijo ☐ su madre

4. ¿Quién está jubilado/a?

   ☐ el abuelo ☐ la abuela ☐ los primos

5. ¿Quien tiene hijos obedientes?

   ☐ Roberto y Julia ☐ Juan y Elena ☐ Rosa y Pablo

Práctica 4.   Comparación del sistema político estadounidense y el español.

PASO 1.   Lea la lectura sobre el sistema político español y estadounidense.

España tiene una monarquía parlamentaria. Juan Carlos I fue proclamado[a] rey el 22 de noviembre de 1975. El rey es el jefe del estado y controla las fuerzas armadas.[b] España tiene también un poder[c] ejecutivo: el presidente o el primer ministro. El rey nombra[d] al presidente, y el congreso de diputados da la aprobación.[e] El poder legislativo de España es el parlamento, llamado Cortes[f] Generales, y estas incluyen el Congreso de los Diputados[g] y el Senado. El congreso de los diputados tiene 350 miembros elegidos.[h] El número de miembros elegidos de cada provincia depende del número de la población. Cada una de las cincuenta provincias elige a cuatros senadores. Las diecisiete comunidades autónomas pueden nombrar senadores también. Normalmente hay 259 senadores en el senado. El poder judicial de España incluye varias cortes y jueces,[i] y el Tribunal[j] Supremo. Hay varios partidos[k] políticos en España. Los principales son: el Partido Socialista Obrero[l] Español (PSOE) y el Partido Popular (PP). Los partidos regionales clave[m] son: Convergencia y Unión (CIU) en Cataluña y el Partido Nacionalista Vasco (PNV) en el País Vasco.

Los Estados Unidos tiene un presidente, elegido[n] democráticamente por un sistema electoral y por un período de cuatro años. El presidente es el jefe del estado, el comandante de las fuerzas armadas y tiene poder ejecutivo. Los Estados Unidos tiene un poder legislativo: un congreso formado por el Senado y la Cámara de Diputados. El senado consiste en dos representantes por cada uno de los cincuenta estados, o sea, cien personas en total. El número de diputados por estado varía según el número de la población. El gobierno nacional o federal tiene una rama[o] judicial con varias cortes y jueces, y el Tribunal Supremo. Hay dos partidos políticos principales: el Partido Republicano y el Partido Demócrata.

[a]fue… *was proclaimed*   [b]fuerzas… *armed forces*   [c]*power*   [d]*names, appoints*   [e]*approval*   [f]*Courts*   [g]*Deputies, Congressmen* [h]*elected*   [i]*judges*   [j]*Court*   [k]*parties*   [l]*Laborer*   [m]*key*   [n]*elected*   [o]*branch*

PASO 2.   Conteste las preguntas sobre la lectura del **Paso 1**.

1. ¿Qué país tiene la influencia de un monarca?

   ☐   España   ☐   los Estados Unidos

2. ¿Quién tiene más poder? El presidente de…

   ☐   España   ☐   los Estados Unidos

3. ¿Qué país tiene más Senadores?

   ☐   España   ☐   los Estados Unidos

4. ¿Qué país tiene más regiones autónomas (provincias y estados)?

   ☐   España   ☐   los Estados Unidos

5. ¿Qué país tiene más partidos políticos principales?

   ☐   España   ☐   los Estados Unidos

PASO 3.   Investigue otro país que tenga una monarquía constitucional e escriba tres comparaciones entre España y ese país.

España y _____: dos países con una monarquía constitucional

1. _____

2. _____

3. _____

Palabra escrita

A finalizar

You are now going to write your final composition, based on the first draft you wrote in the **Palabra escrita: A comenzar** section of your textbook. Remember that the theme for your composition is a topic you chose related to **La familia** and that your purpose is to tell the reader about the topic you chose.

Práctica 1.   El borrador. Repase el borrador de su composición para estar seguro (*be sure*) de que contestó (*you answered*) bien estas preguntas.

1. temas posibles sobre la familia
2. palabras o frases que describen a su familia
3. palabras o frases que describen a la familia ideal
4. palabras o frases que describen a su pariente favorito
5. la importancia de la familia
6. una definición de «la familia»
7. ¿ ?

Práctica 2.   El vocabulario y la estructura. Repase el vocabulario y la gramática de este capítulo. Tenga en cuenta (*keep in mind*) estas preguntas.

1. ¿Incluyó (*Did you include*) suficiente información para contestar las preguntas de la **Práctica 1**?
2. ¿Usó (*Did you use*) el vocabulario apropiado?
3. ¿Usó correctamente **por** y **para** y los demostrativos?
4. ¿Están correctamente conjugado los verbos?
5. ¿Concuerdan los adjetivos (*Do the adjectives agree*) con los sustantivos que modifican?

Práctica 3.   ¡Ayúdame, por favor! Intercambien composiciones con un compañero / una compañera de clase. Repasen las composiciones y háganse sugerencias para mejorarlas (*improve them*) o corregirlas (*correct them*).

Práctica 4.   El borrador final. Vuelva a escribir su composición y entréguesela (*turn it in*) a su profesor(a).

Capítulo 5

TEMA I: ¿Hay una vivienda típica?

Vocabulario del tema

Práctica 1. Los edificios de las afueras. Empareje cada palabra con el dibujo correspondiente.

el balcón	el edificio de apartamentos	el primer piso
la calle	el jardín	el segundo piso
la casa	la planta baja	la ventana

1. _____

2. _____

3. _____

4. _____

5. _____

6. _____

7. _____

8. _____

9. _____

Práctica 2. Las viviendas. Lea cada una de las descripciones e indique la palabra correspondiente.

1. En el salón no tenemos sofá, mesita, sillones ni televisión.
   a. sin amueblar   b. amueblado
2. Nosotros vivimos muy lejos de la ciudad.
   a. en el campo   b. en el centro
3. No me gusta caminar por esta calle porque hay poca luz (*light*).
   a. oscura   b. luminosa
4. Nuestro barrio es muy tranquilo y hay muchas casas con jardines grandes, pero para llegar a la oficina donde trabajo, tengo que salir muy temprano.
   a. en el centro   b. en las afueras
5. Nosotros tenemos allí dos coches y cuatro bicicletas.
   a. la cochera   b. el estudio
6. Mi hermano y yo vivimos en el noveno piso.
   a. la ventana   b. el ascensor

Gramática

5.1 Direct Object Pronouns

Práctica 1. En la universidad y en casa

PASO 1. Primero subraye (*underline*) el objeto directo de cada oración. Luego escriba el pronombre apropiado para reemplazarlo: **lo, la, los** o **las**.

> MODELO   Tengo <u>dos novelas de Carlos Ruiz Zafón</u>. → las
> *En la universidad*

1. Estudio inglés.   _____

2. Traemos los libros a clase todos los días.   _____

3. Tengo un *iPod* bellísimo.   _____

4. El profesor enseña español.   _____

5. Leemos las lecciones cada día.   _____

6. Mi compañero bebe dos botellas de Coca-Cola todos los días.   _____

En la casa

7. Miras mucho la televisión.   _____

8. Tenemos un lavabo en nuestro cuarto.   _____

9. Ponen las rosas en la mesa.   _____

10. A la derecha de mi mesita de noche, tengo una estantería.   _____

11. En mi casa jugamos al billar.   _____

12. Escucho la música que me gusta en casa.   _____

PASO 2. Ahora escribe cada oración del **Paso 1** usando el pronombre de objeto directo apropiado.

MODELO   Tengo todas las novelas de Carlos Ruiz Zafón. → Las tengo.

En la universidad

1. _____
2. _____
3. _____
4. _____
5. _____
6. _____

En la casa

7. _____
8. _____
9. _____
10. _____
11. _____
12. _____

Práctica 2.   Los amigos y la familia

PASO 1.   Primero, subraye (*underline*) el objeto directo en cada una de las oraciones. Luego, escriba el pronombre de objeto directo correcto para reemplazarlo: **me, te, nos, os, lo, la, los,** or **las.** ¡OJO! En algunas oraciones, el objeto directo se expresa en una frase preposicional, por ejemplo, **a mí.**

MODELOS   ¿Entienden Uds. <u>al hombre que tiene el perro</u>? → lo

¿Puedes llamar <u>a mí</u> esta tarde? → me

Los amigos

1. ¿Vas a invitar a Anita a la fiesta?   _____
2. ¿Piensas llamar a Damián?   _____
3. ¿Ves a la muchacha guapísima?   _____
4. ¿Puedes llamar a mí después de clase?   _____
5. ¿Debo buscar a ti a las once?   _____

La familia

6. ¿Siempre entiende a ti tu padre?   _____
7. ¿Llevas a tu hermanito al parque contigo?   _____
8. ¿Tienes que llamar a los abuelos hoy?   _____
9. ¿Invitan ellos a nosotras a la reunión?   _____
10. ¿Debo llevar a Uds. conmigo?   _____

PASO 2. Ahora complete las respuestas posibles para las preguntas del **Paso 1.** Use los pronombres de objeto directo. **¡OJO!** Para contestar las preguntas del **Paso 1,** algunos de los pronombres van a ser diferentes de las respuestas del **Paso 1.**

MODELOS —¿Entienden Uds. al hombre que tiene el perro?

—No, no lo entendemos.

—¿Puedes llamarme a mí esta tarde?

—Sí, te llamo a las seis.

Los amigos

1. —¿Vas a invitar a Anita a la fiesta?

—Sí, _____ voy a invitar a la fiesta.

2. —¿Piensas llamar a Damián?

—No, no _____ pienso llamar.

3. —¿Ves a la muchacha guapísima?

—Sí, _____ veo.

4. —¿Puedes llamarme (a mí) después de clase?

—No, no _____ puedo llamar después de clase, lo siento.

5. —¿Debo buscarte (a ti) a las once?

—Sí, _____ buscas a las once.

La familia

6. —¿Siempre te entiende (a ti) tu padre?

—No, a veces no _____ entiende.

7. —¿Llevas a tu hermanito al parque contigo?

—Sí, _____ tengo que llevar al parque conmigo.

8. —¿Tienes que llamar a los abuelos hoy?

—No, _____ tengo que llamar mañana, es su cumpleaños.

9. —¿Nos invitan (a nosotras) a la reunión Julio y Tere?

—Sí, _____ invitan a la reunión.

10. —¿Debo llevarlos (a Uds.) conmigo?

—No, no _____ debes llevar contigo.

Práctica 3. Una fiesta. Rewrite each sentence or question to, show the two possible placements of the direct object pronoun.

MODELO Necesito llamar a mis padres. →

Los necesito llamar. / Necesito llamarlos.

1. Voy a hacer planes para mi fiesta.

   _____ _____

2. No puedo invitar a todos mis amigos.

   _____ _____

3. Voy a llamar a mi mejor amiga esta tarde.

   _____ _____

4. ¿Quieres pedir una pizza?

   _____ _____

5. ¿Debemos beber sangría?

   _____ _____

6. Voy a necesitar ayuda con esto. ¿Puedes ayudar?

   _____ _____

Práctica 4. ¡Estoy preparándola! Write two possible responses to each question, showing the different placements of the correct direct object pronoun with the present progressive. **¡OJO!** Don't forget to add an accent mark when needed.

MODELO ¡Hola amiga! Ya son las cuatro de la tarde. ¿Estás preparando la fiesta? →
Sí, la estoy preparando. / Sí, estoy preparándola.

1. ¿Estás barriendo el piso?

   _____ _____

2. ¿Estás arreglando el balcón?

   _____ _____

3. ¿Estás haciendo la sangría?

   _____ _____

4. ¿Estás pidiendo la pizza?

   _____ _____

5. ¿Estás limpiando las ventanas?

   _____ _____

6. ¡Estoy hablando! ¿Me estás escuchando?

   _____ _____

Práctica 5. En la fiesta. A guest at the party you're throwing has a lot of questions. Answer him affirmatively, avoiding repetition by using the correct direct object pronoun in your answer. Then listen and repeat the correct answers. **¡OJO!** There may be more than one correct way to respond.

MODELO (*you hear*) ¿Tienes una cafetera limpia? →
(*you say*) Sí, la tengo.

1. ... 2. ... 3. ... 4. ... 5. ... 6. ...

5.2 Ser and estar Compared

Práctica 1.   Una cita (*date*). Indique los usos de **ser** y **estar** en cada oración.

1. _____   PEDRO: ¡Ay caramba! ¡Estás muy guapa esta noche!

2. _____   ÁNGELA: Gracias, Pedro, eres muy simpático.

3. _____   PEDRO: Vámonos,ª ya es hora de ir al restaurante.

4. _____   ÁNGELA: Espera un momento, no estoy lista todavía.

5. _____   PEDRO: ¿Qué estás haciendo? Tenemos que irnosᵇ ahora.

6. _____   ÁNGELA: No sé dónde está mi carnet.ᶜ

7. _____   PEDRO: Mira en el suelo. ¿Es ese tu carnet?

ÁNGELA: Sí, ¡qué alivio!ᵈ

8. _____   PEDRO: A ver.ᵉ ¡Ay, qué exótico! ¿Eres de las Islas Canarias?

9. _____   ÁNGELA: Claro, Pedro. Eres mi amigo, ¡ya lo sabes!

a. answers the question *when?*
b. tells where someone or something is located at the moment
c. indicates possession
d. feelings or state of a person at a specific point in time
e. appearance of a person at a specific point in time
f. origin or nationality
g. inherent qualities or characteristics of a person or thing
h. present progressive tense to state that an action is in progress at this moment
i. identifies or defines someone or something

ªLet's go   ᵇleave   ᶜdriver's license   ᵈ¡que... What a relief!   ᵉA... Let's see

Práctica 2.   Preguntas. Answer the following questions about the drawing, paying careful attention to the uses of **ser** and **estar.** Then listen and repeat the correct answer.

MODELO   (*you hear*)   ¿Qué año es? →
(*you say*)   Es dos mil once.

1. ...   2. ...   3. ...   4. ...   5. ...   6. ...   7. ...

Práctica 3. **Situaciones.** Lea cada descripción y complete las oraciones usando el adjetivo que se indica.

1. *aburrido:* El profesor Sánchez habla sin parar (*without stopping*) por dos horas en un tono monótono. Los estudiantes tienen que escuchar y tomar apuntes, sin participar en la clase.

   El profesor _____.

   Los estudiantes _____.

2. *rico:* Adriana y su esposo tienen mucho dinero y a ella le gusta comprar lo mejor (*the best*). En el supermercado siempre compra el mejor pastel (*cake*) aunque (*even though*) cuesta mucho.

   Adriana y su esposo _____.

   El pastel _____.

3. *listo:* Memo es un estudiante muy inteligente y dinámica. Acaba de terminar (*He has just finished*) toda la tarea para esta semana.

   Memo _____.

   La tarea de Memo _____.

Síntesis y repaso

Práctica 1. **Un apartamento de alquiler (*to rent*).** Escuche el anuncio (*advertisement*) para un apartamento que se alquile (*for rent*). Indique la palabra apropiada para completar cada oración.

1. El apartamento está en…   ☐ la calle.   ☐ el centro.   ☐ el campo.

2. El bloque de pisos está en…   ☐ la calle.   ☐ la avenida.   ☐ el bulevar.

3. Los cuartos están…   ☐ amueblados.   ☐ sin amueblar.   ☐ oscuros.

4. El apartamento es…   ☐ muy tranquilo.   ☐ céntrico.   ☐ viejo.

5. El apartamento tiene…   ☐ ascensor.   ☐ cochera.   ☐ balcón.

Práctica 2. ¿Cómo están y cómo son? Mire el dibujo de una familia en su casa y responda a las preguntas con oraciones completas usando las palabras de la lista.

alegre   cansado/a   triste
alto/a   enfermo/a   viejo/a
bajo/a   joven

1. ¿Cómo está la persona en la planta baja?   _____

2. ¿Cómo es la persona que está en el balcón?   _____

3. ¿Cómo está la persona en la cochera?   _____

4. ¿Cómo está la persona en el primer piso?   _____

5. ¿Cómo es la persona que está en el jardín?   _____

6. ¿Cómo es la persona que está en la cochera?   _____

Práctica 3. Los vecinos de Anita. Listen to Anita describe her neighbors, then answer the questions using complete sentences based on what you hear. You may listen more than once, if you like.

1. ¿Dónde vive Anita? _____

2. ¿Cómo es el vecino que vive en el segundo piso? _____

3. ¿Por qué no es tranquilo el apartamento de Anita? _____

4. ¿Qué le gusta hacer al vecino en la planta baja? _____

5. ¿Cuándo visita Anita a su vecino en la planta baja? _____

Práctica 4. Mi casa ideal.

PASO 1. Lea el siguiente párrafo sobre la casa ideal.

Mi casa ideal está en Málaga, España. Las casas de Málaga son grandes y lujosas.[a] Están cerca de la playa[b] y están situadas en una comunidad muy tranquila. Muchas personas famosas y ricas tienen casa para veranear[c] allí, entre ellas, Antonio Banderas. Mi casa ideal tiene un balcón, tres pisos y un garaje. También tiene un jardín con muchas flores.[d] Los vecinos son simpáticos y solamente hablan español. La casa no está en el campo, pero tampoco está en el centro. La calle está a 200 metros del puerto[e] y la playa está a 400 metros. Los cuartos son grandes y abiertos y es muy luminosa. Algún día, voy a comprarla. Sólo cuesta unos 250.000€.

[a]*luxurious*   [b]*beach*   [c]*to spend summer holidays*   [d]*flowers*   [e]*port*

PASO 2. ¿Cierto o falso? Si la oración es falsa, corríjala.

		C	F
1.	Mi casa ideal está en Marbella, España.	☐	☐
2.	Está en las montañas (*mountains*).	☐	☐
3.	Tiene un jardín con tomates.	☐	☐
4.	Está cerca del mar (*sea*).	☐	☐
5.	Cuesta más de cien euros.	☐	☐

PASO 3. Busque en Internet casas bonitas en Málaga, España. Escriba una breve descripción de una casa que le guste.

_____

_____

_____

_____

_____

_____

_____

Pronunciación

r and rr

Spanish has two different **r** sounds, a trilled **r** and a flapped **r**. The English *r* sound is not used in Spanish.

The flapped **r** sound in Spanish is similar to the English *dd* and *tt* in the words *ladder* and *butter.* Any single **r** that is not at the beginning of a word should be flapped.

Práctica 1.   Pronunciación de la *r.* Listen and repeat each word, paying attention to the flapped **r.**

   sobrino   soltero   cochera   enero   tranquilo

The Spanish trilled **r** is pronounced whenever a word is written with **rr** between vowels or when the letter **r** occurs at the beginning of a word.

The trill sound is formed when air flowing through the mouth causes the tongue to vibrate rapidly. This will only work if the tongue is relaxed, *not* if the tongue is tense. By holding the tip of your tongue just behind your upper teeth and pushing the air through the mouth, you will make the trilled **rr** sound. Making this sound takes a lot of practice for many students, so do not be frustrated if you cannot make this sound on the first try.

Práctica 2.   The trilled *rr.* Listen and repeat each word, paying attention to the trilled **rr.**

   barrio   perro   irritado   red   Enrique

Práctica 3.   Ortografía. Listen and spell each word using the rules you have learned about **r** and **rr.**

1. _____   4. _____   7. _____

2. _____   5. _____   8. _____

3. _____   6. _____

Tema II: En casa

Vocabulario del tema

Práctica 1.   Los muebles de la casa. Indique los muebles más lógicos para cada cuarto. En muchos casos hay más de una respuesta.

1. En el salón, hay _____.
   - ☐ un microondas   ☐ un sillón   ☐ un lavabo
   - ☐ una mesita   ☐ una cama   ☐ una chimenea

2. En la cocina, hay _____.
   - ☐ una cafetera   ☐ un pasillo   ☐ una cómoda
   - ☐ un lavabo   ☐ un refrigerador ☐ un horno

3. En el dormitorio, hay _____.
   - ☐ una ducha   ☐ una alfombra   ☐ una cómoda
   - ☐ un cuadro   ☐ una estufa   ☐ un inodoro

4. En el baño, hay _____.
   - ☐ un lavadero   ☐ un inodoro   ☐ una mesita
   - ☐ una piscina   ☐ una cafetera   ☐ un sofá

5. En el comedor, hay _____.
   - ☐ una cama   ☐ una mesa   ☐ unas sillas
   - ☐ una ducha   ☐ una cómoda   ☐ un sofá

Práctica 2.   ¿Dónde está? Complete las oraciones con las frases de la lista, según el dibujo. **¡OJO!** Use cada frase solamente una vez.

a la derecha de	debajo de	encima de
a la izquierda de	delante de	enfrente de
al lado de	dentro de	entre

1. La cama está _____ la mesita de noche y el espejo (*mirror*).

2. La ropa está _____ la cómoda.

3. El gato está _____ la cama.

4. El espejo está _____ la cama.

5. La cama está _____ la ventana.

6. La lámpara está _____ la mesita de noche.

7. La mesita de noche está _____ la cama.

8. La cómoda está _____ el armario.

9. La persona está _____ el espejo.

Gramática

5.3 Reflexive Verbs

Práctica 1. **¿Quién lo hace?** Empareje cada verbo con el pronombre personal apropiado / los pronombres personales apropiados.

1. _____ tú
2. _____ nosotros
3. _____ yo
4. _____ ellos, ellas, Uds.
5. _____ él, ella, Ud.

   a. me ducho
   b. nos acostamos
   c. se divierte
   d. se visten
   e. te afeitas

Práctica 2. **La rutina de Ud.** Complete cada oración con el verbo apropiado para describir su rutina.

me afeito	me despierto	me seco
me baño / me ducho / me lavo	me levanto	me visto

Primero _____ ^{1} y _____ .^{2}

Entonces _____ ,^{3} después _____ ,^{4}

luego _____ ,^{5} y por fin _____ .^{6}

Práctica 3. **La rutina diaria de Celia.** Describe la rutina de Celia, según los dibajos. Use verbos reflexivos conjugados en la tercera persona singular.

Primero _____ .^{1} Entonces _____ ^{2} y

_____ .^{3} Después _____ ,^{4}

_____ ^{5} y _____ .^{6} Luego

_____ ^{7} y por fin _____ .^{8}

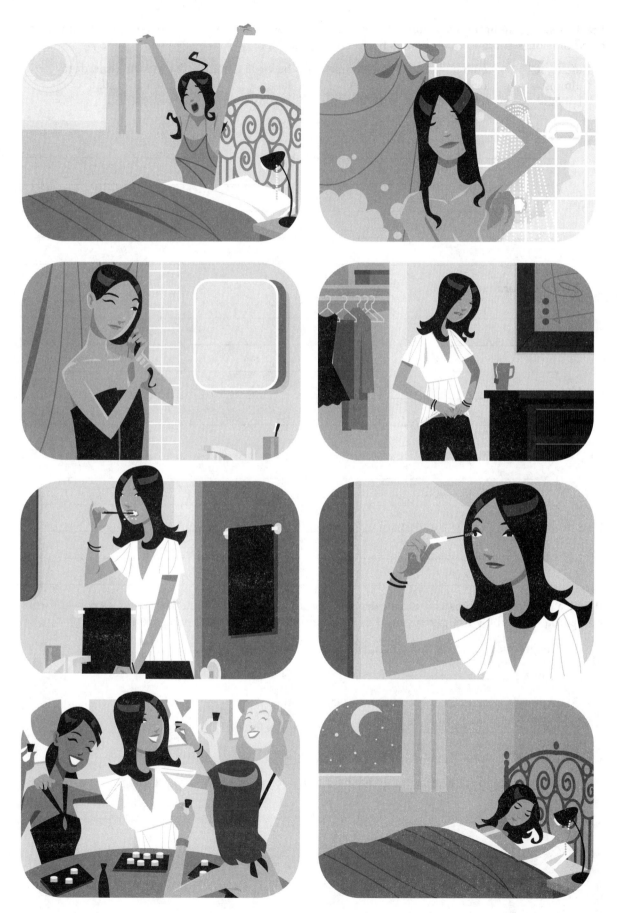

Práctica 4. ¿Qué hacemos y dónde? Use la forma de nosotros de los siguientes verbos para escribir cinco oraciones sobre lo que solemos hacer en cada cuarto.

afeitarse	cenar	despertarse	hacer la cama	pasar la aspiradora
almorzar	cocinar	ducharse	lavarse	trapear el piso
bañarse	desayunar	estudiar	maquillarse	vestirse

1. En el baño...

_____.

_____.

_____.

_____.

_____.

2. En el dormitorio...

_____.

_____.

_____.

_____.

3. En la cocina...

_____.

_____.

_____.

_____.

Práctica 5. Los reflexivos con otras estructuras gramaticales. Complete las oraciones con la forma apropiada del verbo entre paréntesis. ¡OJO! Use el infinitivo o el participio presente.

1. Tengo que _____ (bañarse) ahora.

2. Voy a _____ (despertarse) más temprano.

3. Aprendo a _____ (relajarse) más.

4. Sé _____ (maquillarse) profesionalmente.

5. Necesito _____ (vestirse) rápido.

6. Debo _____ (ducharse) todos los días.

7. _____ voy a _____ (divertirse) en la fiesta.

8. _____ tengo que _____ (lavarse) las manos.

9. _____ estoy _____ (afeitarse).

10. _____ estoy _____ (vestirse).

11. Estoy _____ (secarse).

12. Estoy _____ (divertirse).

Práctica 6. Nota comunicativa: Ordinal Numbers. Alejo is a student by day and works at a convenience store by night. Complete the description of his daily routine with the correct form of the ordinal numbers indicated within parentheses.

Bueno, la _____[1] (1^{era}) cosa que hago es despertarme a las 10:00 de la noche.

_____[2] (2°), me gusta leer en la cama. Mi _____[3] (3°) actividad es desayunar. Normalmente desayuno *Pop-Tarts*. _____[4] (4°), me ducho rápidamente y luego, la _____[5] (5^a) cosa que hago es vestirme. La _____[6] (6^a) actividad es ir al trabajo a medianoche. Después del trabajo, voy directamente a mi

_____[7] (1^{era}) clase a las 9:30 de la mañana. Mi _____[8] (2^a) clase comienza a las 10:30. Finalmente, mi última clase es a las 11:30 en la Facultad de Artes, pero esa facultad está lejos. Siempre tengo que correr a clase. Después, como estoy muy cansado, la

_____[9] (7^a) actividad que hago es dormir una siesta. _____[10] (8°), estudio un poco; _____[11] (9°), hablo con los amigos y por fin me acuesto.

5.4 Indefinite and Negative Words

Práctica 1. Opuestos. Empareje cada expresión afirmativa con la expresión negativa correspondiente.

1. ____ algo
2. ____ alguien
3. ____ algún
4. ____ alguno
5. ____ alguna
6. ____ algunos
7. ____ algunas
8. ____ siempre
9. ____ sí
10. ____ o... o

a. no
b. nunca
c. ni... ni
d. nadie
e. ningún
f. nada
g. ningunas
h. ninguno
i. ninguna
j. ningunos

Práctica 2. **El sitio perfecto.** Escoja las palabras apropiadas entre paréntesis para completar el párrato.

Estoy buscando un apartamento y un compañero de piso. _____[1] (No / Nadie) quiero

tener una actitud negativa, pero es muy difícil encontrar lo que quiero. _____[2] (Siempre /

Tampoco) me han gustado[a] los apartamentos luminosos[b] y esta es la primera cosa que busco.

Después, es importante saber quiénes son los vecinos. No quiero tener _____[3]

(nadie / ningún) vecino antipático. Tercero, no me gustan _____[4] (o / ni) los gatos

_____[5] (o / ni) los perros. _____[6] (También / Tampoco) me gustan los pájaros.

No quiero vivir con _____[7] (nadie / alguien) que tenga[c] animales. Finalmente, no quiero

limpiar _____[8] (nunca / ninguna) la cocina. ¿Hay _____[9] (algún / alguien)

apartamento perfecto para mí? ¿Hay _____[10] (algún / alguien) que pueda[d] ser mi

compañero de piso?

[a]me... *I have liked* [b]*well-lit* [c]*que... who has* [d]*could be*

Práctica 3. **La pareja quiere comprar una casa.** Complete la conversación con palabras de la lista.

| algo | alguien | nada | nadie | ni | no | siempre | tampoco |

AGUSTÍN: Claudia, mira esta foto. Creo que tengo _____[1] interesante aquí. ¡Puede ser la casa

perfecta!

CLAUDIA: Agustín, esta casa _____[2] es la casa que quiero.

AGUSTÍN: Vamos a verla, querida. _____[3] puede tomar una decisión sin ver la casa primero.

CLAUDIA: ¡Ay! _____[4] me pides[a] ir a ver las casas que no me interesan.

AGUSTÍN: Voy a llamar a la oficina de ventas para hablar con un agente. ¿Crees que _____[5]

va a contestar el teléfono los domingos?

CLAUDIA: No quiero ni hablar con ningún agente _____[6] ver la casa. ¡No estoy interesada

en esta casa!

AGUSTÍN: ¿Supongo que _____[7] quieres pasar en coche por la casa?

CLAUDIA: Tienes razón. Hoy no quiero hacer _____[8] que tenga que ver con[b] casas o agentes.

[a]me... *you ask me* [b]tenga... *has to do with*

Práctica 4. **¿Cuándo tiene Ud. una actitud negativa?** Complete las oraciones para que sean ciertas (*so they are true*) para Ud.

1. Nunca me gusta jugar _____.

2. Nadie _____.

3. No me gusta _____ con nadie.

4. Ninguna clase es _____.

5. Mi dormitorio ni es _____ ni es _____.

6. Mi barrio no es _____, pero tampoco es _____.

7. Ninguna persona es _____.

8. Ninguno de mis profesores es _____.

Síntesis y repaso

Práctica 1. El salón de mi casa. Listen to the description of Eduardo's living room. As you listen, list the pieces of furniture that are mentioned. Indicate how many there are of each piece, and give a brief description based on what you hear. The first piece mentioned is done for you.

    MODELO   mesita: Hay una mesita. Es vieja y elegante.

1. _____

2. _____

3. _____

4. _____

Práctica 2. ¡A comprar! Mire el anuncio para unos muebles e indique si las oraciones son **ciertas** (**C**) o **falsas** (**F**). Si la oración es falsa, corríjala.

		C	F
1.	Hay una estantería en la lista de muebles.	☐	☐
2.	Hay una mesita de noche en la lista de muebles.	☐	☐
3.	Hay un microondas en la lista de muebles.	☐	☐
4.	La cómoda cuesta tanto como el sillón.	☐	☐
5.	El escritorio cuesta ciento treinta y ocho dólares.	☐	☐
6.	La lámpara cuesta más que el microondas.	☐	☐
7.	El escritorio cuesta menos que el microondas.	☐	☐
8.	La lámpara y el escritorio cuestan más que la cómoda.	☐	☐

Práctica 3.   En busca de (*in search of*) la casa perfecta. Sean and Sara are looking for roommates and have provided descriptions of where they live. Listen as they describe their houses, then indicate the correct answer for each question based on what you hear. You may listen more than once, if you wish.

VOCABULARIO PRÁCTICO

aunque	although
la madera	wood
las alacenas	cabinets
el fregadero	kitchen sink

		LA CASA DE SEAN	LA CASA DE SARA
1.	¿Cuál de las casas es mejor para una persona a quien le gusta estar afuera?	☐	☐
2.	¿Cuál de las casas es mejor para una persona que quiere vivir con muchos compañeros?	☐	☐
3.	¿Cuál de las casas es mejor para una persona a quien no le gusta lavar la ropa?	☐	☐
4.	¿Cuál de las casas es mejor para una persona que estudia mucho?	☐	☐
5.	¿Cuál de las casas es mejor para una persona que tiene muchos libros?	☐	☐
6.	¿Cuál de las casas es mejor para una persona a quien le gusta cocinar?	☐	☐

Práctica 4.   ¿Conoce Ud. (*Do you know*) a alguna persona que actúa negativamente?

PASO 1.   Lea los consejos (*advice*) sobre como tratar con (*deal with*) una persona negativa.

> Por todo el mundo hay personas que tienen una visión negativa de las cosas. ¿Conoce Ud. a una persona negativa? ¿Vive Ud. con una persona así[a]? ¿Trabaja Ud. con una de esas personas? Si Ud. es alguien que responde «sí» a estas preguntas, debe considerar estos consejos. Si Ud. tiene algún amigo que actúa de manera negativa, debe saber cómo tratar[b] a esta persona para no llegar a tener una actitud negativa también.
>
> - Tiene que aceptar a la persona tal y como[c] es. Si Ud. le explica[d] a su amigo/a que debe «estar alegre», va a enojarse[e] con Ud. y va a aumentar su negatividad.
> - Para evitar[f] la negatividad, Ud. siempre debe hacer comentarios positivos.
> - Ud. nunca debe prestarle mucha atención a su negatividad. Cuando esa persona dice algo negativo, Ud. debe responder con algo positivo.
> - No debe pasar demasiado[g] tiempo con esta persona. Las actitudes negativas siempre son contagiosas.
>
> [a]*like that*   [b]*to treat*   [c]*tal... just how*
> [d]*le... explain to him/her*   [e]*become angry*   [f]*avoid*
> [g]*too much*

PASO 2.   ¿Cierto o falso?

	C	F
1. Ud. puede ser amigo de alguien que tiene una actitud negativa.	☐	☐
2. Debe aceptar a la persona negativa tal y como es.	☐	☐
3. Siempre es beneficioso escuchar a la persona negativa.	☐	☐
4. Es importante no prestar mucha atención a la negatividad.	☐	☐
5. Una actitud negativa es siempre contagiosa.	☐	☐

PASO 3.   Now think of some situations in which you are often negative. Choose one to write about. Answer the following questions: **¿Cuándo? ¿Dónde? ¿Con quién? ¿Por qué? ¿Con quién habla Ud. sobre la situación? ¿Cómo resuelva Ud. la situación?**

_____
_____
_____
_____
_____
_____

Palabra escrita

A finalizar

You are now going to write your final composition, based on the first draft you wrote in the **Palabra escrita: A comenzar** section of your textbook. Remember that the theme for your composition is **Un lugar especial en el hogar** and that your purpose is to describe a certain area or room in your home (or a favorite relative's home with which you're familiar) and to explain to the reader why it is special to you.

Práctica 1. El borrador. Repase el borrador de su composición para estar seguro de que que contestó bien estas preguntas.

1. ¿Cuál es el lugar especial para Uds. en el hogar?
2. ¿Cómo es?
3. ¿Cómo se siente Ud. (*do you feel*) cuando está allí?
4. ¿Qué hace allí?
5. ¿Por qué es un lugar especial para Uds.?

Práctica 2. El vocabulario y la estructura. Repase el vocabulario y la gramática de este capítulo. Tenga en cuenta estas preguntas.

1. ¿Incluyó suficiente información para contestar las preguntas de la **Práctica 1**?
2. ¿Usó el vocabulario apropiado?
3. ¿Usó correctamente **ser** y **estar** y los pronombres de objeto directo?
4. ¿Están correctamente conjugado los verbos?
5. ¿Concuerdan los adjetivos con los sustantivos que modifican?

Práctica 3. ¡Ayúdame, por favor! Intercambien composiciones con un compañero / una compañera de clase. Repasen las composiciones y háganse sugerencias para mejorarlas o corregirlas.

Práctica 4. El borrador final. Vuelva a escribir su composición y entréguesela a su profesor(a).

Capítulo 6

TEMA I: ¿Existe una comida hispana?

Vocabulario del tema

Práctica 1. Los tipos de comidas. Ponga cada comida en el grupo apropiado.

el agua	el bistec	la langosta	la piña	el tocino
el arroz	los camarones	la leche	el pollo	las uvas
el atún	la champaña	el pan	el queso	el yogur
el azúcar	las espinacas	el pavo	la sal	la zanahoria

1. las carnes y aves (*poultry*)

    _____

    _____

    _____

    _____

2. las frutas y verduras

    _____

    _____

    _____

    _____

3. el pescado y los mariscos

    _____

    _____

    _____

4. los productos lácteos

    _____

    _____

    _____

5. los granos

    _____

    _____

6. los condimentos

    _____

    _____

7. las bebidas

    _____

    _____

Práctica 2. Busca al intruso. Indique cuál comida *no* pertenece en cada grupo.

1. ☐ el atún   ☐ el pavo   ☐ la langosta   ☐ los camarones
2. ☐ el arroz   ☐ el queso   ☐ la leche   ☐ la mantequilla
3. ☐ la lechuga   ☐ la toronja   ☐ la fresa   ☐ la manzana
4. ☐ la papa   ☐ la cebolla   ☐ el mango   ☐ la zanahoria
5. ☐ el jugo   ☐ el aceite   ☐ el vino   ☐ la cerveza

Gramática

6.1 Indirect Object Pronouns

Práctica 1. **Los Reyes Magos.** Complete cada oración con el pronombre de objeto indirecto apropiado.

me	nos
te	
le	les

1. Los Reyes Magos _____ traen una cámara a mi mamá.

2. Los Reyes Magos _____ traen una bicicleta a mis hermanos.

3. Los Reyes Magos _____ traen unas entradas a un concierto de jazz a mis abuelos.

4. Los Reyes Magos _____ traen una computadora portátil (a mí).

5. Los Reyes Magos _____ traen muchas galletas (a nosotros).

6. Los Reyes Magos _____ traen un auto Mercedes a mi papá.

7. Los Reyes Magos _____ traen unos dulces a Uds.

8. Los Reyes Magos _____ traen un libro de español (a ti).

Práctica 2. **Una ayuda.** Listen to each sentence and restate it using an indirect object pronoun. Then listen and repeat the correct answer.

> MODELO   (*you hear*)   Llevo flores a mi abuelo. →
>
> (*you say*)   Le llevo flores.

1. ...   2. ...   3. ...   4. ...   5. ...   6. ...   7. ...   8. ...   9. ...   10. ...

Práctica 3. **¡Niños!** Aurelia is having lunch with her mother and her little brothers. Complete the answers to her mother's questions, making any changes necessary.

> MODELO   ¿Van a escucharme bien? →
>
> Sí, mamá, vamos a escucharte bien.

1. ¿Van a mostrarme sus buenos modales (*good manners*)?

   Sí, mamá, _____.

2. ¿Van a darme sus juguetes (*toys*) antes de comer?

   Sí, mamá, _____.

3. ¿Van a decirle: «Gracias» a la camarera?

   Sí, mamá, _____.

4. ¿Van a pasarle la comida a su hermanito?

   Sí, mamá, _____.

5. ¿Van a decirme cuándo necesitan ir al baño?

   Sí, mamá, _____.

Práctica 4. La familia en el restaurante. Answer the following questions with the correct indirect object pronoun, based on the cues given. Then listen and repeat the correct answer.

> MODELO (*you hear*) ¿Me das el refresco a mí? (*you see*) No, a tu hermana →
>
> (*you say*) No, le doy el refresco a tu hermana.

1. No, a tu hermano
2. No, a tu abuelo
3. No, a los niños
4. No, a ti
5. No, a tus hermanos
6. No, a mí
7. No, a Uds.

6.2 Double Object Pronouns

Práctica 1. El mesero

PASO 1. Circle the direct object and underline the indirect object in each sentence, including the adjectives and other words that modify them. Then write the direct and indirect objects under the corresponding columns.

> MODELO Traigo (café negro) a los señores de la mesa tres. →   DO: café   IO: señores

	DO	IO
1. Doy la ensalada a la mujer bonita.	_____	_____
2. Traigo unas servilletas a los niños.	_____	_____
3. Pongo el aceite de oliva en la mesa para los ricos.	_____	_____
4. Doy las gracias a los jóvenes.	_____	_____
5. Necesito dar el azúcar al hombre que bebe café.	_____	_____

PASO 2. Now rewrite each sentence from **Paso 1,** replacing the direct and indirect objects with their corresponding pronouns.

> MODELO Traigo café negro a los señores de la mesa tres. →
>
> Se lo traigo.

1. _____
2. _____
3. _____
4. _____
5. _____

Práctica 2. **Un menú.** A local reporter interviews a restaurant owner about his famous customer-pleasing menu. Complete the first sentence with the appropriate indirect object pronoun and then restate it, replacing both the direct and indirect object pronouns.

1. REPORTERO: ¿Qué tipo de comida tienen para los vegetarianos?

    DUEÑO: _____[1] preparamos ensaladas exquisitas. _____[2] preparamos con muchas especias.

2. REPORTERO: ¿Y para los niños?

    DUEÑO: _____[3] preparamos ensalada de fruta. _____[4] preparamos con nata.[a]

3. REPORTERO: ¿Y para los bebés?

    DUEÑO: _____[5] preparamos leche. _____[6] preparamos bien tibia.[b]

4. REPORTERO: ¿Y para la persona que no puede comer grasa[c]?

    DUEÑO: A esta persona _____[7] preparamos carnes magras.[d] _____[8] preparamos con muchas verduras.

5. REPORTERO: ¿Y para los diabéticos?

    DUEÑO: _____[9] preparamos postres especiales. _____[10] preparamos sin azúcar.

6. REPORTERO: ¿Y para la persona que no puede comer sal?

    DUEÑO: _____[11] preparamos zanahorias y otras verduras. _____[12] preparamos con muchas hierbas.[e]

7. REPORTERO: ¿Y para los atletas?

    DUEÑO: _____[13] preparamos bistecs. _____[14] preparamos a la parrilla[f] o al horno.[g]

8. REPORTERO: ¿Y para un actor famoso?

    DUEÑO: _____[15] preparamos chuletas de cerdo. _____[16] preparamos con una pasta deliciosa.

[a]*whipped cream* [b]*warm* [c]*fat* [d]*lean* [e]*herbs* [f]*a... grilled* [g]*a... baked*

Práctica 3. **Un jefe (*boss*) muy difícil.** Answer the following questions affirmatively, replacing the direct and indirect objects with their corresponding pronouns. **¡OJO!** There is more than one correct answer to some of the questions.

    MODELO   JEFE: ¿Puedes ponerle otro mantel a esta mesa?
              MESERO: Sí, se lo puedo poner. / Sí, puedo ponérselo.

1. JEFE: ¿Puedes llevarle un menú a ellos?

    MESERO: _____

2. JEFE: ¿Puedes cocinar el pescado para el niño?

    MESERO: _____

3. JEFE: ¿Cocinas las habichuelas para nosotros?

    MESERO: _____

4.   JEFE: ¿Preparas el pollo para la clienta alta?

MESERO: _____

5.   JEFE: ¿Llevas el plato de pavo a la pareja de la esquina?

MESERO: _____

6.   JEFE: ¿Puedes preparar los camarones para mí?

MESERO: _____

7.   JEFE: ¿Puedes llevar la cuenta a los clientes?

MESERO: _____

Práctica 4. ¿Y los clientes? Over the summer, you take a job working in a local market. Respond affirmatively to the questions from your customers, and don't forget to tell them how delicious everything is! After you answer, listen and repeat the correct answer.

MODELO (*you hear*) ¿Nos recomienda Ud. estos mangos? →

(*you hear*) Sí, se los recomiendo. Son deliciosos.

1. ...   2. ...   3. ...   4. ...   5. ...   6. ...   7. ...   8. ...

Síntesis y repaso

Práctica 1. Las tiendas. Listen as several people read their shopping lists, then indicate the stores they should go to for those items.

VOCABULARIO PRÁCTICO

la carnicería	butcher
la frutería	fruit stand
la heladería	ice cream shop
la panadería	bakery
la pescadería	fish market
el puesto callejero	street stand

1. ☐ la panadería   ☐ la heladería   ☐ la tienda de comestibles
2. ☐ la carnicería   ☐ la pescadería   ☐ la panadería
3. ☐ la pescadería   ☐ la carnicería   ☐ la frutería
4. ☐ la heladería   ☐ el puesto callejero   ☐ el supermercado
5. ☐ el puesto callejero ☐ la pescadería   ☐ la frutería

Práctica 2. Una receta (*recipe*).

PASO 1.   Listen to the omelet recipe and indicate the necessary ingredients from the following list.

VOCABULARIO PRÁCTICO

la cucharadita	teaspoon
la cuchara	tablespoon
caliente	heat (*command*)

Los ingredientes necesarios en esta receta son:

☐ el aceite de oliva	☐ las espinacas	☐ la leche	☐ la sal
☐ el ajo	☐ los guisantes	☐ el pepino (*cucumber*)	☐ la salchicha
☐ el arroz	☐ los huevos	☐ la pimienta	☐ el tocino
☐ la cebolla	☐ el jamón	☐ el queso	☐ el vinagre

PASO 2. Now listen to the recipe again and put in order the different steps.

_____ Freír los ingredientes por unos cinco minutos.

_____ Agregar la carne y las verduras.

_____ Mezclar los ingredientes en un cuenco.

_____ Calentar el aceite en una sartén (_frying pan_).

_____ Cocinar por un minuto más.

Práctica 3.   Un día de compras. Listen to José describe his shopping errands for the day and then answer the questions using complete sentences. First listen all the way through without trying to answer the questions. Then read the questions, and listen again. You can listen a third time, if you like.

VOCABULARIO PRÁCTICO

la carnicería	butcher
la pescadería	fish market
frescas	fresh
los pepinos	cucumbers
la frutería	fruit stand
las sandías	watermelons

1. ¿Qué va a comprar para los abuelos en la carnicería?

   _____

2. ¿Qué va a comprar en la pescadería? ¿Para quién?

   _____

3. ¿Por qué va a ir a la tienda de comestibles?

   _____

4. ¿Qué tipos de verduras va a comprar?

   _____

5. ¿Qué va a comprar en la frutería?

   _____

Práctica 4.   «Desafío del Sabor» (_The Flavor Challenge_)

PASO 1.   Read the following description of a cook-off contest.

DESAFÍO DEL SABOR

«Desafío del Sabor» es un concurso[a] para familias hispanas patrocinado por Unilever. Empezamos[b] con una encuesta[c] sobre los gustos hispanos en la que casi 20 mil personas participaron.[d] Después de la encuesta, sabemos la siguiente información:

- el 33 por ciento de los hispanos usa cilantro más que ajo, cebolla y chiles
- el 34 por ciento de los niños hispanos prefieren _nuggets_ de pollo más que espaguetis o tacos
- el 72 por ciento de los hispanos prefiere comida italiana

¿Cómo son los gustos de su familia? En nuestro concurso Desafío del Sabor, cada familia puede mostrar su conocimiento[e] de la cocina hispana. Nosotros sabemos que el 70 por ciento de los hispanos cree que cocina bien los platos hispanos tradicionales. Pero en este concurso, el reto[f] es inventar una receta original. En la receta, tiene que usar productos de las siguientes compañías Unilever: Knorr, Ragu, Lipton, Country Crock, Skippy, Ben and Jerry's y Hellman's.

[a]_competition_ [b]_We began_ [c]_survey_ [d]_participated_ [e]_knowledge_ [f]_challenge_

Para participar, mándenos su invención y si nosotros escogemos su receta, va a participar en un festival con nosotros en Los Ángeles, Nueva York, Miami, Chicago o Houston. ¡Nosotros invitamos![g] Allí, Ud. va a competir con otras familias hispanas. Los finalistas de cada festival van a tener su momento de fama en Univisión, compitiendo en un torneo[h] por un premio[i] de $10.000 y un viaje para la familia.

[g]¡Nosotros... *Our treat!*   [h]*tournament*   [i]*prize*

PASO 2.   Answer the following questions based on the article.

1.   ¿Quiénes pueden participar en el Desafío del Sabor?

_____

2.   ¿Cuántas personas participaron en la encuesta Unilever?

_____

3.   ¿Qué porcentaje (*percentage*) de hispanos tiene confianza en su habilidad de cocinar bien?

_____

4.   ¿En qué ciudades van a tener sus festivales?

_____

5.   ¿Cómo se llama la cadena de televisión en donde se presenta la competencia en que van a participar los ganadores?

_____

6.   ¿En qué consiste el premio para el ganador (*winner*) final?

_____

PASO 3.   Describa lo que Ud. hace con cinco de los productos de las companías Unilever Siga el modelo.

MODELO   el té de Lipton: Me lo tomo por la mañana.

1.   _____ : _____

2.   _____ : _____

3.   _____ : _____

4.   _____ : _____

5.   _____ : _____

Pronunciación

d

When the Spanish **d** occurs at the beginning of a sentence or after **n** or **l**, it is pronounced like the English *d*, as in *dog*. The only difference is that the Spanish *d* is a dental sound, meaning it is pronounced with the tip of the tongue against the back of the top teeth, instead of at the alveolar ridge, as in English.

In all other cases, Spanish uses a soft **d** that sounds more like the English *th*, as in *the*.

Práctica 1.   La *d* dental. Listen and repeat each word, paying close attention to how the **d** is pronounced.

andar en bicicleta   el deporte   el domingo   debo hacerlo

Práctica 2. **The Soft** *d.* Listen and repeat each word, paying close attention to the soft **d,** pronounced like the *th* in <u>th</u>e or <u>th</u>em.

nadar   sábado   mediodía   cansado   bebida

Práctica 3. **Ortografía.** Listen and spell each of the following words and phrases containing both pronunciations of the Spanish **d.**

1. _____
2. _____
3. _____
4. _____
5. _____

TEMA II: ¿Salimos a comer o comemos en casa?

Vocabulario del tema

Práctica 1. **Las tres comidas del día.** Examine the following lists and decide which meal each food belongs to.

		DESAYUNO	ALMUERZO	CENA
1.	una ensalada, un sándwich de jamón, queso y té	☐	☐	☐
2.	cereal con leche, huevos revueltos (*scrambled*) y café negro	☐	☐	☐
3.	pollo asado, habichuelas arroz y vino tinto	☐	☐	☐
4.	pan tostado, yogur, fresas y leche	☐	☐	☐
5.	chuletas de cerdo, puré de papas, pastel, y agua	☐	☐	☐

Práctica 2. **La mesa.** Mire el dibujo y diga si las oraciones son **ciertas** (**C**) o **falsas** (**F**).

	C	F
1. La servilleta está debajo del tenedor.	☐	☐
2. La ensalada está al lado de la cuchara.	☐	☐
3. El vaso está a la izquierda de la copa.	☐	☐
4. Hay vino dentro de la copa.	☐	☐
5. Hay una cuchara al lado del cuchillo.	☐	☐
6. El plato está entre el cuchillo y el tenedor.	☐	☐
7. Hay un mantel encima de la mesa.	☐	☐
8. La sopa está encima del plato.	☐	☐

Gramática

6.3 Formal Commands

Práctica 1.   Una receta. Read the following recipe. Write the infinitive form of the formal commands used in the recipe.

Arroz frito

Ingredientes:

3 tazas de arroz
5 tazas de agua
1 libra de carne de cerdo
3 cucharadas de aceite de oliva
3 dientes (*cloves*) de ajo

1/4 de cucharadita de jengibre (*ginger*) picado
6 huevos
4 cucharadas de salsa de soya
6 cebollinos (*scallions*)

Preparación:

Cocine[1] el arroz en el agua, y luego **déjelo**[2] enfriar (*cool*) completamente. **Corte**[3] la carne de cerdo en tiritas finas (*thin strips*). **Prepare**[4] los huevos en tortillas pequeñas y **córtelas**[5] también en tiritas finas. **Corte**[6] los cebollinos en pedacitos pequeños, incluyendo también la parte verde. **Caliente**[7] el aceite y **sofría**[8] (*sauté*) los dientes de ajo hasta dorar y **retírelos**[9] del fuego. **Eche**[10] (*Add*) sobre ese aceite el arroz cocinado, ya frío. **Revuélvalo**[11] constantemente para que no se pegue (*so it doesn't stick*). Ya caliente, **agregue**[12] la carne cortada, el jengibre y las tiritas de tortilla. **Añada**[13] poco a poco la salsa y finalmente los cebollinos. **Sirva.**[14]

---

1. _____   6. _____   11. _____

2. _____   7. _____   12. _____

3. _____   8. _____   13. _____

4. _____   9. _____   14. _____

5. _____   10. _____

Práctica 2.   El chef ejecutivo. Dígales a los cocineros qué deben hacer para preparar los platos. Use los mandatos formales.

1. _____ (Cortar) las zanahorias.

2. _____ (Poner) más sal.

3. _____ (Darme) la cuchara.

4. _____ (Preparar) el postre.

5. _____ (Hervir) el agua.

6. _____ (Cocinar) la carne.

7. _____ (Mezclar) la fruta.

8. _____ (Cubrir) el cuenco.

Práctica 3.   Preparativos para una boda. Usando los verbos de la lista, dé el mandato formal que mejor completa cada oración.

dar   estar   ir   ser

1. Por favor, _____ presentes en la iglesia antes de las dos.

2. No _____ a los bares antes de la boda.

3. _____ contentos y de buen humor todo el día.

4. _____ muchas atenciones a los invitados.

5. Después de la ceremonia, _____ directamente al restaurante.

6. Por favor, _____ gentiles (*kind*) con los suegros y cuñados.

7. _____ corteses (*polite*) con todos los invitados.

8. No le _____ malas noticias a la novia este día.

Práctica 4.   La boda de Marcos. Marcos tiene muchas preguntas para su novia (*bride*) antes de su boda. Conteste las preguntas con un mandato formal afirmativo o negativo, según los deseos de la novia. Luego, escuche y repita la respuesta correcta.

MODELO   (*you hear*) ¿Puedo vestirme en la sala?   (*you see*) no →
         (*you say*) No, no se vista en la sala.

1.	no	3.	sí	5.	sí	7.	sí	9.	sí
2.	sí	4.	no	6.	sí	8.	no	10.	sí

Práctica 5.   Mandatos con pronombres. Empareje cada pregunta con la respuesta apropiada.

1. _____ ¿Lavamos las ventanas?

2. _____ ¿Lavo las cucharas?

3. _____ ¿Nos lavamos el pelo?

4. _____ ¿Lavo las sillas para mi abuela?

5. _____ ¿Lavamos los platos para ti?

6. _____ ¿Nos lavamos las manos?

7. _____ ¿Lavamos la mesa?

8. _____ ¿Me lavo la cara?

a. Sí, lávenselo.
b. Sí, lávelas.
c. Sí, lávenla.
d. Sí, lávesela.
e. Sí, lávenmelos.
f. Sí, lávenlas.
g. Sí, lávenselas.
h. Sí, láveselas.

Práctica 6.   Quehaceres de cocina. Responda a cada pregunta con mandatos formales. Use pronombres de objeto directo o indirecto para evitar la repetición.

1.   ¿Limpiamos la cocina? Sí, _____.

2.   ¿Arreglamos los cubiertos? Sí, _____.

3.   ¿Ponemos la mesa? Sí, _____.

4.   ¿Comemos la sopa? No, _____.

5.   ¿Nos lavamos las manos? Sí, _____.

6.   ¿Nos sentamos aquí? No, _____ allí.

7.   ¿Dormimos la siesta? No, _____.

8.   ¿Les damos los platos a los niños? No, _____.

9.   ¿Servimos la ensalada a los invitados? Sí, _____.

10.   ¿Traemos el pastel a los novios? Sí, _____.

Práctica 7.   Su luna de miel y ¡Ud. está enferma! Conteste cada pregunta con un mandato formal. Use pronombres de objeto directo e indirecto para evitar la repetición. Siga el modelo. Luego escuche y repita las respuestas correctas.

> MODELO   (*you hear*) ¿Le preparo un café?
>
> (*you see*)   no →
>
> (*you say*)   No, no me lo prepare.

1. sí   2. sí   3. sí   4. no   5. sí   6. no   7. sí   8. sí

6.4   Preterite: Regular Verbs

Práctica 1.   En un restaurante. Escuche cada oración e indique la conjugación que oye.

		a.	b.	c.
1.	a.	comí	b. comió	c. comieron
2.	a.	llegamos	b. llegué	c. llegó
3.	a.	hablé	b. hablasteis	c. habló
4.	a.	senté	b. sentó	c. sentamos
5.	a.	pregunté	b. preguntaste	c. preguntó
6.	a.	responder	b. respondieron	c. respondí
7.	a.	dejé	b. dejó	c. dejamos
8.	a.	empezó	b. empecé	c. empezaste
9.	a.	llegué	b. llegó	c. llegaron
10.	a.	comisteis	b. comimos	c. comieron

Práctica 2.   Lo que pasó hoy en el restaurante. Complete la entrada de diario (*journal entry*) con la forma apropiada del pretérito de cada verbo entre paréntesis.

Querido diario:

Hoy _____[1] (pasar) muchas cosas extrañas en el restaurante. Primero, cuando yo

_____[2] (llegar) al restaurante, _____[3] (buscar) a mis amigos. No

los _____[4] (encontrar), así que _____[5] (sentarse) sola en el patio.

Unos minutos después _____[6] (llegar) mi amigo Adán. Lo _____[7]

(llamar), pero él no me _____[8] (oír). Él _____[9] (sentarse) cerca de la

(*continúa*)

ventana. Luego él le _____[10] (hablar) a una camarera. Él le _____[11] (contar) que esperaba a unos amigos y la camarera le _____[12] (dejar) unos menús. Pero a mí, no me _____[13] (ver) ninguno de los dos. Frustrada, yo _____[14] (levantarse) para irme, pero en ese momento _____[15] (llegar) nuestros otros amigos. Nosotros _____[16] (sentarse) juntos y lo _____[17] (pasar) bien.

Práctica 3. Una fiesta. Conteste las preguntas sobre su décimo cumpleaños usando las personas que aparecen abajo. Luego escuche y repita la respuesta correcta.

1. mis hermanas   3. mi padre   5. Uds.   7. yo
2. los abuelos   4. nadie   6. mis primos pequeños   8. todos nosotros

Práctica 4. Mi vida. Conteste las preguntas sobre su vida. Use el pretérito para decir en qué año aproximadamente empezó a hacer ciertas cosas.

1. ¿En qué año nació Ud.?

            _____

2. ¿En qué año empezó Ud. a asistir a la escuela?

            _____

3. ¿En qué año empezó a estudiar español?

            _____

4. ¿En qué año leyó Ud. su primer libro?

            _____

5. ¿En qué año paseó Ud. en bicicleta por primera vez?

            _____

6. ¿En qué año aprendió Ud. a manejar un carro?

            _____

7. ¿En qué año llegó Ud. a la universidad?

            _____

8. ¿En qué año salió Ud. en una cita (*date*) por primera vez?

            _____

Síntesis y repaso

Práctica 1. **Un restaurante elegante.** Escuche el anuncio del restaurante La Casa e indique si las oraciones son **ciertas** (**C**) o **falsas** (**F**).

VOCABULARIO PRÁCTICO

ubicado   located
el ambiente atmosphere
frescas   fresh

		C	F
1.	El restaurante La Casa está en las afueras de la ciudad.	☐	☐
2.	Es posible desayunar o almorzar en el restaurante.	☐	☐
3.	El restaurante sirve pasta con camarones o pollo.	☐	☐
4.	El restaurante tiene muchos vinos internacionales.	☐	☐
5.	El restaurante sólo acepta tarjetas de crédito.	☐	☐

Práctica 2. **El alimento perfecto.** Listen to the descriptions of the dining preferences of Esteban, Amanda, and Jorge. Then decide which person would be most likely to say the following things to their waiters.

VOCABULARIO PRÁCTICO

fresca   fresh

		ESTEBAN	AMANDA	JORGE
1.	Me gustaría tomar una cerveza.	☐	☐	☐
2.	Deme un vaso de agua, por favor.	☐	☐	☐
3.	Quisiera comer unos camarones.	☐	☐	☐
4.	Por favor, no me sirva zanahorias.	☐	☐	☐
5.	Por favor, a mí no me traiga un bistec.	☐	☐	☐
6.	Por favor, póngale azúcar al té.	☐	☐	☐

Práctica 3. **La cena de ayer.** Escuche mientras Diego describe su cena de ayer. Luego indique la respuesta apropiada para cada pregunta.

1. ¿Donde cenó la familia?

   ☐ en un restaurante italiano   ☐ en un restaurante cubano   ☐ en un restaurante mexicano

2. ¿Que comió Diego?

   ☐ ropa vieja   ☐ pavo   ☐ pescado

3. ¿Qué comieron los primos?

   ☐ un plato de mariscos   ☐ tostones   ☐ el platillo moros y cristianos

4. ¿Quién bebió mojitos?

   ☐ sólo los tíos   ☐ sólo Diego   ☐ toda la familia

5. ¿Cómo es el ambiente del restaurante?

   ☐ acogedor   ☐ relajante   ☐ típico

Práctica 4. La etiqueta española

PASO 1. Read the following etiquette advice for people traveling to Spanish-speaking countries.

COMIDA Y BEBIDAS

Los modales en la mesa[a] juegan un papel importante para dar una buena impresión durante una comida. Tener buenos modales en la mesa es una garantía para el éxito,[b] tanto en nuestras relaciones personales como en los negocios.

- Recuerde que en la mayoría de los países hispanos se sirve la cena[c] alrededor de[d] las nueve.
- No empiece a comer hasta que comience el anfitrión.[e]
- No coma ninguna comida con los dedos, ¡ni la fruta!

- No haga brindis[f] si Ud. no es el anfitrión o el invitado de honor.
- Deje los cubiertos[g] en paralelo sobre el plato para indicar que ha terminado[h] de comer.
- Permanezca en su asiento mientras el anfitrión esté sentado.
- Lleve un regalo[i] para el anfitrión. Lleve flores, un postre o vino.

[a]modales... *table manners* [b]*success* [c]*se... dinner is served* [d]alrededor... *around* [e]*host* [f]haga... *make a toast* [g]*utensils* [h]ha... *you have finished* [i]*gift*

PASO 2. ¿Cierto o falso?

		C	F
1.	Los buenos modales son importantes en la mesa.	☐	☐
2.	En la mayoría de los países hispanos, se sirve la cena alrededor de las seis.	☐	☐
3.	Ud. puede empezar a comer después de sentarse a la mesa.	☐	☐
4.	Ud. puede comer la fruta con los dedos.	☐	☐
5.	Para indicar que Ud. no tiene más hambre, ponga su vaso a la derecha.	☐	☐
6.	Es importante llevar un regalo cuando Ud. es invitado a cenar.	☐	☐

PASO 3. Now create a similar list for Spanish speakers who are invited to eat at a home in your culture. Use formal commands.

_____

_____

_____

_____

_____

_____

_____

Palabra escrita

A finalizar

You are now going to write your final composition, based on the first draft you wrote in the **Palabra escrita: A comenzar** section of your textbook. Remember that the theme for your composition is **Las ventajas y desventajas de comprar los comestibles (*groceries*) en ciertos lugares** and that your purpose is to explain and compare the advantages and disadvantages of buying food in at least three of the following types of stores: superstores (for example, Costco), large supermarket chains (for example, Kroger), local grocery stores, convenience stores, and farmers' markets.

Práctica 1. El borrador. Repase el borrador de su composición para estar seguro de que explicó bien estos temas y que cada párrafo tiene una buena oración temática.

1. la selección
2. los precios
3. la calidad
4. la economía local
5. ¿ ?

Práctica 2. El vocabulario y la estructura. Repase el vocabulario y la gramática de este capítulo. Tenga en cuenta estas preguntas.

1. ¿Incluyó suficiente información para explicar los temas de la **Práctica 1**?
2. ¿Usó el vocabulario apropiado?
3. ¿Usó correctamente los pronombres de objeto directo e indirecto? ¿Escribió correctamente los verbos irregulares? Si usó el pretérito, ¿lo usó correctamente?
4. ¿Están correctamente conjugados los verbos?
5. ¿Concuerdan los adjetivos con los sustantivos que modifican?

Práctica 3. ¡Ayúdame, por favor! Intercambien composiciones con un compañero / una compañera de clase. Repasen las composiciones y háganse sugerencias para mejorarlas o corregirlas.

Práctica 4. El borrador final. Vuelva a escribir su composición y entréguesela a su profesor(a).

Capítulo 7

TEMA I: ¿Está de moda?

Vocabulario del tema

Práctica 1. **La ropa apropiada.** Empareje cada prenda con la descripción correspondiente.

1. _____ el abrigo
2. _____ el bolso
3. _____ las botas
4. _____ los calcetines
5. _____ la chaqueta
6. _____ la pijama
7. _____ la ropa interior
8. _____ el traje de baño
9. _____ el vestido / el traje
10. _____ los zapatos de tenis

a. para dormir
b. cuando hace mucho frío
c. para una ocasión formal
d. cuando hace fresco
e. para llevar la cartera, el teléfono…
f. va debajo de la otra ropa
g. para nadar
h. para caminar o hacer deportes
i. para caminar en la nieve
j. van antes de los zapatos

Práctica 2. **¿A qué se refieren?** Indique si cada palabra se refiere a una talla, un diseño o un material.

	TALLA	DISEÑO	MATERIAL
1. el algodón	☐	☐	☐
2. de cuadros	☐	☐	☐
3. grande	☐	☐	☐
4. liso	☐	☐	☐
5. metálico	☐	☐	☐
6. el cuero	☐	☐	☐
7. de lunares	☐	☐	☐
8. de rayas	☐	☐	☐
9. chico	☐	☐	☐
10. la lana	☐	☐	☐
11. mediana	☐	☐	☐
12. la seda	☐	☐	☐

Gramática

7.1 Preterite: Irregular Verbs

Práctica 1. ¿Quién fue? Answer each question about your shopping habits by saying who went to the store, conjugating the verb **ir** correctly. Then listen and repeat the correct answer.

> MODELO (*you hear*) ¿Quién fue al supermercado ayer? (*you see*) mis padres →
> (*you say*) Mis padres fueron al supermercado ayer.

1. yo
2. Roque
3. Ana y David
4. tú
5. nosotros
6. yo
7. Uds.
8. mis primos
9. mi amigo

Práctica 2. Un cuento de compras. Cambie los verbos entre paréntesis al pretérito para poner la historia en el pasado.

Hoy _____[1] (ir) de compras con mi mejor amiga. _____[2] (Dar) una vuelta por el centro comercial y después _____[3] (ir) al almacén. Primero _____[4] (buscar) unos zapatos, pero no _____[5] (comprar) nada. No _____[6] (encontrar) nada de moda. _____[7] (Estar) en el departamento de ropa para mujeres y yo _____[8] (comprar) una falda de seda blanca. _____[9] (Tener) mucha suerte y estoy muy satisfecha de mi compra. Al mediodía _____[10] (tener) que regresar a casa. Mi amiga _____[11] (ponerse) triste porque no _____[12] (poder) encontrar nada que comprar de su talla.

Práctica 3. ¡Un robo en el almacén! The police want to question you following a robbery at a department store near campus because you were seen leaving a coffee shop near the scene. Deny everything.

> MODELO (*you hear*) ¿Estuviste en el almacén a las once de la mañana? →
> (*you say*) No, no estuve en el almacén a las once de la mañana.

1. ... 2. ... 3. ... 4. ... 5. ... 6. ... 7 ...

Práctica 4. Nota comunicativa: Preterite Meaning of *conocer, poder, querer, saber* and *tener*. Complete cada oración con la forma apropiada del pretérito de **conocer, poder, querer, saber,** o **tener.**

Yo _____ una oportunidad muy grande ayer. El director de personal de una compañía me llamó y _____ convencerme de que aceptara (*I accept*) un puesto en su compañía. Yo no _____ aceptar el puesto que me ofreció.

Él no _____ convencerme. Pero, otra persona sí _____ convencerme. ¿Recuerdas que _____ a Bill Gates en la conferencia del año pasado? Pues, fue él el que me convenció: acepté el trabajo que me ofreció.

Práctica 5. Elogio (*Eulogy*) de mi abuelita. Complete el elogio con el pretérito de los verbos entre paréntesis.

Mi abuela era[a] una persona creativa. Ella _____[1] (ser) costurera. Ella cosía desde

que tenía[b] 5 años porque su abuela le _____[2] (enseñar) a coser. Ella era una mujer

muy inteligente. Una vez _____[3] (quedarse[c]) sin coser porque no tenía[d] máquina.

Entonces _____[4] (vender) su caja de encajes[e] y con este dinero

_____[5] (poder) comprar una máquina de coser. La familia de mi abuela tenía

muchas dificultades económicas, pero ella _____[6] (contribuir) mucho a sostener a

su familia. Cuando era joven, aprendió a coser bien, e _____[7] (hacer) trajes con

telas muy finas, como la seda. Por eso, ella _____[8] (hacer) vestidos elegantes para

las mujeres ricas del pueblo. Un día, ella _____[9] (ir) a la plaza para mostrar sus

vestidos a los turistas también. Los turistas le _____[10] (pagar) muy bien sus

creaciones. Con el dinero que _____[11] (ganar), _____[12] (comprar)

un coche. Después, nos _____[13] (hacer) ropa a nosotros, sus nietos. Recuerdo un

día que ella _____[14] (venir) a mi casa para tomarnos las medidas.[f] ¡Cómo me

gustaban[g] las faldas de cuero que ella me hacía[h]! Mi abuelita _____[15] (ser) una

persona única.

[a]*she was* [b]*cosía... sewed from the time she was* [c]*to be left* [d]*no... didn't have* [e]*lace* [f]*tomarnos... to take our measurements* [g]*me... I liked* [h]*used to make*

7.2 Preterite: Stem-Changing Verbs

Práctica 1. ¡Yo hice todo lo bueno!

PASO 1. Su jefa le pregunta sobre algunos problemas en la oficina. Explíquele que su compañero de trabajo es responsable de todos los problemas. Luego escuche y repita la respuesta correcta.

MODELO (*you hear*) ¿Quién llegó tarde esta mañana? →
(*you say*) Mi compañero llegó tarde.

1. ... 2. ... 3. ... 4. ... 5. ...

PASO 2. Ahora, explique a su jefa que Ud. es responsable de todas las cosas buenas que ocurrieron. Luego escuche y repita la respuesta correcta.

MODELO (*you hear*) ¿Quién abrió la caja esta mañana?
(*you say*) Yo abrí la caja.

1. ... 2. ... 3. ... 4. ... 5. ...

Práctica 2. La noche en que Raúl conoció a Dania. Escriba oraciones originales en el pretérito para contar la historia de Raúl, basándose en los dibujos.

1. Raúl / preferir _____

2. él / divertirse _____

3. él / conseguir _____

4. los dos / sentirse _____

5. Raúl / seguir _____

6. Raúl / pedir _____

7. ella / preferir _____

8. ella / dormir _____

Síntesis y repaso

Práctica 1. Mi ropa preferida. Listen to Susana describe the kinds of clothes she will be looking for on her next shopping trip, and then mark the clothing she would like to buy.

☐ pantalones anaranjados de seda
☐ un abrigo de cuero
☐ un traje de baño verde
☐ pantalones de última moda de color gris

☐ zapatos de tenis
☐ una blusa negra de seda
☐ un suéter de lana
☐ una falda de lunares morados

Práctica 2. Un almacén. Escuche el anuncio de un almacén y conteste las preguntas, según lo que oye.

1. ¿Qué tipo de ropa tiene el almacén? _____

2. ¿En qué ropa hay rebajas? _____

3. ¿De qué materiales son los trajes disponibles? _____

4. ¿Qué prendas de ropa son de seda? _____

5. ¿Cuánto cuestan los zapatos? _____

Práctica 3. Ir de compras. Escuche la conversación entre Ángela y Jaime. Luego indique si cada oración es **cierta** (**C**) o **falsa** (**F**), según lo que oye.

Ángela…	C	F
1. fue de compras a una tienda pequeña.	☐	☐
2. compró ropa interior barata.	☐	☐
3. compró un sombrero de lana.	☐	☐
4. compró zapatos de tacón alto.	☐	☐
5. compró mucho porque le gusta la ropa.	☐	☐

Práctica 4. Óscar de la Renta

PASO 1. Lea la descripción del diseñador Óscar de la Renta.

Óscar de la Renta es uno de los diseñadores de moda hispanos más famosos. Es originario de Santo Domingo, la capital de la República Dominicana. A los 18 años, se mudó a Madrid para estudiar pintura, pero allí el mundo[a] de la moda captó[b] su atención y consiguió trabajo dibujando para casas de moda importantes. Después de unos años, salió para París para trabajar con Antonio Castillo en la casa Lanvin. Unos años después, tuvo que escoger[c] entre dos puestos,[d] uno con Christian Dior y otro con Elizabeth Arden. Hizo su decisión y salió de Europa a los Estados Unidos para trabajar en la casa Elizabeth Arden. Después de dos años, dejó la casa de Arden y colaboró con Jane Derby para crear su propia[e] ropa de diseño. En 1967, introdujo[f] su propia línea.

[a]*world* [b]*captured* [c]*to choose* [d]*positions, jobs* [e]*own* [f]*he introduced*

(continúa)

Unos años después de conseguir su ciudadanía[g] estadounidense, uno de sus actos filantrópicos fue para una institución icónico de este país: los *Boy Scouts*. De la Renta hizo el nuevo diseño del uniforme oficial de los *Boy Scouts* en 1981, un diseño que se usó hasta 2002. Hoy en día[h] sus clientes incluyen a muchas celebridades como Hillary Clinton, Beyoncé y Sarah Jessica Parker.

[g]*citizenship* [h]*Hoy… Nowadays*

PASO 2. Conteste las preguntas sobre la lectura del **Paso 1.**

1. ¿Dónde nació Oscar de la Renta?

   _____

2. ¿Adónde fue para estudiar pintura cuando tenía (*was*) 18 años?

   _____

3. Antes de ir a los Estados Unidos, ¿en qué países vivió? Nombre tres.

   _____

4. ¿Por qué razón fue a los Estados Unidos?

   _____

5. ¿Cuándo introdujo su propia línea de ropa?

   _____

6. ¿Qué diseñó en 1981?

   _____

PASO 3. Diseñe un conjunto (*outfit*) para su modelo. Dibuje y describa lo que va a llevar. No se olvide de nombrar cada prenda y de mencionar el color y el material.

_____

_____

_____

Pronunciación

g, gu, and j

The Spanish **j**, as well as **g** (in **gi** and **ge**) are both pronounced in the same way. The sound is somewhat similar to an English *h*, but in most countries you are likely to hear a stronger aspiration.

Práctica 1.   La pronunciación de j, ge y gi. Listen and repeat each word, paying close attention to how **j, ge** and **gi** are pronounced.

1. el ajo   2. las joyas   3. la naranja   4. los gemelos   5. el gigante

Práctica 2.   Ortografía. Listen to each word containing **j, ge,** or **gi** and spell it.

1. _____   3. _____   5. _____

2. _____   4. _____

When **g** is followed by **a, o,** and or with the combinations **ue** or **ui, u,** the Spanish **g** sounds much like the English *g* in words like *gown, give,* or *gain.* The **g** makes a harder sound when it comes at the beginning of a word or when it follows the letter **n.**

Práctica 3.   La pronunciación de *g* y *gu*. Listen and repeat words containing the letter **g.** Note that the first five words have a "soft" **g,** the last five have a "hard" **g.**

1. el yogur   3. elegante   5. algodón   7. **gui**santes   9. **g**ato
2. la **g**alleta   4. la **g**orra   6. la lan**g**osta   8. **g**ustar   10. **gu**antes

Práctica 4.   Ortografía. Listen to the following phrases containing **g** and **j** and spell them.

1. _____   4. _____

2. _____   5. _____

3. _____   6. _____

TEMA II: Los mercados y los almacenes
Vocabulario del tema

Práctica 1. **Los materiales.** Escriba el material que mejor corresponde a cada objeto.

arcilla   cuero   diamante
            madera   oro y plata

1. Es de _____.

2. Es de _____.

3. Es de _____.

4. Son de _____.

5. Son de _____.

Práctica 2. **Definiciones.** Lea las descripciones e indique la palabra correspondiente.

1. una joya que tradicionalmente se usa como un símbolo del matrimonio
   ☐ el anillo   ☐ el brazalete   ☐ el collar
2. una tienda que vende cosas para niños
   ☐ la floristería   ☐ la juguetería   ☐ la papelería
3. se usan en las manos cuando hace frío
   ☐ los guantes   ☐ las joyas   ☐ las medias
4. las mujeres lo usan en la cara
   ☐ el polo   ☐ la corbata   ☐ el maquillaje
5. es donde se ponen las tarjetas de crédito y el dinero
   ☐ el cinturón   ☐ la canasta   ☐ la cartera

Gramática

7.3 Impersonal and Passive **se**

Práctica 1. **¿Se vende aquí?** Listen to each question about where items are sold. Answer logically using the impersonal **se** or passive **se** construction. Then listen and repeat the correct answer.

MODELO (*you hear*) ¿Se vende papel en la juguetería? →

(*you say*) No, no se vende papel en la juguetería.

1. ... 2. ... 3. ... 4. ... 5. ... 6. ... 7. ...

Práctica 2. **Letreros (*Signs*).** You have a summer job in Puerto Rico making signs. Read each client's request and write one line to be printed on his/her sign. Use the impersonal **se** construction.

1. Tengo una juguetería y soy bilingüe. Puedo comunicarme en inglés y español.

_____

2. Necesito un letrero para evitar que las personas fumen en mi perfumería.

_____

3. ¡Ayude, por favor! Muchas personas vienen a nuestra papelería buscando maquillaje, pero aquí no vendemos eso.

_____

4. Necesito comunicarles a mis clientes que tengo pan fresco todos los días a las ocho de la mañana.

_____

5. Muchas personas vienen a comer a mi comedor, pero se van sin pagar la comida. ¿Puede ayudarme?

_____

7.4 **Se** for Unplanned Occurrences

Práctica 1. **«La prisa es mala consejera»** (*Haste makes waste*). Complete la conversación entre Lola y Anabel usando las expresiones de la lista.

se nos acabó	se me cayó	se me olvidó	se me rompió
se nos acabaron	se me cayeron	se me olvidaron	se me rompieron

ANABEL: Hola, Lola. ¿Estás lista para ir al mercado?

LOLA: Un momento. _____[1] la cartera en el dormitorio.

ANABEL: Ahora bien. Vamos. ¿Estás lista?

LOLA: ¡Ay! Espera. _____[2] un arete en el lavabo.

ANABEL: Lo siento, pero no tenemos tiempo para buscarlo ahora.

LOLA: Tienes razón. Vamos de compras, pero tengo sed. Primero quiero beber un jugo de naranja.

ANABEL: Bueno, si insistes, ¡pero date prisa!

(continúa)

LOLA: ¡Qué mala suerte! _____³ el jugo. Tenemos que ir a comprar algo para tomar.

ANABEL: No tenemos tiempo. Tenemos que irnos ahora si queremos gangas.

LOLA: Muy bien, vamos. ¡Ten cuidado! ¡Ay, te caíste por la escalera!

ANABEL: Ayyyyy, ¡qué dolor! ¡Creo que _____⁴ los dos brazos!

Práctica 2.   ¿Qué les pasó? Using the preterite tense, write what happened to the following people based on the drawings and the subject cue. Use **se** for unplanned occurrences.

VOCABULARIO PRÁCTICO

la escultura   sculpture
el espejo   mirror
la gasolina   gas

1.   (yo) _____

2.   (tú) _____

3.   (ella) _____

4.   (nosotros) _____

5. (ellos) _____

6. (Uds.) _____

Práctica 3. No es así. Respond to your father's questions using **se** for unplanned occurrences. Use the verbs provided in your answers, then listen and repeat the correct answer.

> MODELO (*you hear*) Hace mucho frío. ¿Por qué no llevas guantes?
> (*you see*) olvidar →
> (*you say*) Se me olvidaron los guantes.

1. olvidar   2. romper   3. acabar   4. caer   5. romper

Síntesis y repaso

Práctica 1. En el mercado. Escuche la conversación entre un vendedor y un cliente e indique si las oraciones son **ciertas** (**C**) o **falsas** (**F**).

		C	F
1.	El cliente quiere comprar un reloj.	☐	☐
2.	El reloj de plástico cuesta demasiado.	☐	☐
3.	El vendedor tiene tres tipos de relojes.	☐	☐
4.	El cliente y el vendedor regatean.	☐	☐
5.	El cliente compra el reloj de plata.	☐	☐

Práctica 2. ¿Adónde fue? Listen to Juanita describe her errands. Then indicate to which stores she went and list the things she bought at each one.

☐ la floristería   ☐ la zapatería   ☐ la juguetería   ☐ la joyería

_____   _____   _____   _____

☐ la librería   ☐ la frutería

_____   _____

Práctica 3.   Los regalos perfectos. Listen to each person say something about himself or herself. Then write down the gift from the list that would be most suitable.

una canasta	la cerámica	una escultura	unos guantes
una cartera	un collar	una falda	el maquillaje

1. _____

2. _____

3. _____

4. _____

5. _____

Práctica 4.   Los piratas del Caribe

PASO 1.   Lea sobre los piratas del Caribe.

En el Caribe se ven muchas fortalezas[a] enormes que protegieron a la gente de las islas en el pasado. Desde aproximadamente el año 1550 hasta 1730, los piratas fueron muy activos en la zona. Durante esos años, hubo muchos conflictos sobre la colonización de las islas, especialmente entre los países con mucho poder: Gran Bretaña, Francia, España, Portugal y los Países Bajos.[b] España controló la mayor parte de las islas caribeñas y los barcos españoles fueron atacados con frecuencia. Por ejemplo, unos piratas de los Países Bajos capturaron más de 500 barcos españoles entre los años 1620 y 1640. Los piratas querían apoderarse de los tesoros[c] de los barcos españoles que iban[d] a Sevilla en España: oro, plata, esmeraldas, maderas exóticas, azúcar, especias, tabaco y sal.

Los españoles construyeron grandes fortalezas para proteger sus islas y sus tesoros. En Puerto Rico se construyó la fortaleza San Felipe del Morro para guardar la entrada a la capital, San Juan. Cuba, la isla más grande, tuvo dos fortalezas muy grandes: Castillo Morro y Castillo de la Punta. En la isla la Española (que hoy está dividida entre la República Dominicana y Haití) también se construyeron muchas fortalezas.

[a]*forts*   [b]Países... *Netherlands*   [c]querían... *wanted to seize the treasures*   [d]*went*

PASO 2.   Conteste las preguntas, según la lectura del **Paso 1.**

1. ¿Cuándo operaron con más éxito los piratas del Caribe?

   _____

2. ¿Cuáles fueron los cinco países que tuvieron mucho poder en el Caribe durante la colonización de las Américas?

   _____

3. ¿Quiénes tuvieron que defenderse de los piratas más que los otros?

   _____

4. ¿Qué cosas robaron los piratas?

   _____

5. Durante el período de colonización, ¿cómo se llamaba (*was called*) la isla que ahora comparten la República Dominicana y Haití?

   _____

PASO 3. You are a pirate of the Caribbean that attacked a Spanish ship. Using the information from the reading, describe what happened and what treasure you gained. You may want to consult another source to help you make your decision.

_____

_____

_____

_____

_____

_____

Palabra escrita

A finalizar

You are now going to write your final composition, based on the first draft you wrote in the **Palabra escrita: A comenzar** section of your textbook. Remember that the theme for your composition is **Lo que hice el fin de semana pasado** and that your purpose is to tell the reader about what you did last weekend.

Práctica 1.   El borrador. Repase el borrador de su composición para estar seguro de que contestó bien estas preguntas.

1.   ¿Qué hizo el fin de semana pasado para divertirse?
2.   ¿Qué hizo con sus amigos? ¿Fueron al cine? ¿Fueron de compras? ¿Dieron una fiesta? ¿Salieron a bailar? ¿Hicieron otra cosa?
3.   ¿Qué ropa se puso durante el fin de semana? ¿Se vistió con ropa de todos los días o tuvo que llevar ropa especial para ir al trabajo o a algún evento especial?

Práctica 2.   El vocabulario y la estructura. Repase el vocabulario y la gramática de este capítulo. Tenga en cuenta estas preguntas.

1.   ¿Incluyó suficiente información para contestar las preguntas de la **Práctica 1**?
2.   ¿Usó el vocabulario apropiado?
3.   ¿Escribió correctamente los verbos irregulares en el pretérito?
4.   ¿Están correctamente conjugado los verbos?
5.   ¿Concuerdan los adjetivos con los sustantivos que modifican?

Práctica 3.   ¡Ayúdame, por favor! Intercambien composiciones con un compañero / una compañera de clase. Repasen las composiciones y háganse sugerencias para mejorarlas o corregirlas.

Práctica 4.   El borrador final. Vuelva a escribir su composición y entréguesela a su profesor(a).

Capítulo 8

TEMA I: La ciudad y la vida urbana

Vocabulario del tema

Práctica 1. **Los medios de transporte.** Complete cada oración con la palabra apropiada de la lista.

avión	calle	circulación	mapa	parada
barco	carnet	fuente	metro	taller

1. El _____ es un tren subterráneo.

2. En el aeropuerto se puede tomar un _____.

3. Si uno quiere viajar por mar, es necesario tomar un _____.

4. Se puede subir al autobús en la _____ de autobuses.

5. Para manejar un coche, es necesario tener el _____ de conducir.

6. Cuando el coche no funciona bien, se debe llevar al _____ de reparaciones.

Práctica 2. **La vida urbana: Asociaciones.** Empareje cada palabra con la definición correspondiente.

1. _____ Es algo que permite pasar de un lado del río al otro.

2. _____ Se puede mandar cartas desde este lugar.

3. _____ Tiene tres colores: rojo, amarillo y verde.

4. _____ Es un dibujo que marca lugares, ciudades, carreteras, etcétera.

5. _____ Esta palabra se refiere al tráfico en la ciudad.

6. _____ Se va a este lugar cuando necesitas dinero.

7. _____ Es un espacio al lado de la calle para caminar a pie.

8. _____ Es un edificio para prácticas religiosas.

9. _____ Significa pasar de un lado de la calle al otro.

10. _____ Cuando el semáforo está en rojo, se debe hacer esto.

a. el semáforo
b. el mapa
c. parar
d. la oficina de correos
e. cruzar
f. la circulación
g. el puente
h. la acera
i. el banco
j. la iglesia

Gramática

8.1 Tú Commands

Práctica 1. Direcciones. Su amigo lo/la llama a Ud. para pedirle direcciones para llegar al taller de reparaciones de coches. Escriba el mandato informal apropiado.

1. _____ (Cruzar) la calle Flores de Milagro.

2. _____ (Doblar) a la derecha.

3. _____ (Seguir) todo derecho.

4. No _____ (doblar) a la izquierda en ningún momento.

5. No _____ (parar) todavía.

6. No _____ (cruzar) la calle otra vez.

7. No _____ (seguir) adelante.

8. _____ (Parar) cuando veas (*you see*) el semáforo.

Práctica 2. La niñera (*baby sitter*). Ud. está cuidando a tres niños hoy. Use los mandatos informales apropiados para completar las instrucciones que la madre le da a Ud. Use los verbos indicados.

1. *poner:* _____ el gato en mi cuarto si eres alérgico a los gatos; no lo

   _____ en el garaje.

2. *salir:* _____ por la mañana con los niños, pero no _____ con

   ellos por la tarde.

3. *hacer:* _____ la tarea con ellos, pero no la _____ por ellos.

4. *ir:* _____ a la biblioteca con ellos, pero no _____ con ellos al

   cine.

5. *venir:* _____ con ellos a mi oficina para visitarme si es antes de mediodía,

   pero no _____ con ellos después de mediodía.

6. *tener:* _____ cuidado en la calle y no _____ prisa cuando

   cruces la calle con ellos.

7. *decirles:* _____ muchas cosas bonitas a mis ángeles; no _____

   palabras feas.

8. *ser:* _____ muy paciente con ellos, es decir, no _____

   impaciente con ellos.

Práctica 3. **Consejos a un amigo.** Answer your friend's questions about what to do in your city, using informal commands. Then listen and repeat the correct answer.

> MODELO (*you hear*) ¿Debo visitar la capital? (*you see*) sí →
> (*you say*) Sí, visita la capital.

1. no 2. sí 3. sí 4. no 5. no 6. sí 7. sí 8. sí 9. no

Práctica 4. **Favores.** Escriba los mandatos de nuevo, utilizando los pronombres cuando sea (*it is*) posible para evitar la repetición.

> MODELO Di la verdad (a mí). → Dímela.

1. Haz la tarea por mí. _____

2. Pon la música para mí. _____

3. Busca las direcciones para Luis. _____

4. Pide la pizza para nosotros. _____

5. No pongas la pizza en la mesa. _____

6. No hables conmigo ahora. _____

7. Di la verdad a Rebeca. _____

8. Escribe el ensayo por Paco. _____

9. No mires (a mí). _____

10. Abre la puerta para ellos. _____

Práctica 5. **De compras.** Answer your friend's questions using affirmative informal commands. Follow the model. Then listen and repeat the correct answer.

> MODELO (*you hear*) ¿Quieres una bebida? (*you hear*) dar →
> (*you hear*) Dámela.

1. dar	3. poner	5. abrir	7. comprar
2. comprar	4. dar	6. buscar	8. leer

8.2 Adverbs

Práctica 1. **El transporte.** Subraye el adverbio en cada oración.

1. Viajo mucho.
2. El chofer condujo rápidamente y ahora estoy enfermo.
3. El tren no anda bien.
4. Nunca hablo con los otros pasajeros en el tren.
5. Mañana venimos en autobús a visitarte.
6. Si llueve un poco, no me gusta montar en moto.
7. Estoy bien, gracias.
8. Venir en autobús es muy interesante.

Práctica 2. Algunos medios de transporte. Forme adverbios de estos adjetivos para completar la oración.

1. Se llega _____ (rápido) en avión.

2. Se llega _____ (lento) en bicicleta.

3. Se llega _____ (cómodo) en coche.

4. _____ (Triste), a pie nunca se llega.

5. Uno se comunica por el Internet _____ (inmediato).

6. Uno anda por el puente _____ (cuidadoso).

7. _____ (Sólo) quiero dar un ejemplo más.

8. _____ (Feliz) ya estamos aquí.

Síntesis y repaso

Práctica 1. El mapa y las direcciones. Look at the following map and listen to the directions you are given. Then write the name of the place where the directions take you.

Llegué a _____.

Práctica 2. Los mandatos informales. Listen to each person's plans. Then write an informal command using the verb in parentheses and the name of a logical place.

1. _____ (Ir) a la _____.

2. _____ (Visitar) el _____.

3. _____ (Dejar) el coche en el _____.

4. _____ (Mirar) el _____.

5. _____ (Salir) al _____.

Práctica 3. Las direcciones. Escuche la conversación entre Alicia y Beto y conteste las preguntas, según lo que oye.

1. ¿Adónde quiere ir Alicia?

   ☐ al restaurante mexicano   ☐ a la estación del metro   ☐ al almacén

2. ¿Cómo puede llegar a ese lugar?

   ☐ en coche o en el metro   ☐ en autobús o en coche   ☐ en tren

3. ¿Por qué es difícil manejar?

   ☐ La calle es pequeña.   ☐ Hay mucho tráfico.   ☐ No hay una gasolinera.

4. Si Alicia toma el metro hasta la tercera parada y camina por tres cuadras, ¿va a llegar al almacén?

   ☐ sí   ☐ no

5. ¿Dónde está el almacén? Está _____.

   ☐ a la derecha del puente   ☐ entre el restaurante y la fuente   ☐ cerca de la estatua

Práctica 4. El transporte en Guatemala, 2009

PASO 1. Lea el siguiente párrafo sobre el transporte en Guatemala.

Guatemala ofrece varias alternativas en cuanto al transporte a los turistas que quieren viajar por el país. Los vuelos nacionales de Guatemala únicamente operan entre las ciudades de Guatemala y Flores. Un vuelo de la Ciudad de Guatemala, en el sur, a Flores, en el norte, típicamente dura dos horas. Entre junio y agosto, hay más de cinco vuelos cada día. Los turistas pueden llegar más rápido a las ruinas de Tikal usando estos vuelos. Los autobuses son muy populares en Guatemala y conectan a la mayoría de la población del país. Sin embargo, son inconvenientes durante las temporadas lluviosas, porque cuando llueve mucho, las carreteras que usa el servicio de autobuses El Petén, desaparecen casi completamente. El servicio de microbuses es popular entre los turistas porque es una alternativa económica para llegar a los grandes puntos de interés, como las ruinas de Tikal. Algunos de los puntos de interés son más difíciles de visitar; por ejemplo, para llegar a algunos de los parques nacionales hay que ir por barco.

PASO 2. Conteste las preguntas, según la lectura del **Paso 1.**

1. ¿En cuántas ciudades hay vuelos nacionales en Guatemala?

   _____

2. ¿Cuántos vuelos diarios hay en junio y agosto entre las dos ciudades grandes de Guatemala?

   _____

(continúa)

3. ¿Qué modo de transporte conecta a la mayoría de las personas en Guatemala?

_____

4. ¿Cómo se llama la compañía de autobuses guatemaltecos que menciona el párrafo?

_____

5. ¿Qué pasa con el servicio de autobuses cuando llueve mucho en Guatemala?

_____

6. ¿Qué otro modo de transporte se usa para llegar a los parques nacionales en Guatemala?

_____

7. ¿Cuál es uno de los puntos de interés en Guatemala para los turistas?

_____

PASO 3. Ahora describa los modos de transporte más populares en su región. Use la lectura del **Paso 1** como modelo.

_____

_____

_____

_____

_____

_____

Pronunciación

c and qu

The Spanish **c,** much like English *c*, makes an *s* sound when followed by **e** or **i.** Elsewhere it is pronounced as a stop, similar to the English *k* sound.

Práctica 1. Pronunciación de la *c*. Listen and repeat each word. Note the use of the soft **c** versus the use of a hard **c.**

1. **c**entro	3. ha**c**er	5. a**c**era	7. **c**ruzar	9. **c**alle
2. **c**ircula**c**ión	4. **c**ine	6. **co**che	8. es**cu**ela	10. **cu**adra

In most areas of Spain, when **c** procedes **e** and **i,** it is not pronounced like the English *s*, but more similar to an English *th*, as in *thin*.

Práctica 2. Pronunciación de *ce* y *ci*. Listen and repeat each word. First you will hear the pronunciation used in Spain followed by the pronunciation used in Latin America.

1. **c**entro   2. **c**ircula**c**ión   3. ha**c**er   4. **c**ine   5. a**ce**ra

Spanish **q** is always followed by **u,** as in English. The **qu** cluster is pronounced like the hard **c.**

Práctica 3. Pronunciación de *qu.* Listen and repeat each word. Note the pronunciation of the **qu** cluster.

1. **que**   2. blo**que**   3. par**que**   4. iz**qui**erda   5. con**qui**star

Práctica 4. Ortografía. Listen and write the following words and phrases containing **c** and **qu**. Each word will be pronounced twice.

1. _____   4. _____
2. _____   5. _____
3. _____   6. _____

TEMA II: La vida de los pueblos y el campo

Vocabulario del tema

Práctica 1. La geografía del paisaje. Mire la lista de definiciones y ejemplos y empareje cada definición o ejemplo con la palabra apropiada.

1. _____ un lugar con muchos árboles
2. _____ el Titicaca o el Erie
3. _____ un espacio entre dos colinas o montañas
4. _____ el Pacífico o el Atlántico
5. _____ el Amazonas o el Misisipi
6. _____ Everest y Aconcagua
7. _____ orilla del mar con mucha arena (*sand*)
8. _____ una montaña de donde salen lava y fuego

a. el océano
b. la playa
c. las montañas
d. el volcán
e. el bosque
f. el río
g. el lago
h. el valle

Práctica 2. Los animales de la finca. Mire el dibujo y escriba los nombres de las personas, cosas y animales.

1. _____ 5. _____ 8. _____

2. _____ 6. _____ 9. _____

3. _____ 7. _____ 10. _____

4. _____

Gramática

8.3 Imperfect

Práctica 1.   ¿En la ciudad o el campo? Indique si cada frase describe una persona que vivía en la ciudad o en el campo. **¡OJO!** Puede haber más de una respuesta.

	CIUDAD	CAMPO
1. Tomaba el metro para llegar a la escuela.	☐	☐
2. Un autobús escolar venía a recogerme a mi casa.	☐	☐
3. Por las tardes, pasaba el tiempo con los amigos en la plaza.	☐	☐
4. No había semáforos en el lugar donde vivía.	☐	☐
5. Los aviones volaban constantemente sobre mi casa.	☐	☐
6. Yo les daba de comer a las ovejas.	☐	☐
7. El tráfico era horrible en las mañanas.	☐	☐
8. Comía huevos frescos cada día.	☐	☐

Práctica 2.   Los veranos en la finca de los abuelos. Complete la narración con la forma correcta del imperfecto de los verbos entre paréntesis.

Cuando era niño, _____[1] (pasar) los veranos con mis abuelos. Mis abuelos

_____[2] (ser) granjeros y por eso _____[3] (vivir) en una finca. La finca

_____[4] (ser) muy grande y _____[5] (haber) muchas vacas, cerdos,

gallinas, caballos, perros y gatos. Mi abuela siempre me _____[6] (despertar) temprano

para darles de comer[a] a los perros. _____[7] (Tener) que gritar muy fuerte para llamar a

los perros. Ellos _____[8] (correr) rápidamente al granero[b] para recibir su comida.

Durante el resto de la mañana, _____[9] (ir) con mi abuelo a darles de comer a las

vacas, los caballos y los cerdos. Nosotros _____[10] (ir) en tractor por las colinas.

Cuando nosotros _____[11] (volver), mi abuela _____[12] (tener)

preparada la comida. Después de comer, _____[13] (ayudar) a mi abuela en la huerta.

Allí ella _____[14] (crecer) tomates, cebollas, zanahorias y muchas otras verduras. Me

_____[15] (gustar) pasar los veranos con mis abuelos.

[a]darles... *feed*   [b]*barn*

Práctica 3.   La vida ocupada de la finca. Complete cada una de las oraciones con la forma correcta del imperfecto del verbo más apropiado de la lista.

abrir   cantar   dar   levantarse   llamar   manejar   montar   preparar

1.   Yo _____ el tractor mientras mi papá _____ las vallas (*gates*).

2.   Mis padres _____ a caballo mientras _____ a las vacas.

3.   Yo les _____ de comer a las gallinas mientras mi mamá

     _____ el desayuno.

4.   El gallo siempre _____ «qui-quiri-quí» al amanecer (*dawn*), y nosotros

     _____.

Práctica 4. Un cuento misterioso. Complete la introducción del cuento con la forma correcta del imperfecto del verbo entre paréntesis.

_____[1] (Hacer) un calor insoportable. _____[2] (Ser) las cinco de la tarde, pero el sol _____[3] (brillar) fuerte todavía. Yo _____[4] (estar) sentada a la orilla[a] del lago grande. El vapor _____[5] (parecer) respirar mientras _____[6] (salir) del agua. La selva,[b] detrás de mí, _____[7] (estar) silenciosa. Yo _____[8] (mirar) por todas partes y no _____[9] (ver) nada. Tampoco _____[10] (oír) nada. Sólo la arena[c] blanca que _____[11] (extenderse) por millas y millas por el gran Lago de Nicaragua _____[12] (susurrar) mi nombre. Yo _____[13] (saber) que algo malo _____[14] (ir) a pasar.

[a]shore [b]jungle [c]sand

Práctica 5. ¿Qué hacía Ud. ayer? Conteste las preguntas usando el imperfecto.

1. ¿Qué hacía Ud. ayer a medianoche?

_____

2. ¿Qué hacía Ud. ayer a las ocho de la mañana?

_____

3. ¿Qué hacía Ud. ayer a mediodía?

_____

4. ¿Qué hacía Ud. ayer a las ocho de la tarde?

_____

5. ¿Qué hacía Ud. ayer a las tres de la tarde?

_____

6. ¿Qué hacía Ud. ayer a las diez de la noche?

_____

Práctica 6. Cuando éramos niños... Conteste las preguntas de Juan José usando la forma de nosotros del imperfecto.

MODELO (*you hear*) Cuando yo era niño, yo montaba en los caballos durante los veranos. ¿Y Uds.?
(*you say*) Nosotros montábamos en los caballos también.

1. _____

2. _____

3. _____

4. _____

5. _____

6. _____

Síntesis y repaso

Práctica 1. Mi niñez en el campo. Listen to Celia describe her childhood home and answer the questions based on what you hear.

1. ¿Dónde vivía Celia cuando era joven?

   ☐ Vivía en una finca.   ☐ Vivía en un pueblo.   ☐ Vivía en una posada.

2. Geográficamente, ¿cómo era ese lugar?

   ☐ Era un valle.   ☐ Era un llano.   ☐ Estaba encima de unas colinas.

3. ¿Qué edificios había en el pueblo? Había _____.

   ☐ un comedor y un puente   ☐ una posada y un hotel   ☐ una posada y un comedor

4. ¿Para qué tenía la familia las vacas y gallinas? Las tenía _____.

   ☐ para vender en el mercado   ☐ para tener qué comer   ☐ como mascotas

5. ¿Qué hacía la familia para divertirse?

   ☐ Montaban en motocicleta.   ☐ Montaban a caballo.   ☐ Montaban en bicicleta.

Práctica 2. El paisaje de Costa Rica. Escuche la descripción de Costa Rica e indique si cada oración es **cierta** (C) o **falsa** (F). Si la oración es falsa, corríjala.

VOCABULARIO PRÁCTICO

playas beaches
selvas jungles

	C	F
1. Costa Rica tiene dos costas.	☐	☐
2. Hay dos penínsulas en la costa del mar Caribe.	☐	☐
3. Hay sólo un río en el centro del país.	☐	☐
4. No existen volcanes activos en Costa Rica.	☐	☐
5. Las valles son buenos lugares para las fincas.	☐	☐
6. Muchas especies de animales diferentes viven en las selvas.	☐	☐

Práctica 3. Un viaje a Panamá. Listen to the following travel ads and check the appropriate boxes based on the ad. You may listen more than once, if you like.

1. ¿Qué incluye la excursión a Panamá?
   - ☐ transporte
   - ☐ ropa
   - ☐ comida
   - ☐ excursiones a museos
   - ☐ hotel
   - ☐ caminatas

2. ¿Qué tipo de actividades se puede hacer?
   - ☐ golf
   - ☐ natación
   - ☐ caminatas
   - ☐ excursiones en barco
   - ☐ exploración
   - ☐ vólibol

3. ¿Qué lugares se puede ver?
   - ☐ las montañas de Panamá
   - ☐ la Ciudad de Panamá
   - ☐ las playas de Panamá
   - ☐ el Canal de Panamá
   - ☐ la selva de Panamá
   - ☐ los valles de Panamá

Práctica 4. Una niñez en lugares turísticos

PASO 1. Lea el ensayo que Rigoberto escribió sobre su niñez.

Tuve una niñez fenomenal. Mis padres eran dueños de una cadena de hoteles que se encontraban en muchos de los famosos destinos turísticos en el mundo. Pasaba mucho tiempo en México, el Caribe y Centroamérica. Mi lugar favorito era Costa Rica por sus playas espectaculares. La Playa Hermosa era la más tranquila. Había una gran playa rodeada de casas lindas, y de bosques. Mis hermanos y yo jugábamos en el bosque. Nos gustaba jugar a los monos y osos.[a] También me gustaba la isla Tortuga. Nunca veíamos tortugas, pero pescábamos y seguíamos a las arañas[b] que encontrábamos allí. Desde la arena se podía ver el altiplano,[c] pero nunca intentamos subirlo. Mis padres también tenían un hotel en la Península de Nicoya. Estaba muy cerca del mar y nos bañábamos todos los días en el mar con los turistas. Nos reíamos de ellos y de sus quemaduras del sol.[d] ¡Mi niñez fue genial!

[a]monos... *monkeys and bears* [b]*spiders* [c]*high plateau* [d]quemaduras... *sunburns*

PASO 2. Conteste las siguientes preguntas según la información del **Paso 1.**

1. ¿Cómo fue la niñez de Rigo?

   _____

2. ¿Qué hacían los padres de Rigo?

   _____

3. ¿Cuál era su lugar favorito y por qué?

   _____

4. ¿A qué jugaba con sus hermanos en el bosque?

   _____

5. ¿Qué animales veían en la isla Tortuga?

   _____

6. ¿Por qué se reían de los turistas?

   _____

PASO 3. ¿Cómo fue la niñez de Ud.? Escriba seis oraciones describiendo lo que hacía cuando era niño/a.

_____

_____

_____

_____

_____

_____

_____

_____

Palabra escrita

A finalizar

You are now going to write your final composition, based on the first draft you wrote in the **Palabra escrita: A comenzar** section of your textbook. Remember that the theme for your composition is **Una guía práctica para X** (X = city name) and that your purpose is to tell the reader about the things he/she should know when moving to or visiting that city.

Práctica 1. El borrador. Repase el borrador de su composición y averigüe que explicó bien algunos de estos temas.

1. los barrios
2. los centros comerciales
3. las escuelas y universidades
4. el tráfico y el transporte público
5. los lugares de interés y diversión (parques, zoológicos,...)
6. los lugares culturales (museos, teatros,...)
7. los restaurantes y los clubes
8. ¿ ?

Práctica 2. El vocabulario y la estructura. Repase el vocabulario y la gramática de este capítulo. Tenga en cuenta estas preguntas.

1. ¿Incluyó suficiente información para explicar los temas de la **Práctica 1**?
2. ¿Usó el vocabulario apropiado?
3. ¿Usó correctamente los mandatos informales? ¿Usó algunos adverbios?
4. ¿Están correctamente conjugados los verbos?
5. ¿Concuerdan los adjetivos con los sustantivos que modifican?

Práctica 3. ¡Ayúdame, por favor! Intercambien composiciones con un compañero / una compañera de clase. Repasen las composiciones y háganse sugerencias para mejorarlas o corregirlas.

Práctica 4. El borrador final. Vuelva a escribir su composición y entréguesela a su profesor(a).

Capítulo 9

TEMA I: ¿Cómo eran aquellos tiempos?

Vocabulario del tema

Práctica 1.   Los desastres naturales. Lea cada definición y escriba el nombre del desastre natural descrito.

1. Es una lluvia fuerte con viento y relámpagos.   _____

2. Es un viento muy fuerte que afecta las zonas de la costa.   _____

3. Es cuando el río lleva demasiada agua y cubre las calles.   _____

4. Es un viento circular muy fuerte que destruye las casas
    en los llanos (*plains*).   _____

5. Es un desastre de gran magnitud que puede destruir edificios
    y ciudades enteras.   _____

6. Normalmente las nubes están en el cielo, pero en esta situación _____
    las nubes están muy cerca de la tierra.

Práctica 2.   La historia política: Los opuestos. Empareje cada palabra de la columna de la izquierda con la palabra opuesta de la columna de la derecha.

1. _____ la guerra   a. el extranjero
                             b. independizarse
2. _____ el indígena   c. la paz
                             d. desintegrarse
3. _____ sobrevivir   e. asesinar
                             f. conservador
4. _____ liberal

5. _____ conquistar

6. _____ establecerse

Práctica 3.   La historia mundial. Complete cada oración con palabras de la lista. **¡OJO!** Conjugue los verbos en el pretérito.

bandera	florecer	imperio	tener lugar
declarar	gobiernos	pertenecer	

1. La _____ de un país tiene diseños y colores simbólicos.

2. El _____ romano fue uno de los más grandes del mundo antiguo.

3. Una dictadura, una república y un imperio son tipos de _____.

4. México _____ su independencia en 1810.

(continúa)

5. Antes de la llegada de los europeos, varias civilizaciones indígenas _____ en las Américas.

6. Después de la conquista, los países de Centroamérica _____ a España.

7. La Segunda Guerra Mundial _____ en el siglo XX.

Gramática

9.1 More on **por** and **para**

Práctica 1. Cuando era niño...

PASO 1. Indique si las oraciones son aplicables a Ud. o no.

	SÍ	NO
1. Andaba en medio de las calles en vez de caminar por las aceras.	☐	☐
2. Viajaba mucho por avión.	☐	☐
3. Tomaba un barco para cruzar el río.	☐	☐
4. Veía los dibujos animados los sábados por la mañana.	☐	☐
5. Jugaba afuera con los amigos por la tarde.	☐	☐
6. Pagaba por el helado.	☐	☐
7. Jugaba deportes para divertirme.	☐	☐
8. Siempre hacía algo para mi mamá el Día de las Madres.	☐	☐
9. Usaba los platos de la cocina para jugar con barro (*mud*).	☐	☐

PASO 2. Ahora indique por qué se usa **por** y **para** en cada oración del **Paso 1.** Puede usar algunas respuestas más de una vez.

1. _____   6. _____   a. period of the day
                              b. to express *in order to*
2. _____   7. _____   c. mode of transportation
                              d. movement through or along
3. _____   8. _____   e. for whom/what something is destined to be given
4. _____   9. _____   f. in exchange for

5. _____

Práctica 2. La respuesta correcta. Indique la respuesta apropiada para cada pregunta.

1. _____ ¿Por qué estudias español?   a. Es para mi sobrina.
                                                b. Vamos para la capital.
2. _____ ¿Para qué estudias español?   c. Para conocer el canal.
                                                d. Porque quiero comunicarme con personas hispanas.
3. _____ ¿Para qué fuiste a Panamá?   e. Para ganar más dinero en mi trabajo.
                                                f. Para la compañía Dell.
4. _____ ¿Para quién es la muñeca?   g. Sí, es grande para 2 años.
                                                h. Por cuatro años.
5. _____ ¿Para dónde van Uds.?   i. Para sacar fotos.
                                                j. Es para mañana.
6. _____ ¿Para cuándo es la tarea?

7. _____ ¿Para qué sirve una cámara?

8. _____ Es grande para su edad (*age*), ¿no?

9. _____ ¿Para quién trabajas?

10. _____ ¿Por cuánto tiempo piensas estudiar español?

Práctica 3. Una sorpresa de Navidad. Complete el párrafo con **por** o **para.**

En mi niñez, yo era muy activa porque mi papá trabajaba _____[1] la compañía Nike.

_____[2] esta razón, nos daban zapatos de tenis, camisetas y sudaderas[a] de última moda

_____[3] las Navidades. Sin embargo, una Navidad mi papá nos trajo nuestro regalo

_____[4] barco. Vivíamos cerca de un lago y, _____[5] supuesto, había calles para llegar a

nuestra casa, pero _____[6] lo grande que era el regalo, mi papá vio la necesidad de traérnoslo

_____[7] el lago. ¡Qué curiosidad teníamos! _____[8] primera vez, mi papá nos iba a regalar

algo que no era de Nike. Mi papá levantó el regalo fácilmente del barco. _____[9] ser tan

grande, no pesaba mucho. «Hijos míos: miren lo que compré _____[10] Uds.», y sacó un ala

delta[b] del barco. «¡Qué fantástico! ¡Qué magnífico! ¡Qué bonito!» gritamos todos. «_____[11]

Dios», exclamó mi mamá. «Estoy preocupada _____[12] la vida de mis hijos.» «¿_____[13]

qué se usa?», preguntó mi hermanito, que solamente tenía 3 años, pero que era muy inteligente

_____[14] su edad. «Se usa _____[15] practicar el ala delta», le dijo mi papá y empezó a

correr. Corrió _____[16] las colinas y todos nosotros lo seguimos. «_____[17] favor, vuelvan

_____[18] las cinco _____[19] la cena», nos gritó mi mamá. Toda esa tarde jugamos con

nuestro magnífico juguete.

[a]*sweatshirts* [b]ala... *hang glider*

9.2 Reciprocal Verbs

Práctica 1. ¿Cómo se saludan en la cultura de Uds.? Marque la frecuencia con que se saludan o se despiden de las siguientes maneras Ud. y sus conocidos.

	SIEMPRE	A VECES	NUNCA
1. Nos damos la mano.	☐	☐	☐
2. Nos abrazamos al despedirnos.	☐	☐	☐
3. Nos besamos cuando nos vemos.	☐	☐	☐
4. Nos saludamos en la calle.	☐	☐	☐
5. Nos decimos «Hola» al vernos en el campus.	☐	☐	☐
6. Nos decimos «Nos vemos».	☐	☐	☐
7. Nos tratamos de «Sr.», «Sra.» o «Srta.».	☐	☐	☐
8. Intercambiamos números de teléfono.	☐	☐	☐
9. Nos miramos a los ojos.	☐	☐	☐
10. Nos saludamos diciendo «Paz».	☐	☐	☐

Práctica 2. Un chisme entre jóvenes. Complete las oraciones con la forma correcta del pretérito (*P*) o del imperfecto (*I*) de los verbos entre paréntesis.

¡¿Sabes qué?! Acabo de ver a Alicia con Ernesto en el cine. Yo estaba comprando mi entrada

cuando los vi llegar. Ellos _____[1] (*P:* saludarse) y _____[2]

(*P:* besarse) en las mejillas. Luego, _____[3] (*P:* tomarse) de la mano. Después,

¡_____[4] (*P:* besarse) de nuevo! No lo podía creer. Luego en el cine,

_____[5] (*I:* abrazarse) durante la película y _____[6] (*I:* decirse)

«cariño» y «querida» y cositas así. ¡Alicia con Ernesto! ¡Imposible!

Práctica 3. Ud. y su madre. ¿Con qué frecuencia hacen Ud. y su madre (u otra persona de su familia) estas cosas? Conteste usando el **se** recíproco en la forma **nosotros.**

1. ¿Cuántas veces se llaman por semana?

   _____

2. ¿Se hablan para darse buenas noticias casi siempre?

   _____

3. ¿Se quejan siempre de algo?

   _____

4. ¿Siempre se abrazan cuando se ven?

   _____

5. ¿Con qué frecuencia se ven?

   _____

Síntesis y repaso

Práctica 1. El huracán Mitch. Listen to the following information about Hurricane Mitch and answer the questions based on what you hear. **¡OJO!** In some cases more than one answer is possible.

VOCABULARIO PRÁCTICO
golpeó   hit
terrenos   lands, fields

1. El huracán Mitch tuvo lugar en el año _____.

   ☐ 1988   ☐ 1987   ☐ 1998

2. El huracán afectó a _____.

   ☐ Honduras   ☐ Venezuela   ☐ Chile

3. _____ la causa de muchos problemas.

   ☐ El viento fue   ☐ Las inundaciones fueron   ☐ El frío fue

4. Las inundaciones _____.

   ☐ destruyeron edificios   ☐ mataron a mucha gente   ☐ destruyeron puentes

Práctica 2. La civilización maya. Listen to the short description of the Mayan civilization and answer the questions based on what you hear. ¡OJO! In some cases more than one answer is possible.

1. ¿En qué regiones vivían los mayas?

   ☐ México   ☐ Venezuela   ☐ Brasil   ☐ Honduras

   ☐ Belice   ☐ Guatemala   ☐ Panamá   ☐ El Salvador

2. Las estructuras mayas incluyen _____.

   ☐ minas   ☐ pirámides   ☐ templos   ☐ museos   ☐ palacios

3. Los mayas tenían una civilización muy desarrollada y particularmente sobresalieron en _____.

   ☐ la música   ☐ el arte   ☐ la astronomía   ☐ la agricultura

   ☐ la arquitectura   ☐ las matemáticas   ☐ la química   ☐ el idioma español

4. ¿Cómo era la religión de los mayas?

   ☐ Creían en un solo dios.   ☐ Creían en varios dioses.   ☐ No creían en ningún dios.

Práctica 3. Historia de Panamá. Listen to the short description of the early history of Panama, and complete the timeline with the appropriate events from the list.

VOCABULARIO PRÁCTICO

fundaron   founded
formaba parte de   was a part of

1. antes de 1500: _____

2. 1501: _____

3. 1500–1800: _____

4. 1821: _____

5. 1903: _____

6. 1904: _____

a. la independencia de Colombia
b. la colonización española
c. la llegada de los europeos
d. la civilización indígena
e. la construcción del canal
f. la independencia de España

Práctica 4. La historia de Belice

PASO 1.   Lea el siguiente artículo sobre Belice, el país más pequeño de Centroamérica.

1. Los primeros habitantes de Belice fueron los mayas, cuya[a] influencia en la región se ve en los artefactos arqueológicos. Belice formaba parte del imperio maya que se extendía por otros territorios de Centroamérica, en particular por los de Guatemala, Honduras y México actuales.

2. Los conquistadores españoles, decepcionados[b] por la ausencia de minerales en Belice, pasaron rápidamente por la región. Los británicos se establecieron allí alrededor de[c] 1640 y establecieron la exportación de maderas preciosas que obtenían de los árboles. Este grupo de hombres, que se conocía como los «baymen», estableció la esclavitud en Belice. Los «baymen» tuvieron muchos enfrentamientos[d] con los piratas ingleses y franceses, quienes constantemente trataban de quitarles[e] la madera.

3. En la batalla decisiva del Cayo[f] Saint George en 1798, los «baymen» y sus esclavos resistieron a los invasores españoles y después se gobernaron solos. Pero cuando España perdió el control de Centroamérica, los ingleses retomaron el control de Belice, bajo el nombre de Honduras Británica, nombre que tuvo hasta 1973.

[a]whose [b]disappointed [c]alrededor... around [d]confrontations [e]take away [f]Key

(continúa)

4. Belice ganó su independencia en septiembre de 1981, después de un acuerdo entre Gran Bretaña y Guatemala. Tropas británicas permanecieron en el lugar para asegurar el respeto de las fronteras[g] del país hasta 1994.
5. Hoy en día Belice es un destino para los norteamericanos que quieren visitar Centroamérica, pero que no quieren hablar español. Por eso, hay muchas bodas que se celebran allí. El inglés es el idioma oficial, pero también se habla español, maya y un dialecto criollo.

[g]borders

PASO 2. ¿Cierto o falso?

	C	F
1. Los primeros habitantes de Belice fueron los mayas.	☐	☐
2. Belice formaba parte de un territorio que incluía a Guatemala.	☐	☐
3. Los españoles se establecieron en Belice.	☐	☐
4. Los piratas querían robarles los minerales.	☐	☐
5. Los «baymen» eran españoles.	☐	☐
6. Belice ganó su independencia en 1981.	☐	☐
7. Las tropas británicas permanecen en Belice hasta hoy.	☐	☐
8. Hoy en día, la lengua oficial de Belice es el español.	☐	☐

PASO 3. Identifica todos los países con sus capitales en el mapa de Centroamérica.

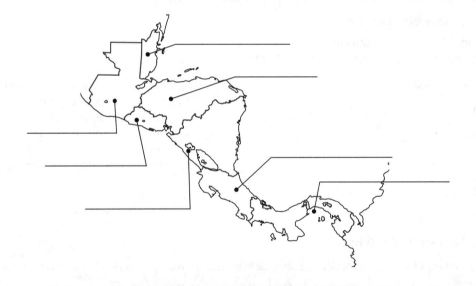

Pronunciación

p and t

The **p** and **t** are two relatively easy sounds to pronounce in Spanish because they are very similar to their English counterparts. However, the **p** in Spanish is pronounced with less force than in English.

Práctica 1. Pronunciación de la *p*. Listen and repeat each word. Note how **p** is pronounced.

1. playa   2. pez   3. pueblo   4. aeropuerto   5. mapa

The same thing can be said for the **t** in Spanish. English speakers often pronounce this sound with aspiration, whereas Spanish speakers do not.

Práctica 2. Pronunciación de la *t*. Listen to the following words containing **t** and pay attention to how they are pronounced. Repeat each word as closely as possible.

1. tren   2. tierra   3. tomar   4. costa   5. conquistar

Práctica 3. Ortografía. You will now hear several Spanish words and phrases that contain the sounds **p** and **t**. Listen and spell each word correctly.

1. _____   4. _____

2. _____   5. _____

3. _____   6. _____

TEMA II: Me acuerdo muy bien

Vocabulario del tema

Práctica 1. Las actividades de la vida. Escriba lo que se necesita para hacer cada actividad. **¡OJO!** Se puede usar algunas palabras más de una vez.

bicicleta   caballos   computadora   papel   televisión

1. Para dibujar, se necesita _____.

2. Para jugar a los videojuegos, se necesita una _____.

3. Para practicar la equitación, se necesitan _____.

4. Para ver dibujos animados, se necesita una _____.

5. Para enviar el e-mail, se necesita una _____.

6. Para hacer ciclismo se necesita una _____.

7. Para pintar, se necesita _____.

Práctica 2. Las etapas de la vida. Empareje cada descripción con una etapa de la vida.

la infancia   la niñez   la juventud   la adolescencia   la madurez   la vejez

1. Tiene 45 años. _____

2. Tiene 8 años. _____

3. Tiene 84 años. _____

4. Tiene un año. _____

5. Tiene 23 años. _____

6. Tiene 13 años. _____

Gramática

9.3 Preterite vs. Imperfect

Práctica 1. **¿Pretérito o imperfecto?** Indique si el verbo de cada oración está conjugado en el **pretérito (P)** o el **imperfecto (I)**.

	P	I
1. Los moros invadieron a España en el año 711.	☐	☐
2. Los romanos y los visigodos también vivieron en España durante épocas diferentes.	☐	☐
3. En esa época, los moros ocupaban muchas ciudades, incluso Granada.	☐	☐
4. Los cristianos de la península Ibérica empezaron a rebelarse contra los moros.	☐	☐
5. Hubo muchas batallas entre los años 711 y 1492.	☐	☐
6. Después de la victoria en Granada en 1492, los españoles consiguieron el mando.	☐	☐
7. Pero no se consiguió la paz en ese año.	☐	☐
8. Cristóbal Colón quería buscar otros mundos.	☐	☐
9. Colón le pidió dinero a la Reina Isabel.	☐	☐
10. Ella se lo dio.	☐	☐

Práctica 2. **Una entrevista con José Manuel Zelaya Rosales, ex presidente de Honduras.** Listen to the interview with the former president of Honduras. Then complete the transcription of the interview with the verbs that you hear.

ENTREVISTADOR: Buenas tardes, señor. Gracias de parte de Univisión por aceptar esta entrevista.

ZELAYA: No hay de qué.[a]

ENTREVISTADOR: ¿Cuándo _____[1] Ud.?

ZELAYA: _____[2] en el año 1952.

ENTREVISTADOR: ¿Quién _____[3] su padre?

ZELAYA: Mi padre era un hombre de negocios. _____[4] muy amable[b] y muy rico.

ENTREVISTADOR: ¿Cómo fue su niñez?

ZELAYA: Yo _____[5] tres hermanos y _____[6] mucho.

ENTREVISTADOR: ¿Cuándo _____[7] elegido como presidente de Honduras?

ZELAYA: La gente de Honduras me _____[8] en 2005.

ENTREVISTADOR: ¿Por qué lo _____[9] el ejército en junio de 2009?

ZELAYA: Porque yo _____[10] modificar la constitución para poder ser presidente por más tiempo.

ENTREVISTADOR: ¿Adónde _____[11] a pasar su exilio?

ZELAYA: Los soldados me _____[12] en Costa Rica después del golpe de estado.[c]

ENTREVISTADOR: ¿Qué va a hacer ahora?

ZELAYA: _____[13] a Honduras en septiembre de 2009, pero no sé qué voy a hacer ahora.

[a]No... *It's a pleasure.* [b]*friendly* [c]golpe... *coup d'état*

Práctica 3.   En el pasado. Lea el párrafo e indique si se debe usar el **pretérito (P)** o el **imperfecto (I)** para expresar los verbos en el pasado.

Mi niñez fue muy complicada. Cuando _____¹ (tener) cinco años, _____² (mudarnos) de Maine a

California. Cuando _____³ (llegar), _____⁴ (encontrar) una casa muy pequeña pero cómoda. _____⁵

(Estar) triste y todos los días _____⁶ (pensar) en volver a Maine. No me _____⁷ (gustar) mucho

California porque los otros niños _____⁸ (ser) antipáticos. _____⁹ (Jugar) afuera con mis hermanos

mientras _____¹⁰ (llover) porque la casa _____¹¹ (ser) pequeña y no _____¹² (haber) mucho espacio.

Un día, cuando _____¹³ (jugar) afuera en la lluvia, unos niños se _____¹⁴ (acercar) y nos _____¹⁵ (decir):

«Este es nuestro parque». _____¹⁶ (Tener) miedo, pero _____¹⁷ (decir): «No, no es su parque ahora,

porque ahora nosotros estamos jugando aquí». Los otros niños _____¹⁸ (decidir) jugar con nosotros

y desde entonces, nos gusta vivir en California porque tenemos muchos amigos.

Práctica 4.   Preguntas personales sobre su niñez.

PASO 1.   Escuche las preguntas y escriba sus respuestas a continuación.

1. _____
2. _____
3. _____
4. _____
5. _____
6. _____
7. _____
8. _____
9. _____
10. _____

PASO 2.   Ahora, escriba seis preguntas: tres usando el imperfecto y tres usando el pretérito, para hacerle preguntas a su profesor(a) sobre su niñez.

1. ¿_____?
2. ¿_____?
3. ¿_____?
4. ¿_____?
5. ¿_____?
6. ¿_____?

Práctica 5. La leyenda de Pancho[a] Ñato. Complete la narración con la forma correcta del pretérito o del imperfecto de los verbos entre paréntesis.

Francisco Juárez _____[1] (nacer) en el municipio de Tololar, Departamento de

León. _____[2] (Ser) un hombre ágil, muy alto. _____[3] (Tener) dos

caballos, uno blanco y el otro negro. Él siempre _____[4] (montar) el negro, que

_____[5] (llamarse) Saltarín.

Pancho _____[6] (ser) bandido. Le _____[7] (gustar) burlarse[b] de

la gente y hacer bromas.[c] A veces _____[8] (matar) por defenderse o para ganar

dinero. Por eso, muchas personas le _____[9] (temer), pero _____[10]

(ser) respetuoso con las mujeres.

Lo _____[11] (seguir) la Guardia a menudo,[d] pero nunca lo

_____[12] (atrapar). Dicen que _____[13] (haber) espíritus que lo

_____[14] (proteger). Incluso cuando la Guardia lo _____[15] (seguir),

él _____[16] (transformarse) en otra cosa. Una vez, él _____[17]

(colgarse) del techo[e] de su casa y _____[18] (convertirse) en unas bananas. Cuando

los guardias _____[19] (llegar) a su casa, no lo _____[20] (ver), pero sí

_____[21] (ver) las bananas. Ellos _____[22] (llevarse) las bananas y

cuando Pancho _____[23] (volver) en sí,[f] _____[24] (estar)

completamente desnudo.

[a]*Pancho* is a common nickname for *Francisco*.   [b]*to make fun*   [c]*jokes*   [d]*a... often*   [e]*roof*   [f]*volver... to change back*

Síntesis y repaso

Práctica 1. **¿Cuándo hicimos las actividades?** Listen to the following sentences and write the letter of the sentence that describes the corresponding drawing. Then choose the phrase that best describes how often the activity was done, based on what you hear. Feel free to listen to the sentences more than once.

1.

ayer / todos los sábados

2.

los fines de semana / el sábado pasado

3.

los veranos / una vez

4.

los veranos / ayer

5.

todos los domingos / anoche

6.

anoche / todos los lunes

Práctica 2. **Mi vida.** Listen to Lucía as she describes her life and indicate whether each sentence is **cierto (C)** or **falso (F)**. If the sentence is false, correct it.

	C	F
1. Vivía en la ciudad cuando era muy pequeña.	☐	☐
2. Iba con su familia al zoológico durante su niñez.	☐	☐
3. En la escuela secundaria, iba al cine con su familia.	☐	☐
4. Acampaba con sus amigos cada verano.	☐	☐
5. En el futuro, quiere hacer actividades deportivas.	☐	☐

Práctica 3. **Mis viejos tiempos en la universidad.** Listen to Luis's description of his time at the university. Then answer the questions in complete sentences based on what you hear.

1. ¿Cuántos años estuvo Luis en la universidad?

2. ¿Dónde vivieron Luis y sus amigos durante su segundo año?

3. ¿Qué hacían Luis y sus amigos los fines de semana?

4. ¿Qué hizo Luis una vez en el parque central?

5. ¿Qué hicieron Luis y sus amigos en las montañas?

Práctica 4. **Mis días de campo**

PASO 1. Lee el siguiente recuerdo infantil de Ronaldo.

Mis días de campo

Los fines de semana me iba al campo con mis padres, mi hermano y mis primas. Allí, jugábamos a las escondidas[a] entre los árboles y corríamos sin parar. Cuando llegaba la fiesta de San Pedro, como en mi casa había tres Pedros, se hacía en medio del patio una enorme fogata que se veía desde muy lejos y que duraba hasta la madrugada.[b] Bailábamos alrededor del fuego, cantábamos y nos divertíamos con los fuegos artificiales[c] que preparaban los mayores. ¡Qué hermosos recuerdos! Mi infancia fue feliz, rodeada[d] del amor y la protección de mi familia.

[a]*a... hide and seek* [b]*dawn* [c]*fuegos... fireworks* [d]*surrounded*

PASO 2. Contesta cada pregunta con la palabra correcta, según la información del **Paso 1.**

1. ¿En dónde pasaba Ronaldo los fines de semana?
   a. en la iglesia
   b. en la playa
   c. en el campo
2. ¿Dónde jugaban a las escondidas?
   a. entre las rocas
   b. en las colinas
   c. entre los árboles
3. ¿Qué quiere decir la frase «en mi casa había tres Pedros»?
   a. tres personas que se llaman Pedro
   b. tres cosas llamadas Pedro
   c. un Pedro con tres amigos
4. Basado en las pistas textuales, ¿qué cree que es una fogata?
   a. una fiesta
   b. un baile
   c. un fuego
5. ¿Cómo fue la infancia de esta persona?
   a. triste
   b. feliz
   c. no muy divertida

PASO 3. Escribe un párrafo sobre los recuerdos más felices de su niñez.

_____ (*título*)

_____

_____

_____

_____

_____

_____

Palabra escrita

A finalizar

You are now going to write your final composition, based on the first draft you wrote in the **Palabra escrita: A comenzar** section of your textbook. Remember that the theme for your composition is **Un evento histórico** and that your purpose is to tell the reader about a historical event that interests you.

Práctica 1. El borrador. Repase el borrador de su composición para estar seguro/a de que contestó bien las preguntas periodísticas sobre el tema que escogió: **¿quién? ¿qué? ¿dónde? ¿cuándo? ¿por qué?** y **¿cómo?** Vuelva a repasar las categorías. ¿Está Ud. satisfecho/a con el tema que escogió?

1. eventos históricos relacionados con la política o la economía
2. eventos históricos sociales
3. una personalidad histórica interesante o importante para Ud.
4. ¿ ?

Práctica 2.   El vocabulario y la estructura. Repase el vocabulario y la gramática de este capítulo. Tenga en cuenta estas preguntas.

1.   ¿Incluyó suficiente información para contestar las preguntas periodísticas?
2.   ¿Usó el vocabulario apropiado?
3.   ¿Usó correctamente **por** y **para** y los verbos reflexivos y recíprocos?
4.   ¿Están correctamente conjugado los verbos?
5.   ¿Concuerdan los adjetivos con los sustantivos que modifican?
6.   En el **Tema II** de este capítulo, Ud. aprendió a narrar usando el pretérito y el imperfecto. Repase su composición para ver si puede añadir algunos elementos descriptivos y darle más contexto al fondo (*background*).

Práctica 3.   ¡Ayúdame, por favor! Intercambien composiciones con un compañero / una compañera de clase. Repasen las composiciones y háganse sugerencias para mejorarlas o corregirlas.

Práctica 4.   El borrador final. Vuelva a escribir su composición y entréguesela a su profesor(a).

Capítulo 10

TEMA I: De viaje

Vocabulario del tema

Práctica 1. **Viajar por avión.** Ponga los pasos en orden del primero (1) al último (10).

a. _____ subir al avión

b. _____ hacer cola en seguridad

c. _____ hacer las maletas

d. _____ llegar al destino

e. _____ esperar en la sala de espera

f. _____ facturar el equipaje

g. _____ bajarse del avión

h. _____ reclamar el equipaje

i. _____ pasar por el control de seguridad

j. _____ recibir el boleto de embarque

Práctica 2. **¿Qué necesita?** Complete las oraciones con palabras de la lista. **¡OJO!** No se usan todas las palabras.

boleto de embarque	crucero	pasajero	tren
clase económica	maletas	pasaporte	vuelo

1. Rafael quiere viajar en barco porque le gusta el océano. Debe viajar en un

   _____.

2. Julia es de Uruguay, pero quiere viajar a los Estados Unidos. Julia necesita un

   _____.

3. Jaime quiere llevar mucha ropa consigo para el viaje. Necesita muchas

   _____.

4. Elena quiere abordar el avión. Elena necesita el _____.

5. Juan quiere un asiento en el avión, pero no tiene dinero suficiente para primera clase.

   Necesita sentarse en la _____.

Gramática

10.1 Present Perfect

Práctica 1. ¡Fanfarronear (*Bragging*)! Indique si las declaraciones que son aplicables a Ud. o no.

	SÍ	NO
1. He asistido a un concierto de una estrella famosa de rock.	☐	☐
2. He viajado por avión más de cinco veces.	☐	☐
3. He viajado por barco solo/a.	☐	☐
4. He montado a caballo.	☐	☐
5. He viajado en primera clase.	☐	☐
6. He hecho alpinismo en los Andes.	☐	☐
7. He tomado el sol en el Caribe.	☐	☐
8. He visto un huracán.	☐	☐
9. He visto un tornado.	☐	☐
10. He nadado en el mar.	☐	☐

Práctica 2. Su primer vuelo. Your father calls to make sure you've done everything correctly at the airport. Answer his questions affirmatively, based on the model.

> MODELO (*you hear*) ¿Has preparado las maletas? →
>
> (*you say*) Sí, he preparado las maletas.

1. ...   2. ...   3. ...   4. ...   5. ...   6. ...   7. ...   8. ...

Práctica 3. Sobre viajar. Complete cada una de las oraciones con el presente perfecto del verbo entre paréntesis.

1. Yo no _____ (prepararse) para el viaje todavía.

2. Tú _____ (bajar) las maletas al coche.

3. Adela _____ (llamar) a la agencia de viajes.

4. Nosotros _____ (comprar) los billetes.

5. Ellos _____ (pedir) los visados.

6. Adolfo _____ (volar) en avión muchas veces.

7. Mis primos _____ (llegar) a su destino.

8. Uds. siempre _____ (ser) aventureros.

9. Nosotros _____ (sentarse) en primera clase.

10. Tú nunca _____ (salir) de los Estados Unidos.

Práctica 4. Muchas preguntas de su madre. You mother calls you to make sure you have done everything you should have. Answer each question using the present perfect and the direct object to avoid repetition. Then listen and repeat the correct answer.

> MODELO (*you hear*) ¿Has hecho la tarea? (*you see*) sí →
>
> (*you say*) Sí, la he hecho.

1. no   2. no   3. sí   4. no   5. no   6. sí

Práctica 5.   Nota comunicativa: *Acabar de* + **infinitivo: ¿Qué acabas de hacer ahora?** Marque las cosas que Ud. acaba de hacer.

☐ Acabo de hacer la tarea.
☐ Acabo de hablar con un amigo por teléfono.
☐ Acabo de chatear con los amigos.
☐ Acabo de vestirme.
☐ Acabo de llegar al campus.
☐ Acabo de abrir mi libro de español.
☐ Acabo de comer.
☐ Acabo de asistir a clases.
☐ Acabo de viajar en autobús.
☐ Acabo de comprar un billete.

Práctica 6.   Acabo de hacerlo. Listen to the questions and answer each one using **acabar de** + *inf.*, based on the model.

> MODELO   (*you hear*)   ¿Quieres ver la nueva película conmigo?
>
> (*you see*)   yo / ver →
>
> (*you say*)   Yo acabo de ver la nueva película.

1. yo / hacer alpinismo
2. ellos / facturar
3. nosotros / comprar
4. ellos / pasar
5. tú / comprar
6. nosotros / viajar
7. yo / ir
8. tú / volver

10.2 **Hace** + *time* + **que**

Práctica 1.   Un guía en los Andes. Empareje cada una de las respuestas con la pregunta correspondiente.

1. _____ Hace un año que soy guía.

2. _____ Hace un año que empecé a ser guía.

3. _____ Hablo quechua desde hace tres años.

4. _____ Hace un año que estudié quechua.

5. _____ Hace diez años que hago alpinismo.

6. _____ Hace cinco años que me caí.

a. ¿Cuánto tiempo hace que haces alpinismo?
b. ¿Cuánto tiempo hace que te caíste de la montaña?
c. ¿Cuánto tiempo hace que hablas quechua?
d. ¿Cuánto tiempo hace que empezaste a ser guía?
e. ¿Cuánto tiempo hace que eres guía?
f. ¿Cuánto tiempo hace que estudiaste quechua?

Práctica 2.   Un amigo por correspondencia paraguayo. Conteste las preguntas sobre su viaje a Paraguay, según el modelo.

> MODELO   (*you hear*)   ¿Cuánto tiempo hace que tú estudias español?
>
> (*you see*)   tres semestres →
>
> (*you say*)   Hace tres semestres que estudio español.

1. cinco años
2. siete días
3. diez años
4. seis meses
5. cinco minutos
6. muchos años
7. una semana
8. nueve meses

Práctica 3. **¡Ud. es rey o reina de *Homecoming*!** Conteste las preguntas para un artículo en el periódico.

1. ¿Cuánto tiempo hace que asiste a la universidad?

_____

2. ¿Cuánto tiempo hace que habla inglés?

_____

3. ¿Cuánto tiempo hace que aprende español?

_____

4. ¿Cuánto tiempo hace que vive en esta ciudad?

_____

5. ¿Cuánto tiempo hace que no vive en la casa de sus padres?

_____

6. ¿Cuánto tiempo hace que llegó a esta ciudad?

_____

7. ¿Cuánto tiempo hace que empezó a manejar un auto?

_____

8. ¿Cuánto tiempo hace que viajó la última vez?

_____

9. ¿Cuánto tiempo hace que leyó un buen libro?

_____

10. ¿Cuánto tiempo hace que le ayudó a alguien?

_____

Síntesis y repaso

Práctica 1. **¿Qué ha hecho?** Listen to the following five sentences about different people. Based on the description you hear, pick the activity which you believe they must have already done.

> MODELO (*you hear*) Juan está en la sala de espera del aeropuerto.
>
> (*you see*) Juan ya... ☑ ha pasado por el control de la seguridad.
> ☐ ha llegado a su hotel.

1. Anita ya...   ☐ ha comido.   ☐ ha llegado a su destino.
2. Carlos ya... ☐ ha hecho las maletas.   ☐ ha hecho una parada.
3. Maya ya...   ☐ ha bajado del avión.   ☐ ha llegado al hotel.
4. Sara ya...   ☐ ha tomado el tren del aeropuerto.   ☐ ha subido a su habitación.
5. Enrique ya... ☐ ha subido al avión.   ☐ ha ido al reclamo de equipaje.

Práctica 2. Una tarjeta postal

PASO 1. Lea la siguiente postal que Carlos le escribió a su amiga Juanita.

TARJETA POSTAL

¡Hola! Aquí estoy en Perú. Llegué hace cuatro días y ¡lo he pasado genial! Los primeros dos días, anduve por la ciudad de Cusco. Es un lugar muy interesante con mucha historia. Hoy, fui a Machu Picchu, la ciudad perdida de los incas. Es la segunda vez que visito este lugar porque me encanta ver su arquitectura antigua. ¡Es maravilloso! Machu Picchu es muy popular entre los turistas de todo el mundo porque es tan bello y misterioso.

Acabo de regresar a mi hotel—un hotel de lujo en el centro de Cusco. Decidí hospedarme en este hotel porque tengo un poco de dinero extra. Me quedo en la ciudad por unos días más, y salgo el sábado por la mañana. ¡Nos vemos pronto!

Un abrazo,
Carlos

Juanita Almendárez

2735 Franklin Street

San Diego, CA 92128

USA

PASO 2. Conteste las preguntas, según la información del **Paso 1.**

1. ¿Cuánto tiempo hace que llegó Carlos a Perú?

   _____

2. ¿Cuántas veces ha viajado Carlos a Machu Picchu?

   _____

3. ¿Por qué se queda en un hotel elegante en la ciudad?

   _____

4. ¿Por qué es popular Machu Picchu entre los turistas?

   _____

5. ¿Cuándo va a salir Carlos?

   _____

Práctica 3. Consejos para viajar. Listen to the following conversation between Guillermo and Laura and indicate whether each statement is **cierto** (C) or **falso** (F), based on what you hear.

	C	F
1. Laura no ha viajado nunca por avión.	☐	☐
2. Laura está enojada.	☐	☐
3. Guillermo le recomienda llevar la identificación.	☐	☐
4. Laura va a viajar al extranjero.	☐	☐
5. Laura va a tener que esperar mucho en la sala de espera.	☐	☐

Práctica 4. El transporte aéreo en Sudamérica

PASO 1. Lea el siguiente artículo sobre el transporte aéreo en Sudamérica.

En Sudamérica, los Andes forman uno de los obstáculos al transporte y comunicación más formidables del mundo. Los puertos de montaña[a] quedan a grandes alturas y son difíciles de usar. Aunque hay algunas carreteras y ferrocarriles por las montañas, es muy difícil construirlos y mantenerlos. Mucho del transporte entre las comunidades se hace con animales de carga[b] —burros y llamas— en caminos y senderos que no están pavimentados.[c]

Para viajar entre las grandes ciudades, el transporte aéreo es el medio más importante. La necesidad de viajar entre comunidades en los Andes y en el Amazonas, otra zona difícil de atravesar,[d] influyó en la creación de algunas de las aerolíneas de Sudamérica. Brasil, el país más grande de Sudamérica, tiene el mayor número de aerolíneas, pero los países hispanohablantes también ofrecen una variedad de servicios aéreos.

Ecuador, un país andino con comunidades remotas en las montañas y zonas amazónicas, estableció TAME, una aerolínea con base en Quito, Ecuador, en 1962. TAME fue, en parte, la creación de las fuerzas[e] militares que necesitaban hacer uso de su flota[f] de aviones. Este servicio ofrece transporte de carga y de viajeros a los lugares más aislados de Ecuador. También TAME fleta[g] vuelos a otros lugares de las Américas, pero su misión principal es proveer[h] transporte regional. La historia de Aerolíneas Argentinas data del[i] año 1929, cuando el gobierno reconoció la necesidad de poder recorrer[j] las vastas regiones del país para distribuir productos, correo e información. El gobierno y el ejército también tuvieron mucho que ver con el establecimiento en 1929 de una de las aerolíneas más grandes de Latinoamérica: LAN, la aerolínea con base en Santiago, Chile. Aerolíneas Argentinas y LAN ofrecen servicios no sólo a las comunidades regionales sino también a destinos internacionales.

[a]puertos... *mountain passes* [b]*burden* [c]*paved* [d]*cross* [e]*forces* [f]*fleet* [g]*charters* [h]*to provide* [i]*data... dates back to* [j]*to travel throughout*

PASO 2. Complete las oraciones, según la lectura del **Paso 1**.

1. ¿Qué infraestructuras de transporte son difíciles de construir y mantener en Sudamérica? ¿Por qué?

   _____

2. ¿Cómo viajan y transportan productos la gente andina entre las comunidades andinas?

   _____

3. ¿Qué país sudamericano tiene más aerolíneas? ¿Por qué cree Ud. que es así?

   _____

4. ¿Qué es TAME y por qué se estableció?

   _____

5. ¿En qué países latinoamericanos se establecieron aerolíneas en 1929? ¿Qué entidades (*entities*) las establecieron?

   _____

PASO 3. Busque información en el Internet sobre una aerolínea sudamericana con servicios en los Andes. Apunte información sobre su historia y sobre los vuelos que ofrece.

_____

_____

_____

_____

_____

Pronunciación

s, z, ce, and ci

The Spanish letter **s** is pronounced nearly identically to the English *s*.

Práctica 1. Pronunciación de la *s*. Listen to each word containing **s** and repeat the words as closely as possible.

   1. la **s**alida   2. el pa**s**aporte   3. el autobú**s**   4. la e**s**cuela   5. el **s**ol

The Spanish letters **z**, and **c** when followed by **e** or **i**, are pronounced differently in Latin America than in Spain. In Latin America, these sounds are pronounced like the English *s*. In Spain, however, **z**, **ce**, and **ci** are pronounced like the *th* in English *thick, math,* and *think*.

Práctica 2. Pronunciación de *z, ce* y *ci*. Listen and repeat the following words. Each is spelled with **z**, **ce**, or **ci**. You will hear each word twice: first from a Latin American speaker and then from a Spanish speaker.

   1. ha**c**er   2. el **c**entro   3. la inunda**c**ión   4. el **z**oológico   5. la ta**z**a

Práctica 3. Ortografía. Listen to each word and indicate whether it is spelled with **s, z,** or **c.** The first five words will be pronounced with a Latin American accent; the last five will have a Spanish accent.

	c	s	z			c	s	z
1.	☐	☐	☐		6.	☐	☐	☐
2.	☐	☐	☐		7.	☐	☐	☐
3.	☐	☐	☐		8.	☐	☐	☐
4.	☐	☐	☐		9.	☐	☐	☐
5.	☐	☐	☐		10.	☐	☐	☐

TEMA II: Las vacaciones
Vocabulario del tema

Práctica 1. En el hotel. Mire el dibujo y escriba el nombre correspondiente a cada cosa. **¡OJO!** No se usan todas las palabras de la lista.

| el ascensor | el gerente | el huésped | la maleta | la recepción |
| el botones | la habitación | la huéspeda | la mochila | el recuerdo |

1. _____   5. _____

2. _____   6. _____

3. _____   7. _____

4. _____   8. _____

Práctica 2.   ¡A visitar los lugares de interés! Escoja la palabra que corresponde a cada definición.

1. Los pirámides aztecas son ejemplos de _____.

   a. tirolinas   b. rutas precolombinas   c. ruinas arqueológicas

2. Una foto que se envía por correo sin sobre es _____.

   a. un paisaje   b. una postal   c. una vista

3. Un ejemplo de una actividad acuática es _____.

   a. pasear en canoa   b. hacer una excursión   c. hacer tirolina

4. Se encuentran muchos animales y plantas dentro de _____.

   a. un hotel de lujo   b. una reserva biológica   c. una cabaña rústica

5. Alguien que visita un hotel es _____.

   a. el gerente   b. el huésped   c. el botones

6. Un hotel de lujo y una cabaña rústica son dos tipos de _____.

   a. excursión   b. naturaleza   c. alojamiento

7. La ropa y las estatuas pequeñas que compras en un viaje para recordarlo son ejemplos de _____.

   a. recuerdos   b. tarjetas   c. especies endémicas

8. Al llegar al hotel, debe _____.

   a. quedarse   b. registrarse   c. hacer unacaminata

Gramática

10.3   Introduction to the Subjunctive

Práctica 1.   Al llegar al hotel. Indique cuál de las oraciones tiene un verbo en el subjuntivo o no.

	SÍ	NO
1. Quiero que el botones me lleve las maletas.	☐	☐
2. Queremos llegar a tiempo.	☐	☐
3. Queremos que Uds. nos abran la puerta.	☐	☐
4. Quieren que nosotros pongamos las cosas en la cama.	☐	☐
5. Quieren también empezar a comer a las cinco.	☐	☐
6. Mi padre quiere hacer una excursión con nosotros.	☐	☐
7. El gerente del hotel quiere que nos quedemos aquí.	☐	☐
8. Quiere también que tengamos listos los pasaportes.	☐	☐
9. Quiero descansar primero; estoy muy cansada.	☐	☐
10. Después de descansar, quiero ir a la playa.	☐	☐

Práctica 2. El guía. El guía de su excursión en la selva de Costa Rica les dice a todos lo que él quiere que hagan. Complete las oraciones con la forma correcta del subjuntivo del verbo entre paréntesis.

1. Quiero que nosotros _____ (hacer) la excursión.

2. Quiero que tú _____ (traer) el mapa.

3. Quiero que Tomás _____ (llevar) unos sándwiches.

4. No quiero que el abuelo _____ (venir) hoy.

5. Quiero que Uds. _____ (preparar) la ensalada.

6. Quiero que Ana _____ (buscar) las mariposas.

7. Quiero que Ud. _____ (subir) a las rocas.

8. Quiero que nosotros _____ (divertirse).

Práctica 3. Lo que quiere el abuelo. Complete cada una de las oraciones con la forma correcta del subjuntivo del verbo entre paréntesis.

1. Quiero que Uds. me _____ (dar) la oportunidad de participar en más actividades.

2. Quiero que los niños _____ (saber) que estoy interesado en muchas cosas.

3. Quiero que _____ (haber) más excursiones en coche.

4. Quiero que Uds. _____ (ser) más pacientes conmigo.

5. Quiero que nosotros _____ (ir) a un museo.

6. Quiero que todos _____ (estar) contentos.

7. Quiero que mi hijo me _____ (cuidar) más.

8. Quiero que mi familia me _____ (respetar).

Práctica 4. ¿Qué quieren que hagamos? Listen to and answer the questions, based on the model. Then listen to and repeat the correct answer.

> MODELO (*you hear*) ¿Qué quiere que hagamos nosotros?
>
> (*you see*) hacer una excursión
>
> (*you say*) Quiero que Uds. hagan una excursión.

1. recorrer la ciudad
2. dar caminatas
3. ir al islote (*small island*)
4. ver los pájaros

5. quedarse en el hotel
6. comer primero
7. subir a la cumbre
8. ver las ruinas arqueológicas

Práctica 5.   Una madre negativa. Escriba la respuesta a las preguntas de su madre. Use el subjuntivo y el pronombre de objeto directo para evitar la repetición.

MODELO   —Mamá, ¿puedo comprar unas tarjetas postales?
—No, no quiero que las compres.

1.   —Mamá, ¿puedo ver la película?

—No, no quiero que _____.

2.   —Mamá, ¿puedo hacer la tirolina?

—No, no quiero que _____.

3.   —Mamá, ¿puedo recorrer el pueblo?

—No, no quiero que _____.

4.   —Mamá, ¿puedo tomar el ascensor?

—No, no quiero que _____.

5.   —Mamá, ¿puedo llamar al botones?

—No, no quiero que _____.

6.   —Mamá, ¿puedo hacer la excursión?

—No, no quiero que _____.

7.   —Mamá, ¿puedo dar unas caminatas?

—No, no quiero que _____.

8.   —¿Puedo comprar unos recuerdos (*souvenirs*)?

—No, no quiero que _____.

Práctica 6.   ¿Qué quiere Ud.? Su amigo y Ud. van de vacaciones. Escriba seis cosas que Ud. quiere que hagan.

MODELO   Quiero que hagamos alpinismo en los Andes.

1.   _____

2.   _____

3.   _____

4.   _____

5.   _____

6.   _____

Síntesis y repaso

Práctica 1.   Las vacaciones perfectas. Read the descriptions of each vacation package, then listen as each person describes his or her ideal vacation. Indicate which vacation each person should take.

El Caribe. Tres semanas en crucero. Incluye una habitación privada, dos comidas al día, piscina, casino, teatro, bar y canchas de tenis.

Patagonia. Cinco días en las montañas. Alojamiento en cabaña en un parque nacional. Incluye senderismo y excursiones a las montañas para ver los glaciares.

República Dominicana. Una semana en un hotel de lujo en la costa. Excursiones a varias islas, canchas de vólibol y tenis, recorridos en autobús.

España. Una semana en Madrid. Alojamiento en habitación doble en el centro de la ciudad. Excursiones en autobús a lugares históricos de interés en Madrid.

1. Quiero que Marina vaya a _____.

2. Quiero que Jimena vaya a _____.

3. Quiero que Marco vaya a _____.

Práctica 2.   Las recomendaciones. Listen to Luis as he gives travel recommendations to his friend Ernesto. Based on the recommendation you hear, decide where his friend is located at the moment.

1. Ernesto está en _____.
2. Ernesto está en _____.
3. Ernesto está en _____.
4. Ernesto está en _____.
5. Ernesto está en _____.
6. Ernesto está en _____.

a. la tienda
b. el sendero
c. las ruinas
d. la playa
e. la oficina de correos
f. el aeropuerto

Práctica 3.   ¿Qué voy a hacer? Listen to each person describe a situation, and then give advice on what that person should do based on what you hear. First conjugate the verb in the subjunctive, and then circle the correct activity.

1. Quiero que _____ (pasar) Ud. las vacaciones en (un crucero / un hotel en la playa).

2. Quiero que _____ (ir) Ud. al (control de seguridad / reclamo de equipaje).

3. Quiero que _____ (visitar) Ud. (la reserva biológica / la recepción del hotel).

4. Quiero que _____ (hacer) Ud. (la cama / excursiones).

5. Quiero que se _____ (hospedar) Ud. en (un hotel de lujo / una cabaña).

Práctica 4. El ecoturismo en Colombia

PASO 1. Lea el anuncio sobre un parque nacional colombiano.

La Reserva Natural Palmari es una reserva en la zona amazónica de Colombia. Es de interés para los turistas ecológicos y también para los turistas aventureros.

Es difícil llegar a la reserva. Desde Bogotá, hay que viajar en avión a Leticia, la ciudad más sureña[a] de Colombia. De allí, hay que cruzar a Tabatinga, un pueblo brasileño. Desde allí, el turista tiene que viajar en lancha[b] por el Río Amazonas hasta llegar a la reserva.

La reserva ofrece cabañas amuebladas, con WiFi. También hay un restaurante, una piscina y acceso a la playa.

Los programas turísticos incluyen la pesca,[c] viajes en canoa, excursiones para la observación de fauna y flora y excursiones de tirolina. Algunos de los programas incluyen integración con las comunidades indígenas.

Antes de visitar la Reserva Natural Palmari, es necesario que se vacune contra la fiebre amarilla.

[a]*más... southernmost*   [b]*motor boat*   [c]*fishing*

PASO 2. Conteste las preguntas.

1. ¿Qué tipo de transportaciones hay que usar para llegar al parque?

   _____

2. ¿Puede uno escribir un e-mail en el parque?

   _____

3. ¿Dónde se puede comer en el parque?

   _____

4. ¿Qué tipo de excursiones ofrecen?

   _____

5. ¿Qué tipo de vacuna quieren que pongas?

   _____

PASO 3. Ud. y su novio/a buscan el parque perfecto para un viaje de ecoturismo. Uds. encuentran el anuncio para un parque que tiene todo lo que quieren. Escriba oraciones describiendo lo que quieren, basado en la propaganda.

   MODELO   Queremos que el parque tenga un restaurante.

1. _____

2. _____

3. _____

4. _____

Palabra escrita

A finalizar

You are now going to write your final composition, based on the first draft you wrote in the **Palabra escrita: A comenzar** section of your textbook. Remember that the theme for your composition is **Un viaje** and that your purpose is to tell the reader about a significant trip that you took sometime in the past.

Práctica 1.   El borrador. Repase el borrador de su composición para estar seguro/a de que ha contestado bien estas preguntas.

1. ¿Qué adjetivo ha escogido Ud. para describir su viaje? ¿Por qué lo escogió?
2. ¿Cuánto tiempo hace que hizo ese viaje?
3. ¿Adónde y con quién(es) fue?
4. ¿Cómo viajó? ¿Fue en tren? ¿en avión? ¿en coche? ¿Cómo fue el viaje? ¿largo? ¿difícil? ¿aburrido?
5. ¿Cómo era el lugar de destino cuando llegó? (Descríbalo.) ¿Qué tiempo hacía allí? ¿Qué planes tenía Ud.? ¿Qué iba a hacer? ¿Qué quería hacer?
6. ¿Qué hizo allí? ¿Pasó algo? ¿Qué pasó?

Práctica 2.   El vocabulario y la estructura. Repase el vocabulario y la gramática de este capítulo. Tenga en cuenta estas preguntas.

1. ¿Ha incluido Ud. suficiente información para contestar las preguntas de la **Práctica 1**?
2. ¿Ha usado el vocabulario apropiado?
3. ¿Ha usado correctamente el presente perfecto y la construcción **hace** + *tiempo* + **que**?
4. ¿Ha conjugado correctamente los verbos?
5. ¿Concuerdan los adjetivos con los sustantivos que modifican?
6. ¿Ha usado correctamente el pretérito y el imperfecto para narrar su historia?

Práctica 3.   ¡Ayúdame, por favor! Intercambien composiciones con un compañero / una compañera de clase. Repasen las composiciones y háganse sugerencias para mejorarlas o corregirlas.

Práctica 4.   El borrador final. Vuelva a escribir su composición y entréguesela a su profesor(a).

Capítulo 11

TEMA I: Las celebraciones y fiestas tradicionales

Vocabulario del tema

Práctica 1. Las fechas. Empareje cada día festivo con la fecha correspondiente.

1. _____ el 2 de noviembre
2. _____ el 25 de diciembre
3. _____ el 1 de enero
4. _____ el 4 de julio
5. _____ el 31 de diciembre
6. _____ el 24 de diciembre

a. la Nochebuena
b. el Día de la Independencia de los Estados Unidos
c. la Navidad
d. la Nochevieja
e. el Año Nuevo
f. el Día de los Muertos

Práctica 2. Las celebraciones. Lea las definiciones y escoja el día que corresponde a cada definición. ¡OJO! No se usan todas las palabras de la lista.

el Cinco de Mayo   el Día de la Madre   la Semana Santa
el cumpleaños   la Pascua   las vacaciones de primavera
el Día de la Raza   los Sanfermines

1. Es cuando se celebra el día en que uno nació (*was born*). _____

2. Es una celebración en España en que se hace el encierro. _____

3. Es una semana en que no hay obligación de asistir a la escuela. _____

4. En este día se celebra la resurrección de Jesucristo. _____

5. Es el día en que los mexicanos celebran el triunfo de la batalla de Puebla. _____

Gramática

11.1 Present Subjunctive: Volition

Práctica 1. Problemas y soluciones. Empareje cada problema con la solución correspondiente.

1. _____ Mañana es mi cumpleaños, pero no quiero celebrarlo.

2. _____ Mis padres quieren una gran fiesta para su aniversario, pero no tengo tiempo para hacerla.

3. _____ Deseo viajar a Colombia para las vacaciones de primavera, pero mis padres están preocupados. ¿Debo ir en secreto?

4. _____ No me gustan los desfiles, pero mi sobrina quiere ir al desfile hoy.

5. _____ Mañana es el Día de la Madre y también es el cumpleaños de mi madre.

6. _____ Mañana es el día de Halloween.

7. _____ Creo que los encierros son crueles.

8. _____ Mañana es el Día del Padre, pero mi padre vive muy lejos de aquí.

a. Te recomiendo que le mandes una tarjeta.

b. Te sugiero que les hagas una pequeña fiesta.

c. Te aconsejo que la lleves por un rato.

d. Es importante que se lo digas a tus amigos.

e. Es necesario que le compres dos regalos.

f. Prefiero que no te disfraces.

g. Insisto en que no vayas a los Sanfermines.

h. Te prohíbo que vayas sin hablarles de tus planes.

Práctica 2. Un jefe dominante. Complete la narración con la forma correcta del subjuntivo de los verbos entre paréntesis.

¡Mi jefe quiere controlar mi vida! A cada rato me está recomendando algo nuevo y me está mirando todo el tiempo para saber si lo he escuchado o no. Por ejemplo, insiste en que yo

_____[1] (trabajar) durante mis ratos de descanso porque, dice, «es necesario

que tú _____[2] (aprender) que la vida no es fácil». ¿Puedes creerlo? También me

dice que _____[3] (lavar) los platos dos veces porque «prefiero que los platos

_____[4] (estar) superlimpios». Esto no es todo. Ayer me dijo: «Es urgente que tú

_____[5] (llevar) mis trajes a la lavandería y quiero que los _____[6]

(recoger) a las cuatro». Finalmente, él me prohíbe que _____[7] (tomar) la merienda

mientras trabajamos. ¿Qué me aconsejas tú, amiga? Te pido que me _____[8]

(sugerir) lo que debo hacer. ¿Me recomiendas que _____[9] (dejar) el trabajo?

Práctica 3. Un cumpleaños en los Estados Unidos. Escuche las preguntas y, basándose en las pistas, dé consejos a su amigo paraguayo que asiste por primera vez a un cumpleaños en este país. Siga el modelo.

MODELO (*you hear*) ¿Debo llevar traje? (*you see*) sugerir / no →
(*you say*) No, te sugiero que no lleves un traje.

1. recomendar / sí
2. insistir / no
3. aconsejar / sí
4. prohibir / no
5. pedir / sí
6. sugerir / no

Práctica 4. Consejos de un hermano mayor. Complete los consejos que Carlos da a su hermana menor que va a empezar sus estudios universitarios.

1. En la residencia, es importante que tú...

   _____

2. En la universidad, te aconsejo que...

   _____

3. En la clase de español, es necesario que...

   _____

4. En una fiesta, te digo que...

   _____

5. Nuestros padres prefieren que...

   _____

6. Con los profesores, te pido que...

   _____

7. Los fines de semana, es urgente que...

   _____

8. Los lunes, te recomiendo que...

   _____

9. Los profesores prohíben que los viernes...

   _____

10. Con tu novio/a, te sugiero que...

    _____

Práctica 5. ¿Qué recomiendas para que una fiesta sea buena? Complete con el subjuntivo las cinco recomendaciones para hacer una buena fiesta.

1. Es importante que _____.

2. Es necesario que _____.

3. Recomiendo que _____.

4. Aconsejo que _____.

5. Sugiero que _____.

11.2 Present Subjunctive: Emotion

Práctica 1. La vida universitaria. Indique si las oraciones son aplicables a Ud. o no.

		SÍ	NO
1.	Espero que los profesores me den buenas notas en mis clases.	☐	☐
2.	Tengo miedo de que los exámenes finales sean difíciles.	☐	☐
3.	Es una lástima que el campus sea tan pequeño.	☐	☐
4.	Me gusta que haya muchas cafeterías.	☐	☐
5.	Me preocupa que la biblioteca se cierre tan temprano.	☐	☐
6.	Es increíble que muchos estudiantes no estudien nunca.	☐	☐
7.	Es bueno que haya consejeros simpáticos.	☐	☐
8.	Es malo que nuestro equipo de fútbol americano sea tan horrible.	☐	☐
9.	Me alegro de que mis profesores tengan horas de oficina.	☐	☐
10.	Ojalá que me den una beca (*scholarship*).	☐	☐

Práctica 2. Un desfile. Complete la conversación con la forma correcta del subjuntivo de cada verbo entre paréntesis.

UD.: Me alegro mucho de que nosotros _____[1] (ir) a tener un desfile para

celebrar la feria de esta ciudad. Es importante que la gente _____[2]

(reconocer) que nuestra feria es fabulosa. ¿Qué te parece que nosotros

_____[3] (hacer) un desfile para la fiesta?

SU AMIGO: Es bueno que _____[4] (haber) una fiesta, pero es absurdo que nosotros

_____[5] (tener) un desfile. Los desfiles son para niños. Me preocupa que a

los estudiantes no les _____[6] (gustar) la idea del desfile.

UD.: Es bueno que tú _____[7] (decir) lo que piensas, pero no veo nada malo en

que nosotros _____[8] (preparar) un desfile. Los estudiantes piensan que es

una lástima que ellos _____[9] (tener) que olvidar su niñez.

SU AMIGO: Es increíble que siempre _____[10] (ser) tan optimista. Los estudiantes van

a disfrazarse y van a participar en el desfile. Ojalá que ellos _____[11]

(divertirse).

UD.: Por supuesto que sí.

Práctica 3. Las vacaciones de primavera. Complete la narración con la forma correcta de los verbos entre paréntesis.

Estoy emocionada por las vacaciones de primavera. Es bueno que (tenemos / tengamos)[1] una

semana entera porque así podemos hacer un gran viaje. Mis amigos y yo (vamos / vayamos)[2] a

viajar a Perú. Una amiga mía tiene un novio allá y él quiere que lo (visitamos / visitemos).[3]

Estamos muy emocionadas. Él insiste en que nosotras (nos alojamos / nos alojemos)[4] en su casa,

es decir, en la casa de su familia. Es increíble que no (tenemos / tengamos)[5] que pagar hotel. Creo

que nosotros no (vamos / vayamos)[6] a gastar mucho en este viaje. Es ridículo que los vuelos

(cuestan / cuesten)[7] tanto dinero durante las vacaciones de primavera, pero nosotros (salimos /

salgamos)[8] dos días antes para evitar un costo elevado. Es importante que (llegamos / lleguemos)[9]

a tiempo al aeropuerto. Nosotras (pensamos / pensemos)[10] llegar con tres horas de antelación.

¡Estoy tan emocionada que ya no (puedo / pueda)[11] dormir!

Práctica 4. Opiniones. Listen to each statement and respond using the subjunctive with the given expression, following the model. You will hear each statement twice. Listen and repeat a possible answer. Use each expression only once in your responses.

> MODELO (*you hear*) Voy a estudiar ocho horas esta noche.
> (*you see*) es ridículo que →
> (*you say*) Es ridículo que estudies ocho horas esta noche.

1. es malo que
2. tener miedo de que
3. es extraño que
4. es ridículo que
5. es bueno que
6. preocuparle que

Síntesis y repaso

Práctica 1. Los sentimientos y los días festivos. Listen to each person describe his/her feelings about a particular holiday or event. Then write the corresponding holiday or event from the list.

el Año Nuevo   el Día de la Independencia   las vacaciones
el cumpleaños   la Navidad

1. _____
2. _____
3. _____
4. _____
5. _____

Práctica 2. Consejos para dar una fiesta. Listen to the following recommendations on how to give your friend a great birthday party. Then indicate whether each statement is **cierto** (C) or **falso** (F), based on what you hear.

	C	F
1. El narrador dice que invites a los amigos de tu amigo.	☐	☐
2. El narrador sugiere que lleves ropa informal.	☐	☐
3. Según el narrador, es bueno que sirvas un pastel de cumpleaños.	☐	☐
4. El narrador dice que no es necesario que todos los invitados lleven regalos.	☐	☐
5. Según el narrador, es importante que saques fotos.	☐	☐

Práctica 3. ¿Cierto o falso? Listen to the statements about holidays and indicate whether each is **cierto** (C) or **falso** (F).

	C	F
1.	☐	☐
2.	☐	☐
3.	☐	☐
4.	☐	☐
5.	☐	☐

Práctica 4. La fiesta de quinceañera

PASO 1. Lea las indicaciones sobre cómo prepararse para la fiesta de quinceañera.

Doce meses antes

- Es bueno que elijas a los padrinos, porque ellos te pueden ayudar mucho a ti y a tus padres a hacer los planes.
- Pídeles a tus amigos que te recomienden nombres de fotógrafos, personas que se encarguen de la comida, DJs, modelos de invitaciones, floristas y pastelerías.

Diez meses antes

- Te sugerimos que escojas a siete parejas[a] para tu corte de amor.
- Es necesario que reserves la iglesia y el salón de fiesta con mucha anticipación.[b]

Seis meses antes

- Recuérdales a tus padres que te compren una Biblia especial.
- Sugiéreles a tus padres que reserven una limosina.

Dos meses antes

- Es urgente que envíes las invitaciones.
- Te aconsejamos que verifiques los detalles con tus proveedores.[c]

Un mes antes

- Te sugerimos que prepares una presentación como, por ejemplo, un poema para leer en la iglesia, un discurso[d] en el salón o una canción especial.
- Debes pedirle a tu papá o a tu compañero de honor que escriba el brindis.[e]

Dos semanas antes

- Desde este día, te recomendamos que evites comer en exceso grasas,[f] chocolates o cualquier otra cosa que te dañe el cutis.[g]

El día de la fiesta

- Es importante que tomes un desayuno grande porque tal vez sea lo único que comas este día.
- ¡No te olvides de disfrutar del día!

Después de la fiesta

- Es necesario que mandes tarjetas de agradecimiento.[h]

[a]*couples* [b]*con... well in advance* [c]*vendors* [d]*speech* [e]*toast* [f]*fat* [g]*complexion* [h]*thank-you*

PASO 2. Conteste las siguientes preguntas, según la información del **Paso 1.**

1. ¿Qué es necesario reservar diez meses antes de la fiesta de quinceañera?

_____

2. ¿Cuándo es urgente que envíe Ud. las invitaciones?

_____

3. ¿Cuáles son dos de las cosas que necesita Ud. elegir o comprar seis meses antes de la fiesta?

_____

4. ¿A quién le debe pedir que escriba el brindis?

_____

5. ¿Qué comidas debe Ud. evitar dos semanas antes de la fiesta?

_____

6. ¿Qué es necesario hacer después de la celebración?

_____

PASO 3. Escriba unas recomendaciones para una joven estadounidense que quiere tener una fiesta de *Sweet Sixteen*.

Te recomiendo que _____.

Te sugiero que _____.

Es bueno que _____.

Es importante que _____.

Es necesario que _____.

Pronunciación

ñ and ch

The Spanish letter **ñ** is pronounced much like the *ny* sound in the English word *canyon*.

Práctica 1. Repeticiones. Listen and repeat each word containing **ñ**.

1. la montaña   2. la cabaña   3. el cumpleaños   4. el español   5. la mañana

The **ch** sound in Spanish is pronounced like the *ch* in English, as in *check*.

Práctica 2. Pronunciación de *ch*. Listen to each word containing the sound **ch** and repeat the pronunciation as closely as possible.

1. el cheque   2. la mochila   3. la leche   4. escuchar   5. mucho

Práctica 3. Ortografía. Listen to each word or phrase containing **ñ** or **ch** and spell it correctly. You will hear each word twice.

1. _____   4. _____

2. _____   5. _____

3. _____   6. _____

TEMA II: Las bellas artes

Vocabulario del tema

Práctica 1. Las obras de los artistas. Complete las oraciones con el verbo y el tipo de obra correcto para describir lo que hace cada artista.

VERBOS		OBRAS		
escribe	pinta	estatuas	libros	óperas
esculpe	saca	fotos	obras de teatro	pinturas

1. El escritor _____.

2. El pintor _____.

3. El fotógrafo _____.

(continúa)

4. El compositor _____.

5. El escultor _____.

6. El dramaturgo _____.

Práctica 2. **Las profesiones en las artes.** Empareje cada imagen con la profesión correspondiente.

a.

b.

c.

d.

e.

f.

1. _____ la arquitecta   3. _____ el músico   5. _____ la cantante

2. _____ la directora   4. _____ el bailarín   6. _____ el espectador

Gramática

11.3 Present Subjunctive: Doubt, Denial, and Uncertainty

Práctica 1. La vida de los artistas. Complete cada oración con la forma correcta del subjuntivo o del indicativo del verbo entre paréntesis.

1. Dudo que los pintores _____ (ganar) mucho dinero.

2. No dudo que ellos _____ (tener) una vida aventurera.

3. Es cierto que los fotógrafos _____ (trabajar) a horas extrañas.

4. No estoy seguro de que ellos _____ (dormir) mucho.

5. Afirmo que los escultores _____ (poder) esculpir obras maestras.

6. No es verdad que estas obras maestras _____ (estar) en nuestro campus.

7. Es posible que _____ (ser) muy divertido aprender a bailar bailes folclóricos.

8. ¡Es imposible que yo _____ (aprender) a bailarlos!

9. Es probable que los músicos _____ (divertirse) con su trabajo.

10. Es improbable que todos ellos _____ (ser) famosos.

Práctica 2. Ir a una obra de teatro. Escriba la frase contraria, cambiando cada verbo del subjuntivo al indicativo o viceversa, cuando sea necesario.

1. Creo que es una buena noche para salir.

   _____

2. Dudo que haya una obra en el teatro.

   _____

3. Es cierto que los dramaturgos escriben muy bien.

   _____

4. No es verdad que cueste mucho dinero.

   _____

5. Es probable que mi amigo esté actuando en la obra de teatro.

   _____

6. Niego que yo esté enamorada de él.

   _____

7. No dudo que quieres verlo otra vez.

   _____

8. Estoy seguro de que nos divertimos esta tarde.

   _____

Práctica 3. Un pesimista. Listen to each statement, and respond negatively. **¡OJO!** You will need to change the verb in the subordinate clause to the subjunctive. Then listen and repeat the correct answer.

MODELO (*you hear*) Creo que debemos cantar en coro. →

(*you say*) No creo que debamos cantar en coro.

1. ... 2. ... 3. ... 4. ... 5. ... 6. ...

Práctica 4. Una diferencia de opiniones expertas. Complete el diálogo entre el actor y el cineasta con la forma correcta del subjuntivo o del indicativo de los verbos entre paréntesis.

CINEASTA: Buenas tardes, actores y actrices. Creo que nosotros _____[1] (deber) empe-

zar a ensayar en cinco minutos. ¿Hay preguntas?

ACTOR: Dudo que nosotros _____[2] (empezar) en cinco minutos porque el coro no

está aquí. Tenemos que esperar al coro para empezar.

CINEASTA: Tranquilo. No creo que nosotros _____[3] (necesitar) el coro. Es verdad que

ellos _____[4] (cantar) bien, pero no son parte de la trama.

ACTOR: Le aseguro[a] que _____[5] (ser) parte del trama. Al principio, ellos cantan

sobre los zombis que _____[6] (ir) a atacar a los bailarines. Es imposible

que nosotros _____[7] (practicar) sin ellos.

CINEASTA: Estoy muy cansado de que tú _____[8] (discutir[b]) siempre conmigo. Yo soy

el cineasta así que tú me _____[9] (tener) que escuchar. Prefiero que tú

_____[10] (callarse) ahora.

ACTOR: Bien, pero estoy seguro de que esta obra no _____[11] (ir) a tener éxito.

[a]*assure*   [b]*to argue*

Síntesis y repaso

Práctica 1. Una experiencia artística. Read the following statements, then listen to the conversation between Eduardo and Marisa. Indicate whether each statement is **cierto** (**C**) or **falso** (**F**), based on what you hear.

		C	F
1.	Marisa y Eduardo ya han ido al teatro.	☐	☐
2.	Marisa vio la ópera *Carmen*.	☐	☐
3.	Eduardo quiere ver el ballet en el Teatro Central.	☐	☐
4.	Eduardo prefiere ver los bailes modernos.	☐	☐
5.	Al final, Eduardo y Marisa van a ir al cine.	☐	☐

Práctica 2. Las exposiciones. Read the following questions, then listen to the description of exhibits in a museum. Answer the questions in complete sentences, based on what you hear. **¡OJO!** Be sure to use the subjunctive in your answer.

1. Para ver artesanías tradicionales, ¿a cuál piso es necesario que vaya?

_____

2. ¿Qué le sugiere que Ud. vea en el segundo piso?

_____

3. Para ver obras de arte que reflejan la vida en la ciudad, ¿a cuál piso es necesario que vaya?

_____

4. Para ver las obras de escultores, ¿a cuál piso es necesario que vaya?

_____

5. ¿Qué recomiende que Ud. vea en el primer piso?

_____

Práctica 3.   Las profesiones. Read the statements about the professions of the following people, then listen to descriptions of each of them. Write sentences using **dudar que...** or **es probable que...** to tell whether or not the written statements are likely based on what you hear.

> MODELO   (*you hear*) Me gusta escribir e inventar historias y me encanta asistir a las obras de
> teatro.
> (*you see*)   Karen es dramaturga. →
> (*you write*) Es probable que Karen sea dramaturga.

1. Sergio es arquitecto.   _____

2. Luisa es música.   _____

3. Andrés es cineasta.   _____

4. Celia es pintora.   _____

5. Jaime es escritor.   _____

Práctica 4.   Don Guillermo Rossini, actor cómico peruano

PASO 1.   Lea el artículo.

Guillermo Rossini cumple «50 años de buen humor»

En el espectáculo «50 años de buen humor», los peruanos celebran cincuenta años de risas[a] con el actor e imitador[b] cómico, don Guillermo Rossini. El espectáculo es en el auditorio del colegio San Agustín.

Descubierto por Augusto Ferrando, un conductor peruano, Guillermo Rossini llegó a ser pionero del arte cómico en la radio, y ganó renombre[c] con sus imitaciones[d] de figuras políticas. Su talento reside en caracterizaciones comiquísimas y voces multicolores. Tiene una larga historia en la televisión también, con programas como «Teleloquibambia», «Estrafalario[e]», «El tornillo[f]» y «Risas y salsa». También creó el trío «Los chistosos» con Fernando Armas y Hernán Vidaurre, grupo y programa que divirtieron al público por radio y televisión con bromas y chistes. El programa «Los chistosos» todavía se produce en la televisión peruana, con nuevos comediantes y con mucho éxito.

---

[a] *laughter*   [b] *impersonator*   [c] *fama*   [d] *impersonations*   [e] *Outlandish, Bizarre*   [f] *screw*

PASO 2.   Indique si las siguientes opiniones son **ciertas** (C) o **falsas** (F), según la información del **Paso 1.**

	c	f
1. Dudo que Guillermo Rossini sea cómico.	☐	☒
2. No dudo que es muy famoso y popular en Perú.	☒	☐
3. Es cierto que es muy joven.	☐	☒
4. No estoy seguro de que tenga mucho éxito.	☐	☒
5. Afirmo que fue descubierto por Augusto Ferrando.	☒	☐
6. No es verdad que trabaje en la radio ni en la televisión.	☐	☒
7. No es cierto que imite a los políticos.	☐	☒

PASO 3. Escoja un actor o actriz cómico/a de este país y escriba ocho oraciones sobre él/ella.

1. Creo que _____ .

2. No creo que _____ .

3. No dudo que _____ .

4. Dudo que _____ .

5. Afirmo que _____ .

6. Niego que _____ .

7. Es cierto que _____ .

8. No es cierto que _____ .

Palabra escrita

A finalizar

You are now going to write your final composition, based on the first draft you wrote in the **Palabra escrita: A comenzar** section of your textbook. Remember that the theme for your composition is **Un día especial** and that your purpose is to tell the reader about your plans, hopes, and expectations for a special holiday or celebration.

Práctica 1. El borrador. Repase su mapa semántico y el borrador de su composición para estar seguro/a de que ha terminado bien estas oraciones.

1. Quiero/Prefiero que…
2. Espero/Ojalá que…
3. Recomiendo/Sugiero que…
4. Me alegro de que…
5. Tengo miedo de que…
6. ¿ ?

Práctica 2. El vocabulario y la estructura. Repase el vocabulario y la gramática de este capítulo. Tenga en cuenta estas preguntas.

1. ¿Ha incluido Ud. suficiente información para terminar las oraciones de **Práctica 1** y expresar lo que espera para ese día festivo?
2. ¿Ha usado el vocabulario apropiado?
3. ¿Ha usado correctamente el subjuntivo?
4. ¿Ha conjugado correctamente los verbos?
5. ¿Concuerdan los adjetivos con los sustantivos que modifican?

Práctica 3. ¡Ayúdame, por favor! Intercambien composiciones con un compañero / una compañera de clase. Repasen las composiciones y háganse sugerencias para mejorarlas o corregirlas.

Práctica 4. El borrador final. Vuelva a escribir su composición y entréguesela a su profesor(a).

Capítulo 12

TEMA I: La vida social

Vocabulario del tema

Práctica 1. Cosas que ocurren en las relaciones. Indique si cada una de las palabras corresponde a una pareja que **se lleva bien (B)** o **se lleva mal (M)**.

		BIEN	MAL			BIEN	MAL
1.	abrazarse	☐	☐	7.	amarse	☐	☐
2.	besarse	☐	☐	8.	discutir	☐	☐
3.	divorciarse	☐	☐	9.	enamorarse	☐	☐
4.	gritar	☐	☐	10.	pelearse	☐	☐
5.	quererse	☐	☐	11.	romper	☐	☐
6.	separarse	☐	☐	12.	sonreír	☐	☐

Práctica 2. Las relaciones. Empareje cada palabra con la definición que le corresponde.

1. _____ una relación cariñosa que no es romántica

2. _____ cuando un matrimonio decide separarse

3. _____ cuando los novios quieren salir juntos

4. _____ la ceremonia en que una pareja se casa

5. _____ el viaje que hace una pareja después de la boda

a. el divorcio
b. la boda
c. la amistad
d. la luna de miel
e. la cita

Gramática

12.1 Present Subjunctive: More About Impersonal Expressions

Práctica 1. ¿Subjuntivo o indicativo? Indique si la frase requiere el **subjuntivo (S)** o el **indicativo (I)**.

		S	I
1.	Es cierto que…	☐	☐
2.	Es importante que…	☐	☐
3.	Es malo que…	☐	☐
4.	Es verdad que…	☐	☐
5.	Es preferible que…	☐	☐
6.	Es mala idea que…	☐	☐
7.	No es verdad que…	☐	☐
8.	Es probable que…	☐	☐

Práctica 2. **¿Engañada?** (*Betrayed?*) Las amigas de Elena le dicen que su novio la engaña (*cheats on*), que coquetea (*flirts*) con otras mujeres. Complete la confrontación que tiene con su novio con en el indicativo y el subjuntivo de los verbos entre paréntisis.

ELENA: Es posible que yo _____[1] (estar) enamorada de un hombre que no me quiere.

NOVIO: ¿Cómo? No es verdad que yo no te _____[2] (querer).

ELENA: Escucho rumores y es urgente que me _____[3] (decir) la verdad.

NOVIO: Es importante que tú _____[4] (confiarse) en mí.

ELENA: ¿Es cierto que _____[5] (ir) al bar con Catalina y Angelina?

NOVIO: Es probable que ellas me _____[6] (seguir) al bar a veces.

ELENA: Entonces, ¿no es verdad que tú las _____[7] (llevar) contigo al bar?

NOVIO: Es verdad que yo siempre _____[8] (llegar) solo al bar.

ELENA: Es una lástima que tú no me _____[9] (invitar) a mí. ¿Por qué no?

NOVIO: Es necesario que yo _____[10] (tener) un poco de libertad.

ELENA: Es ridículo que tú _____[11] (pasar) más tiempo con ellas que conmigo.

NOVIO: Es triste que _____[12] (sentirse) tan insegura.

ELENA: Es interesante que tú no me _____[13] (responder) claramente.

NOVIO: Es malo que ya _____[14] (ser) las ocho. Tengo que irme. ¡Hasta luego!

ELENA: ¡Hasta nunca!

Práctica 3. **Mi padre se casa de nuevo** (*again*). Listen to each statement, then restate it using the cues provided. Listen and repeat the correct answer.

MODELO (*you hear*) Mis padres se divorciaron hace diez años.

(*you see*) Es una lástima / divorciarse →

(*you say*) Es una lástima que mis padres se hayan divorciado.

1. es bueno que / llevarse bien
2. es cierto que / estar
3. no es cierto / discutir
4. es probable que / casarse
5. es ridículo que / estar
6. es malo que / quejarse
7. es mejor que / ir
8. es importante que / hacer
9. es importante / ser

Práctica 4. **Las relaciones.** ¿Está Ud. de acuerdo o no?

	SÍ	NO
1. Es imposible discutir con alguien a quien amas.	☐	☐
2. Es importante darle muchos regalos al novio / a la novia.	☐	☐
3. Es malo quejarse de su novio/a con el mejor amigo.	☐	☐
4. Es romántico casarse en la playa.	☐	☐
5. Es preferible expresar las emociones.	☐	☐
6. Es ridículo llorar cuando uno besa a su novio/a.	☐	☐
7. Es mejor casarse a los 30 años.	☐	☐
8. Es tonto enamorarse de una persona famosa.	☐	☐

Práctica 5. **Se aplica a todos.** Haga oraciones usando las frases de la lista. Puede inventar frases, si quiere.

abrazar a tus profesores	pelear con los amigos
enamorarse de tu amigo/a	quejarse del novio
gritarles a los padres	reírse en una boda
llorar en una boda	sonreírles a todos
pasar tiempo con los amigos	¿ ?

1. Es importante _____.

2. Es bueno _____.

3. Es malo _____.

4. Es mejor _____.

5. Es mala idea _____.

6. Es buena idea _____.

7. Es ridículo _____.

8. Es triste _____.

12.2 Stressed Possessives

Práctica 1. **Me gusta tu novio.** Empareje las oraciones que expresan la misma información.

1. _____ Me gusta su novio.

2. _____ Me gusta su pareja.

3. _____ Me gustó tu boda.

4. _____ Me gustan tus besos.

5. _____ Me gustan sus besos.

6. _____ Me gustó nuestra boda.

7. _____ Me gustaron sus bodas.

8. _____ Me gusta mi pareja.

9. _____ Me gusta mi novio.

10. _____ Me gustó su boda.

a. Me gusta la pareja mía.
b. Me gusta el novio suyo.
c. Me gustó la boda tuya.
d. Me gustó la boda nuestra.
e. Me gusta el novio mío.
f. Me gustó la boda suya.
g. Me gustan los besos tuyos.
h. Me gustaron las bodas suyas.
i. Me gustan los besos suyos.
j. Me gusta la pareja suya.

Práctica 2. **Posesión.** Escriba el adjetivo posesivo que corresponde en cada oración.

1. Es mi novio. Es el novio _____.

2. Es nuestra luna de miel. Es la luna de miel _____.

3. Es su esposo. Es el esposo _____.

4. Es su cita. Es la cita _____.

5. Es nuestro amor. Es el amor _____.

(continúa)

6. Son sus hijos. Son los hijos _____.

7. Son mis padres. Son los padres _____.

8. Es su boda. Es la boda _____.

9. Es nuestra amistad. Es la amistad _____.

10. Son sus emociones. Son las emociones _____.

Práctica 3. **¡No, es mío!** Su madre quiere controlar su boda. Explique a quién pertenecen las siguientes cosas. Siga el modelo.

MODELO (*you hear*) Es mi boda. (*you see*) mi boda →
(*you say*) No, es mía.

1. mis flores	3. nuestra luna de miel	5. su amiga	7. sus primos
2. mis padres	4. nuestros besos	6. su esposo	8. mi noviazgo

Síntesis y repaso

Práctica 1. **Un cuento de amor.** Listen to the following story of Ernesto and Celia and answer the questions using complete sentences based on what you hear.

1. ¿Dónde se conocieron?

_____

2. ¿Qué pensaba Celia de Ernesto?

_____

3. ¿Cuándo se enamoraron?

_____

4. ¿Cuántos años pasaron juntos antes de casarse?

_____

5. ¿Se llevan bien todo el tiempo?

_____

Práctica 2. **Los estados emotivos y sus características.** Listen to the description of each person and decide which adjective best describes that person. Then fill in the blank with either **ser** or **estar,** according to the context.

1. Jorge _____ amable / celoso.

2. Luisa _____ enojada / enamorada.

3. Ana _____ celosa / sorprendida.

4. Oscar no _____ contento / irritado.

5. Alfonso _____ enamorado / enojado.

Práctica 3. **Las etapas de una relación.** Listen to the following people express their feelings about certain life events and decide which one best fits each statement.

1. _____
2. _____
3. _____
4. _____
5. _____

a. el compromiso
b. el divorcio
c. la familia
d. la luna de miel
e. el matrimonio

Práctica 4. **Invitación a la boda mía**

PASO 1. Lea la invitación.

Queridos abuelos:

Los quiero invitar a mi boda. Va a tener lugar el 30 de agosto en la iglesia nuestra, que está localizada en la calle Vizcaya con la avenida Torres. Es seguro que la boda va a empezar a la una de la tarde. Después, vamos a comer el pastel de boda. El pastel nuestro va a tener muchas flores rosadas y amarillas que se pueden comer. ¿No es fantástico que podamos comer las flores? Finalmente, vamos a tener un baile. El baile nuestro va a empezar a las siete de la tarde. Es importante que Uds. vengan. A Daniel y a mí nos gustaría que Uds. escriban un poema y que lo lean durante la ceremonia. El poema suyo no necesita ser largo, pero es preferible que sea de amor. No necesitan traernos regalo. El amor suyo es todo que necesitamos. Ojalá puedan venir.

Con el cariño nuestro,
Rosana y Daniel

PASO 2. Complete las siguientes oraciones, según la información de la invitación.

1. Mi boda es el día _____.

2. Mi boda tiene lugar el mes de _____.

3. Nuestra iglesia está _____.

4. Mi pastel va a tener _____.

5. Por la tarde, vamos a _____.

6. Quiero que mis _____ lean un poema.

7. El poema va a ser de _____.

8. No quiero que mis abuelos traigan un _____.

PASO 3. Describa los detalles de una boda u otra celebración familiar que a Ud. le gustaría planear.

El día: _____

El mes: _____

La localidad: _____

La torta: _____

Los colores: _____

Los poemas: _____

Los regalos: _____

Es seguro: _____

Es preferible: _____

¿Un baile?: _____

La familia: _____

Pronunciación

y and ll

The Spanish consonant **y** is most commonly pronounced like the English *y*, as in the word *yellow*. Some speakers may pronounce this sound more like an English *j* as in *joke*, and others (for example, in Argentina) may pronounce it as *sh* as in *show*.

Práctica 1. **Pronunciación de la *y*.** Listen and repeat each word containing **y**. Try to repeat the words as closely as possible.

    1. y<u>o</u>   2. <u>y</u>a   3. ma<u>y</u>o   4. el <u>y</u>oga   5. la pla<u>y</u>a

Like the consonant **y,** the most common pronunciation of letter **ll** is *y*, as in the word *yellow*. However, it may be pronounced in several different ways depending on the dialect, for example, *ly* as in *million*, *j* as in *joke, sh* as in *show*.

Práctica 2. **Pronunciación de la *ll*.** Listen and repeat each word containing **ll.**

    1. <u>ll</u>amar   2. la pasti<u>ll</u>a   3. la rodi<u>ll</u>a   4. <u>ll</u>orar   5. be<u>ll</u>a

Práctica 3. **Ortografía.** Listen to each sentence containing **y** or **ll** and spell the words correctly. You will hear each sentence twice.

    1. _____   4. _____

    2. _____   5. _____

    3. _____   6. _____

TEMA II: La salud física y mental

Vocabulario del tema

Práctica 1.   Las partes del cuerpo humano. Indique el nombre de cada parte del cuerpo humano indicada en el dibujo.

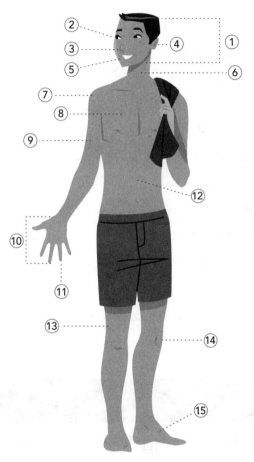

la boca	la cabeza	el dedo	el hombro	la nariz	el ojo	el pie	la rodilla
el brazo	el cuello	el estómago	la mano	la oreja	el pecho	la pierna	

1. _____

2. _____

3. _____

4. _____

5. _____

6. _____

7. _____

8. _____

9. _____

10. _____

11. _____

12. _____

13. _____

14. _____

15. _____

Práctica 2. Los usos de las partes del cuerpo. Complete cada descripción usando las palabras de la lista.

la boca   el cerebro   los dientes   los ojos   los pies
los brazos   los dedos   las manos   las piernas   los pulmones

1. Usamos _____ para respirar.

2. Usamos _____ y _____ para comer.

3. Usamos _____ y _____ para caminar y correr.

4. Usamos _____ para pensar.

5. Usamos _____ y _____ para tocar instrumentos.

6. Usamos _____ para ver.

7. Usamos _____ para abrazar a nuestros amigos.

Práctica 3. La salud y las enfermedades. Complete cada oración con la palabra apropiada.

1. Cuando un enfermo tiene una temperatura alta, se dice que tiene ____.

2. El ejercicio y la dieta son maneras de ____.

3. Una persona que no tiene problemas de salud es ____.

4. La tos y la fiebre son síntomas de ____.

5. En esto consiste el uso del tabaco: ____.

6. Si una persona tiene tos, el médico probablemente le receta ____.

7. Cuando una persona tiene dolor de muela, debe ver al ____.

8. Si una persona come comida con grasa y no hace ejercicio, va a ____.

a. sana
b. fumar
c. fiebre
d. dentista
e. adelgazar
f. engordar
g. la gripe
h. un jarabe

Gramática

12.3 Review of Reflexive and Reciprocal Verbs

Práctica 1. ¿Recíproco o reflexivo? Basado en el contexto, determine si el pronombre refleja un uso **reflexivo** o **recíproco**.

	REFLEXIVO	RECÍPROCO
1. Ellos se besaron el uno al otro.	☐	☐
2. Ellos se besaron ellos mismos.	☐	☐
3. Nosotras nos conocemos a nosotras mismas.	☐	☐
4. Nosotras nos conocemos la una a la otra.	☐	☐
5. Uds. se lavan el uno al otro.	☐	☐
6. Uds. se lavan Uds. mismos.	☐	☐
7. Ellas se preguntan a ellas mismas.	☐	☐
8. Ellas se preguntan la una a la otra.	☐	☐
9. Uds. se maquillan la una a la otra.	☐	☐
10. Uds. se maquillan Uds. mismas.	☐	☐

Práctica 2. Lo que hacemos los dos. Cambie la oración reflexiva a una oración recíproca o viceversa.

1. Nosotros nos lavamos las manos nosotros mismos.

   _____

2. Nosotros nos abrazamos el uno al otro.

   _____

3. Uds. se afeitaron Uds. mismos.

   _____

4. Uds. se vieron el uno al otro.

   _____

5. Ellos se curaron a ellos mismos.

   _____

6. Ellas se cuidaron la una a la otra.

   _____

Práctica 3. Preguntas sobre los dos. Answer the questions using reflexive or reciprocal structures.

   MODELO (*you hear*) ¿Se bañan mismos?

   (*you see*)   Sí, nosotros →

   (*you say*)   Sí, nosotros nos bañamos nosotros mismos.

1.	sí, nosotros	3.	no, nosotros	5.	sí, ellos
2.	no, nosotras	4.	sí, nosotros	6.	no, ellos

Práctica 4. ¡Ay! ¡Me duele mucho! Ud. está en la clínica y a todos les duele algo. Escriba oraciones con el verbo **doler.**

1. A ellos _____ las piernas.

2. A los niños pequeños _____ las orejas.

3. A ti _____ los pies.

4. Al hombre del tatuaje _____ los brazos.

5. A Uds. _____ la espalda.

6. A mí _____ el estómago.

7. A la abuelita _____ la cabeza.

8. A nosotros _____ las rodillas.

Práctica 5. Todo el mundo se ha vuelto loco. Listen to the subject for each item and form a sentence using the verb tense indicated for the phrase **volverse loco.** Follow the model. Then listen and repeat the correct answer. **¡OJO!** Make sure **loco** agrees in gender and number with the subject.

   MODELO (*you hear*) mis padres (*you see*) pretérito →

   (*you say*)   Mis padres se volvieron locos.

1.	pretérito	4.	presente	7.	pretérito
2.	presente	5.	presente perfecto	8.	presente
3.	presente perfecto	6.	imperfecto	9.	imperfecto

Síntesis y repaso

Práctica 1. Las recomendaciones del médico. Listen as people describe their symptoms, then complete the following recommendations with words from the list. **¡OJO!** Be sure to conjugate each verb.

beber agua	hacer yoga	tomar jarabe
beber alcohol	tomar aspirinas	tomarse la temperatura

1. A Sara le recomienda que _____ y que

   _____.

2. A Juan le sugiero que _____ y que

   _____.

3. A Maya le pido que _____ y que _____.

Práctica 2. La salud mental. Listen to what one doctor says about mental health. Then indicate whether each statement is **cierto** (C) or **falso** (F), based on what you hear.

	c	f
1. No es verdad que la gente se olvide de cuidar de su salud mental.	☐	☐
2. Es necesario que reduzcamos el estrés en nuestras vidas.	☐	☐
3. No es buena idea escuchar música cuando uno está estresado.	☐	☐
4. Llevarse bien con la familia nos ayuda a mantener la salud mental.	☐	☐
5. El médico no nos recomienda que practiquemos deportes.	☐	☐

Práctica 3. El cuidado personal. Complete cada una de las oraciones con el subjuntivo del verbo entre paréntesis y una de las frases de la lista para dar consejos a un amigo.

el corazón funcionar bien	los pulmones funcionar bien	ser sano
evitar una adicción	reducir el estrés	darse la gripe
engordar	ser drogadicto	

1. Es importante que _____ (hacer) ejercicio aeróbico para que

   _____.

2. Es importante que no _____ (drogarse) para que no

   _____.

3. Es importante que _____ (ponerse) inyecciones para que no

   _____.

4. Es importante que no _____ (fumar) para que

   _____.

5. Es importante que no _____ (comer) excesivamente para que no

   _____.

6. Es importante que no _____ (abusar) del alcohol para que

   _____.

7. Es importante que _____ (hacer) meditación para que

   _____.

8. Es importante que _____ (cuidarse) para que _____.

Práctica 4.   La drogadicción

PASO 1.   Lea el artículo.

Cualquier adicción a una sustancia o a una actividad tiene consecuencias perjudiciales[a] tanto en la salud mental y física de la persona como en sus relaciones personales. Pero cuando la adicción es a drogas ilícitas, el daño[b] intensifica por las posibles repercusiones legales. En el caso de drogas intravenosas, las complicaciones aumentan por la exposición a VIH y SIDA.[c]

La drogadicción es una enfermedad. Los drogadictos dependen de la ingesta de sustancias que les afectan física, mental y emocionalmente. El uso de la droga cambia su comportamiento, su percepción, sus emociones y su juicio.[d]

El reto[e] de establecer programas de recuperación, prevención y educación contra la drogadicción en Sudamérica, como en muchas partes del mundo, se complica por los prejuicios[f]

y desinformación en la comunidad. Sin embargo, poco a poco, especialmente en las ciudades grandes, algunos programas en las comunidades han podido medir[g] su efecto positivo. En Buenos Aires, por ejemplo, Intercambios, una ONG,[h] desarrolló un programa con cuatro iniciativas: apoyo,[i] investigación, prevención y entrenamiento.[j] El programa incluía prácticas para reducir riesgos como el cambio de aguja,[k] una idea que para muchos fue difícil de aceptar.

En Argentina y otros países del Cono Sur, la drogadicción es indiscriminada y puede devastar a hombre o mujer, joven o viejo, rico o pobre. Afortunadamente, la colaboración entre las ONGs, el gobierno y la comunidad ha aumentado, y las víctimas y sus familias tienen más acceso a información y programas que las pueden salvar.[l]

[a]*damaging*   [b]*damage*   [c]VIH... *HIV and AIDS*   [d]*judgment*   [e]*challenge*   [f]*prejudices*   [g]*measure*   [h]Organización no gubernamental   [i]*advocacy*   [j]*training*   [k]cambio... *needle exchange*   [l]*rescue*

PASO 2.   Conteste las siguientes preguntas, según la información del **Paso 1.**

1. ¿Por qué son más perjudiciales las adicciones a las drogas?

   _____

2. ¿Qué es la drogadicción?

   _____

3. ¿Qué tipo de programa desarrolló Intercambios en Buenos Aires?

   _____

4. ¿Por qué son controvertidas algunas de las prácticas de los programas para reducir daño?

   _____

5. ¿A quiénes puede afectar la drogadicción?

   _____

PASO 3. Busque otro programa para combatir la drogadicción en Sudamérica y uno en su país. Trate de saber qué entidades (el gobierno, ONGs, sectores privados, etcétera) contribuyen o colaboran con los programas. ¿Cómo son sus estrategias?

_____

_____

_____

_____

_____

_____

Palabra escrita

A finalizar

You are now going to write your final composition, based on the first draft you wrote in the **Palabra escrita: A comenzar** section of your textbook. Remember that the theme for your composition is **Para llevarse bien con alguien** and that your purpose is to tell the reader about how to get along well with a family member, friend, significant other, or a complete stranger.

Práctica 1.   El borrador. Repase el borrador de su composición para estar seguro/a de que ha explorado bien la declaración de tesis. Luego, averigue que ha contestado las preguntas del **Paso 1** y que ha escrito consejos que apoyan su tesis, usando las frases del **Paso 2.**

PASO 1.
1.   ¿Por qué es importante llevarse bien con alguien?
2.   ¿Cómo contribuye al bienestar personal?

PASO 2.
1.   Es bueno/preferible que…
2.   Es malo/absurdo que...
3.   Es urgente/ increíble que…
4.   (No) Es cierto que…
5.   (No) Es + _adj._ + _inf._…

Práctica 2.   El vocabulario y la estructura. Repase el vocabulario y la gramática de este capítulo. Tenga en cuenta estas preguntas.

1.   ¿Ha incluido Ud. suficiente información para terminar las oraciones de la **Práctica 1** y explicar lo que es necesario o no para llevarse bien con alguien?
2.   ¿Ha usado el vocabulario apropiado?
3.   ¿Ha usado correctamente el subjuntivo y los posesivos tónicos (**mío/a, tuyo/a, suyo/a,…**) en su composición?
4.   ¿Ha conjugado correctamente los verbos?
5.   ¿Concuerdan los adjetivos con los sustantivos que modifican?

Práctica 3.   ¡Ayúdame, por favor! Intercambie composiciones con un compañero / una compañera de clase. Repasen las composiciones y háganse sugerencias para mejorarlas o corregirlas.

Práctica 4.   El borrador final. Vuelva a escribir su composición y entréguesela a su profesor(a).

Capítulo 13

TEMA I: ¿Qué haremos en el futuro?

Vocabulario del tema

Práctica 1. Las carreras. Empareje las descripciones con las profesiones correctas.

1. _____ Escribe en periódicos.
2. _____ Atiende a los pacientes en el hospital.
3. _____ Enseña en una escuela.
4. _____ Corta el pelo.
5. _____ Sirve en el ejército.
6. _____ Crea ropa de estilos de moda.
7. _____ Diseña edificios.
8. _____ Juega a varios deportes.
9. _____ Se dedica al estudio de los animales y las plantas.
10. _____ Traduce de una lengua a otra.

a. el/la enfermero/a
b. el/la diseñador(a)
c. el/la atleta
d. el/la peluquero/a
e. el/la maestro/a
f. el/la intérprete
g. el soldado / la mujer soldado
h. el/la periodista
i. el/la arquitecto/a
j. el/la biólogo/a

Práctica 2. Las destrezas especiales. Complete las oraciones con palabras de la lista.

la abogada la cocinera la farmacéutica la pintora la traductora
el banquero el entrenador el médico el programador el veterinario

1. _____ necesita tener buen conocimiento de los deportes.
2. _____ necesita tener buen conocimiento de las leyes.
3. _____ necesita tener buen conocimiento de los animales.
4. _____ necesita tener buen conocimiento de asuntos de dinero.
5. _____ necesita tener buen conocimiento del cuerpo humano.
6. _____ necesita tener buen conocimiento de la preparación de las comidas.
7. _____ necesita tener buen conocimiento de su arte.
8. _____ necesita tener buen conocimiento de las computadoras.
9. _____ necesita tener buen conocimiento de las medicinas.
10. _____ necesita tener buen conocimiento de lenguas extranjeras.

Gramática

13.1 The Future Tense

Práctica 1. **¿Qué hará Ud. en el futuro?** Indique si las oraciones definen los planes de Ud. o no.

	SÍ	NO
1. Me graduaré.	☐	☐
2. Obtendré un doctorado.	☐	☐
3. Viajaré a la Argentina.	☐	☐
4. Trabajaré para mí mismo.	☐	☐
5. Trabajaré en una compañía grande.	☐	☐
6. Seré famoso.	☐	☐
7. Me casaré.	☐	☐
8. Tendré seis hijos.	☐	☐
9. Tendré un hijo.	☐	☐
10. Viviré en una ciudad grande.	☐	☐

Práctica 2. **¿Quién será qué?** Listen to the questions and answer each one using the cue provided. Follow the model. Then listen and repeat the correct answer.

> MODELO (*you hear*) ¿Quién será médico? (*you see*) Amelia →
> (*you say*) Amelia será médica.

1. Ernesto	4. ellas	7. ellos	10. nosotras
2. nosotros	5. yo	8. Ud.	11. Uds.
3. tú	6. tú y Pedro	9. Rita y Ramón	12. Tina

Práctica 3. **Un futuro bello.** Complete la narración sobre los planes de Roberto con el futuro de los verbos entre paréntesis.

En dos meses yo _____[1] (graduarse). Saco un bachillerato en sicología. Después, yo _____[2] (tomar) unos meses de vacaciones para descansar de mis estudios. Ya estoy planeando un viaje con mi novia. Nosotros _____[3] (ir) a la Tierra del Fuego. Allí nosotros _____[4] (hacer) camping y también _____[5] (subir) a las montañas majestuosas que hay allí. Nosotros _____[6] (llevar) nuestros abrigos porque allí hace fresco la mayor parte del tiempo. Ella tiene un tío que vive cerca de allí y nosotros _____[7] (alojarse) en su casa. Lo más interesante es que allí, en las montañas, yo le _____[8] (pedir) que se case conmigo. Ella me _____[9] (decir): «sí», y _____[10] (estar) muy emocionada. Estoy seguro de que ella _____[11] (llorar). Le _____[12] (dar) el anillo que le tengo preparado y ella me _____[13] (abrazar) y nosotros _____[14] (besarse). Luego, ella se lo _____[15] (contar) todo a su tío cuando volvamos. ¡Qué buen viaje _____[16] (ser)!

Práctica 4. Un futuro aburrido. Complete la narración con el futuro de los verbos entre paréntesis.

En dos meses mi novio _____[1] (graduarse) de la universidad. Después, no sé qué

_____[2] (hacer) él. Siempre ha hablado de viajar a Sudamérica conmigo, pero yo

no _____[3] (ir) con él. Tengo mis propios planes para el verano. Por un lado, yo

_____[4] (seguir) tomando clases porque me falta un año para terminar los estudios.

Este verano _____[5] (poder) tomar doce créditos. Yo _____[6] (querer)

estudiar todo el tiempo. No _____[7] (salir) mucho con mis amigos o con mi novio

porque necesito terminar. ¿Qué le _____[8] (decir) yo a mi novio? Él no

_____[9] (querer) aceptar mi decisión, pero para mí es importante porque sólo así

yo _____[10] (poder) ser dentista algún día. _____[11] (Tener) que

estar muy dedicada a mi trabajo. Además, yo sé que mi novio piensa pedir mi mano a mis

padres... ¡Yo no _____[12] (saber) qué decirle!

Práctica 5. El hombre misterioso. Complete las preguntas con el futuro de los verbos entre paréntesis.

1. ¿Quién _____ (ser) él?

2. ¿Por qué _____ (venir) él a esta hora?

3. ¿Cuántos años _____ (tener) él?

4. ¿Dónde _____ (haber) comprado su traje tan elegante?

5. Parece un tipo muy exótico, ¿de dónde _____ (ser) él?

6. ¿Por qué _____ (llevar) flores?

7. ¿_____ (haber) discutido él con nuestra vecina?

8. ¿Dónde _____ (estar) nuestra vecina?

9. ¿Por qué no _____ (contestar) ella a quién toca a la puerta?

10. ¿_____ (estar) ella enojada con él?

13.2 Present Subjunctive After Temporal Conjunctions

Práctica 1. Pedir un aumento. Subraye las conjunciones temporales en las oraciones.

1. Hoy, antes de que salga de mi trabajo, pediré un aumento de sueldo.
2. Gritaré de alegría cuando me lo den.
3. Después de que yo reciba el aumento, cenaré en un bar con mis amigos.
4. En cuanto no haya más que comer, pediré más.
5. Celebraremos hasta que se cierre el bar.

Práctica 2.   Necesito un abogado bilingüe. Listen to each of the statements, then indicate if the verb in the subordinate clause is in the **subjunctive (S)** or **indicative (I)**.

> MODELO   (*you hear*) Cuando estoy deprimido, hablo con la sicóloga. →
>   (*you check*) I

	S	I		S	I
1.	☐	☐	6.	☐	☐
2.	☐	☐	7.	☐	☐
3.	☐	☐	8.	☐	☐
4.	☐	☐	9.	☐	☐
5.	☐	☐			

Práctica 3.   Un abuelo terco (*stubborn*). Complete la narración con la forma correcta de cada verbo entre paréntesis. Use el presente de subjuntivo, el presente de indicativo o el infinitivo.

Mi abuelo es muy terco. Nunca va a la clínica cuando _____[1] (enfermarse). Para que mi abuelo _____[2] (ir) a una clínica, tiene que estar medio muerto. Mi abuela lo cuida muchísimo. En cuanto mi abuelo _____[3] (resfriarse), mi abuela le da un té fuerte de ajo con miel. La última vez que a mi abuelo le dio la gripe, se quedó en cama hasta que mi abuela lo _____[4] (dejar) levantarse.

Mis padres me llamaron anoche. Me dijeron que mi abuelo está en el hospital. No puede salir hasta que _____[5] (mejorarse). Hoy, cuando _____[6] (terminar) mis clases, lo visitaré. Después de que lo _____[7] (visitar) esta tarde, tendré que regresar a estudiar. En cuanto mi abuelo _____[8] (estar) mejor, le voy a decir que es mejor que vaya a la clínica para no volver al hospital.

Síntesis y repaso

Práctica 1.   Las carreras de mi familia. Read the following sentences about Adán and his family, then listen to Adán describe the jobs of the people in his family. Finally, indicate whether each statement is **cierto (C)** or **falso (F)**, based on what you hear. If the sentence is false, correct it.

		C	F
1.	Adán es escultor porque le gusta el arte.	☐	☐
	_____		
2.	El hermano de Adán prefiere las matemáticas.	☐	☐
	_____		
3.	El padre de Adán diseña carreteras.	☐	☐
	_____		
4.	El padre de Adán es jefe.	☐	☐
	_____		

5. La madre de Adán tiene interés en la salud. ☐ ☐

6. La tía de Adán habla español e italiano. ☐ ☐

7. La tía de Adán trabaja para una compañía de traducción. ☐ ☐

8. Al primo de Adán le gustan los trabajos manuales. ☐ ☐

Práctica 2. ¿Qué estudiarán? Read the sentences and listen to each description. Then indicate whether each statement is **cierto** (C) or **falso** (F), based on what you hear.

	C	F
1. Rosa estudiará arte en la universidad.	☐	☐
2. María estudiará periodismo en la universidad.	☐	☐
3. Leo estudiará informática en la universidad.	☐	☐
4. José estudiará sicología en la universidad.	☐	☐
5. Lidia estudiará medicina en la universidad.	☐	☐
6. Miguel estudiará ciencias políticas en la universidad.	☐	☐

Práctica 3. ¿Qué carrera tendrá? Listen to the descriptions of the following people, then indicate the profession they are most likely to have based on what you hear.

1. ¿Qué carrera tendrá Laura? ☐ mujer de negocios ☐ cocinera ☐ ingeniera
2. ¿Cuál será la profesión de Guillermo? ☐ veterinario ☐ intérprete ☐ programador
3. ¿Cuál será la profesión de Roberto? ☐ escultor ☐ banquero ☐ atleta
4. ¿Qué trabajo tendrá Elena? ☐ jueza ☐ diseñadora ☐ química

Práctica 4. Las carreras del futuro

PASO 1. Lea el siguiente artículo.

¿Qué estudia Ud.? O lo que es más importante, ¿para qué profesión estudia? Algunas de las carreras que más exigirán[a] en el futuro serán las de los campos de ingeniería ambiental, biotecnología, robótica, informática, turismo, educación y traducción. ¿A Ud. le interesa alguna de esas carreras?

El mundo profesional y laboral cambia constantemente a causa de muchos factores, siendo los más importantes la tecnología y la globalización. Los trabajadores del futuro tendrán que tener más y más conocimiento tecnológico, cultural y lingüístico.

¿Cree Ud. que estará preparado para el futuro? Es importante tener en cuenta las destrezas y el entrenamiento que Ud. deberá acumular durante su carrera universitaria. Por ejemplo, según los expertos, las carreras más prometedoras[b] serán las de los campos como la informática, la telemática, la ingeniería genética, la biónica y la realidad virtual. Otras carreras importantes serán las que estén relacionadas con las instituciones para ancianos[c] y niños, es decir, con asilos, guarderías[d] y escuelas. Y es importante recordar que en casi todos estos campos y posibles carreras, la globalización y el hecho de que muchas de las empresas son multinacionales influye en los requisitos para los solicitantes. Durante su carrera universitaria y su entrenamiento, es imprescindible[e] tener en cuenta que su currículum sea excelente y pueda incluir los siguientes datos: 1) el dominio de, por lo menos, dos idiomas, 2) título y/o conocimiento de informática y tecnología, 3) capacidad de coordinar y negociar.

[a]will be in demand [b]promising [c]elderly [d]daycare centers [e]essential

PASO 2. ¿Cierto o falso?

	C	F
1. En el futuro, será importante hablar más de un idioma.	☐	☐
2. Será importante poder cocinar bien.	☐	☐
3. Predominará el sector del derecho.	☐	☐
4. La tecnología será muy importante.	☐	☐
5. Los dramaturgos serán muy solicitados.	☐	☐

PASO 3. Entre las carreras más solicitadas en el futuro, escoja la que a Ud. le interesa más y descríbala. ¿En qué consiste el trabajo? ¿Es una profesión en demanda hoy día? ¿Conoce Ud. a alguna persona que practique esta profesión? ¿En qué maneras es difícil esta profesión? ¿Por qué cree que es interesante?

_____

_____

_____

_____

_____

_____

Pronunciación

n and x

The Spanish letter **n** is pronounced like the English *n*.

Práctica 1. Repeticiones. Listen and repeat each word containing an **n**.

   1. la nariz   2. sano   3. el entrenador   4. íntegro   5. poner

The Spanish letter **x** is generally pronounced with a *ks* sound as in the English word *box*. However in words with a Native American origin, **x** may be pronounced like the Spanish **j** or the English *sh* sound.

Práctica 2. Pronunciación de la *x*. Listen and repeat each word containing the letter **x**.

   1. el examen   2. el experto   3. exótico   4. México   5. Oaxaca

Práctica 3. Ortografía. Listen to each sentence containing **n** or **x** and spell the words correctly. You will hear each sentence twice.

   1. _____

   2. _____

   3. _____

   4. _____

TEMA II: El empleo

Vocabulario del tema

Práctica 1. Las responsabilidades en la oficina. Complete cada oración con la palabra apropiada de la lista. **¡OJO!** No se usan todas las palabras.

anota	contesta	maneja	solicita
archiva	llena	renuncia	supervisa

1. El contador _____ las cuentas.

2. La jefa _____ a los empleados.

3. El aspirante _____ un trabajo.

4. El secretario administrativo _____ los informes.

5. La recepcionista _____ el teléfono.

6. La empleada _____ datos.

Práctica 2. En el lugar de trabajo. Escoja la palabra apropiada para completar cada oración.

1. Cuando se necesita dar el mismo papel a muchas personas, es necesario _____.

    a. solicitar   b. hacer copias   c. anotar datos

2. Cuando un jefe demanda que los empleados trabajen mucho, es _____.

    a. comprensivo   b. flexible   c. exigente

3. El espacio privado donde uno trabaja en la oficina se llama _____.

    a. la solicitud   b. el archivero   c. el cubículo

4. El dinero que le pagan a uno por trabajar se llama _____.

    a. el sueldo   b. el puesto   c. el horario

5. Cuando un empleado trabaja cuarenta horas por semana, tiene un trabajo de _____.

    a. tiempo parcial   b. tiempo completo   c. tiempo mal

6. Cuando a un empleado le empiezan a pagar más dinero que antes, ha recibido _____.

    a. un aumento   b. un jefe   c. un seguro médico

7. Cuando el teléfono suena, la recepcionista debe _____.

    a. despedirlo   b. archivarlo   c. contestarlo

8. Escribir un aspirante su nombre al pie de una solicitud es un ejemplo de _____.

    a. dirigir   b. firmar   c. renunciar

Gramática

13.3 Present Subjunctive in Adjectival Clauses with Indefinite Antecedents

Práctica 1. Tu futuro trabajo. Indique si cada oración es aplicable a Ud.

	SÍ	NO
1. Busco un trabajo que me pague más de cien mil dólares por año.	☐	☐
2. Quiero un trabajo en el que nadie me supervise.	☐	☐
3. Busco un trabajo en donde no tenga que escribir informes.	☐	☐
4. Deseo un trabajo en el que yo dirija a los demás.	☐	☐
5. Quiero un trabajo que requiera trabajar sólo diez horas por semana.	☐	☐
6. Buscaré un trabajo en el que enseñe a los niños.	☐	☐
7. Buscaré un trabajo que pague el salario mínimo.	☐	☐
8. Quiero trabajar para una compañía que pague el seguro médico.	☐	☐
9. Quiero un trabajo en el que yo tenga mi propio cubículo.	☐	☐
10. Deseo un trabajo en el que pase todo el día en la computadora.	☐	☐

Práctica 2. Buscamos un empleado que... Complete la narración con la forma correcta del subjuntivo de cada verbo entre paréntesis.

Trusted Translation, Inc., busca un empleado que _____[1] (poder) empezar

inmediatamente. Queremos una persona que _____[2] (tener) dos años de

experiencia en traducir del español al inglés. Aunque preferimos una persona que

_____[3] (ser) totalmente bilingüe, también aceptamos a personas que

_____[4] (saber) bastante bien ambos idiomas y que _____[5] (tener)

entrenamiento en la traducción. Necesitamos una persona que _____[6] (disfrutar)

de un ambiente exigente y que le _____[7] (gustar) anotar datos. Queremos una

persona que _____[8] (saber) usar varios programas de software como Word,

Publisher, Excel y otros. El puesto es de tiempo parcial, pero si encontramos a una persona que

_____[9] (estar) altamente cualificada, el puesto puede ser de tiempo completo. No

sabemos de ninguna otra compañía que _____[10] (cuidar) mejor a sus empleados,

así que Ud. puede confiar en nosotros. Llame al teléfono 5548-43-57 para obtener una solicitud.

Práctica 3. Nadie quiere ayudar. Listen to and answer your boss's questions negatively. Then listen to and repeat the correct answer. **¡OJO!** You will need the subjunctive in your reply.

> MODELO (*you hear*) ¿Hay alguien que pueda hacerme copias? →
> (*you say*) No, no hay nadie que pueda hacerle copias.

1. ... 2. ... 3. ... 4. ... 5. ... 6. ... 7. ... 8. ...

Práctica 4.   En el trabajo. Use la forma del indicativo o el subjuntivo, según el contexto.

1. Quiero trabajar con un jefe que _____ (ser) comprensivo.

2. Quiero trabajar con el jefe que _____ (ser) comprensivo.

3. Busco los zapatos negros que me _____ (dar) apariencia profesional.

4. Busco un puesto que me _____ (hacer) sentir contento.

5. Deseo un trabajo en el que no _____ (tener) que anotar datos.

6. Deseo el trabajo en el que no _____ (tener) que anotar datos.

7. Conozco a un gerente que _____ (tratar) bien a sus empleados.

8. No conozco a ningún jefe que _____ (tratar) bien a sus empleados.

9. Hay una persona que _____ (querer) entrevistar hoy.

10. No hay ninguna persona que _____ (querer) entrevistar hoy.

11. ¿Hay alguna persona que _____ (trabajar) por el sueldo mínimo en esta compañía?

12. No hay ninguna persona que _____ (trabajar) por el sueldo mínimo en esta compañía.

Práctica 5.   Busco, quiero y necesito. Use el subjuntivo para completar estas cláusulas adjetivales.

1. Busco un trabajo que…

    _____

2. Necesito un paquete de software que…

    _____

3. Deseo una computadora que…

    _____

4. Quiero un jefe que…

    _____

5. Quiero entrevistarme con una compañía que…

    _____

6. Necesito un sueldo que…

    _____

7. Deseo un puesto que…

    _____

8. Busco un plan de jubilación que…

    _____

Síntesis y repaso

Práctica 1.   Una solicitud. Read the sentences and listen to the job description. Then indicate whether each statement is **cierto** (**C**) or **falso** (**F**), based on what you hear.

		C	F
1.	Es necesario que los empleados sepan mucho de tecnología.	☐	☐
2.	Los empleados nuevos tendrán que compartir el cubículo con otros empleados.	☐	☐
3.	Es necesario que los empleados escriban informes.	☐	☐
4.	La compañía ofrece un plan de jubilación con el puesto.	☐	☐
5.	Habrá una entrevista con el consejero.	☐	☐

Práctica 2.   El puesto ideal. Lea las descripciones de unos puestos e indique cuál será la mejor persona para cada puesto.

1. _____ Buscamos cajera para nuestra librería, que sea organizada y que tenga don de gentes. Tiempo parcial con seguro médico.

2. _____ Buscamos un periodista que tenga sólida formación universitaria. Tiempo completo, plan de jubilación, seguro médico, vacaciones pagadas.

3. _____ Puesto de consejera en una escuela primaria. La aspirante debe tener don de gentes. Tiempo completo, seguro médico y vacaciones pagadas.

4. _____ Buscamos recepcionista bilingüe para una oficina de negocios. Responsabilidades incluyen contestar el teléfono y recibir a la gente. Tiempo parcial y seguro médico.

5. _____ Puesto de cocinero en un restaurante italiano. Tiempo completo, vacaciones pagadas y seguro médico.

6. _____ Trabajo a tiempo parcial como secretario administrativo. Responsabilidades incluyen hacer copias y archivar informes. Horario flexible.

a. Sergio es un estudiante de la escuela secundaria. Necesita trabajar, pero está muy ocupado y tiene un horario irregular.

b. Julia es una persona muy humanitaria y busca un trabajo en el que pueda ayudar a la gente.

c. Juan está estudiando en la universidad y habla español e inglés. Necesita dinero para alquilar un apartamento.

d. Elena se jubiló el año pasado, pero quiere trabajar algunas horas porque le gusta relacionarse con la gente.

e. César busca un trabajo de tiempo completo, pero no quiere un puesto permanente porque se mudará a otra ciudad en dos años.

f. Raquel estudió literatura inglesa y periodismo en la universidad. Quiere empezar su carrera.

Práctica 3.   En busca de empleados. Complete las oraciones con la forma correcta del subjuntivo del verbo entre paréntesis e indique la palabra o frase correcta para el final.

1. El jefe de una compañía de negocios internacionales necesita un empleado que

_____ (tener) (sueño / don de gentes).

2. Un programador busca una computadora que _____ (incluir) (un paquete / un puesto) de software.

3. Un empleado que escribe muchos informes necesita un secretario que _____ (saber) (entrevistar / hacer copias).

4. El oficio de albañil es físicamente pesado; por eso, la compañía de construcción busca un

   albañil que _____ (ser) (fuerte / exigente).

5. La compañía tiene cientos de empleados y millones de archivos; por eso, la compañía necesita

   jefes que _____ (ser) (comprensivos / organizados).

Práctica 4. Oferta de empleo

PASO 1. Lea el anuncio para un puesto.

Vendedores de Sistemas y Equipo de Comunicaciones

- empresa multinacional
- sector del transporte público

Funciones del puesto

- venta[a] de productos y sistemas tecnológicos y comunicativos para la publicidad del transporte público (trenes de alta velocidad, metros, autobús), dirigida a profesionales y empresas
- clientes establecidos, garantizando una productividad diaria
- oportunidades de cultivar clientes nuevos

Puestos vacantes

- 2 puestos

Requisitos

- experiencia de al menos un año en ventas, preferiblemente del sector de computación y tecnología

- tenaz, motivado en alcanzar sus metas[b]
- ambición económica y profesional
- bilingüe (al menos español e inglés, preferiblemente multilingüe)
- título en ventas y/o computación; maestría[c] preferida

Lugar de trabajo

- provincia: Santiago
- centro de Trabajo: Las Condes

Se ofrece

- salario fijo con comisiones
- contrato de prueba de dos años
- excelente ambiente de trabajo
- empresa de rápido crecimiento

Jornada laboral

- completa

Horario

- lunes a jueves: 9:30–18:30
- viernes: 8:00–15:00

---

[a]*sale* [b]*goals* [c]*master's degree*

PASO 2. Conteste las siguientes preguntas, según la información del **Paso 1.**

1. ¿A qué horas tiene que trabajar el empleado los viernes?

   _____

2. ¿A qué hora termina de trabajar los jueves?

   _____

3. ¿Es el puesto de jornada parcial o completa?

   _____

4. ¿Cómo es la remuneración (*pay*) del empleado?

   _____

5. ¿Dónde están las oficinas de esta empresa?

   _____

(continúa)

6. Esta empresa busca a una persona que... (Nombre tres de los requisitos, usando verbos en el subjuntivo)

_____

_____

_____

PASO 3. Imagínese que Ud. es el director o la directora de un periódico. Está buscando un empleado para reportero. Invente un anuncio para poner en el periódico sobre este trabajo.

Nombre del periódico: _____

Funciones del puesto: _____

_____

Requisitos: _____

_____

Lugar de trabajo: _____

Se ofrece: _____

Horario: _____

Palabra escrita

A finalizar

You are now going to write your final composition, based on the first draft you wrote in the **Palabra escrita: A comenzar** section of your textbook. Remember that the theme for your composition is **Yo, y las profesiones del futuro** and that your purpose is to tell the reader about the professions in your field of study that will probably be in high demand when you graduate and what you will do to get a job in one of those professions.

Práctica 1. El borrador. Repase el borrador de su composición para estar seguro/a de que ha explorado bien estos temas relacionados con las profesiones y el futuro.

1. las posibles profesiones en su campo de estudio
2. las profesiones que tendrán demanda
3. lo que Ud. hará para conseguir trabajo en esos campos del futuro

Práctica 2. El vocabulario y la estructura. Repase el vocabulario y la gramática de este capítulo. Tenga en cuenta estas preguntas.

1. ¿Ha incluido Ud. suficiente información para explicar los temas de la **Práctica 1**?
2. ¿Ha usado el vocabulario apropiado?
3. ¿Ha usado correctamente el futuro? ¿y el subjuntivo después de conjunciones temporales?
4. ¿Ha conjugado correctamente los verbos?
5. ¿Concuerdan los adjetivos con los sustantivos que modifican?

Práctica 3. ¡Ayúdame, por favor! Intercambien composiciones con un compañero / una compañera de clase. Repasen las composiciones y háganse sugerencias para mejorarlas o corregirlas.

Práctica 4. El borrador final. Vuelva a escribir su composición y entréguesela a su profesor(a).

Capítulo 14

TEMA I: El mundo natural

Vocabulario del tema

Práctica 1. Las zonas geográficas. Complete las oraciones con las palabras más lógicas.

el agua	la nieve	las vacas
la arena	las olas	la vegetación
los caballos	las palmeras	
el hielo	los quetzales	

1. En la zona ártica hay _____ y _____.

2. En la playa hay _____ y _____.

3. En el mar hay _____ y _____.

4. En la finca hay _____ y _____.

5. En el bosque tropical hay _____ y _____.

Práctica 2. ¿De dónde son estos animales? Ponga el nombre de cada animal en la lista apropiada. **¡OJO!** Algunos animales pertenecen a más de una lista.

el águila	la foca	el oso	la rana
la ballena	la medusa	el papagayo	el tigre
el chivo	el mono	el puma	el tiburón

1. animales marinos

2. animales de la selva

3. animales de las montañas

_____   _____   _____

_____   _____   _____

_____   _____   _____

_____   _____   _____

    _____

    _____

Gramática

14.1 Present Subjunctive After Conjunctions of Contingency and Purpose

Práctica 1. **El reciclaje.** Empareje las frases para formar oraciones lógicas.

1. _____ La gente siempre arrojará las cosas de papel...

2. _____ El cartón se debe separar del papel...

3. _____ La gente desperdiciará mucho...

4. _____ Se puede comprar un basurero con compartimientos...

5. _____ Las compañías de reciclaje te darán unas cajas grandes...

6. _____ No se debe arrojar las substancias químicas...

7. _____ Las tiendas seguirán usando las bolsas recicladas...

a. con tal de que la gente las siga pidiendo.

b. para que del papel se produzca más papel y del cartón más cartón.

c. sin que tengas que pagar por ellos.

d. en caso de que se quiera reciclar directamente en la cocina.

e. a menos que haya una ley que promueva el reciclaje del papel.

f. a menos que haya un programa obligatorio de reciclaje.

g. para que no se contamine el suelo.

Práctica 2. **Antimedioambiental.** Conjugue el verbo entre paréntesis en el subjuntivo para completar la oración.

1. Las fábricas producen mucha de la contaminación del aire sin que el gobierno

   _____ (prestar) atención (*pay attention*) al problema.

2. En Los Ángeles, se da aviso sobre la contaminación del aire para que la gente asmática

   _____ (quedarse) en la casa.

3. Hay que evitar arrojar los residuos peligrosos a menos que los expertos lo

   _____ (autorizar).

4. No se debe usar demasiados pesticidas en las fincas para que las personas que consuman sus

   productos no _____ (enfermarse).

5. La gente siempre va a arrojar desperdicios a menos que _____ (hay) escasez

   de algún recurso.

6. La tala de árboles va a continuar siempre que el mundo _____ (seguir)

   haciendo muebles de madera.

7. Muchos gobiernos están inventando coches que no necesitan petróleo para que nosotros no

   _____ (usar) todo el petróleo.

8. Con tal de que nosotros no _____ (dejar) de destruir el ambiente, el calenta-

   miento global causará grandes cambios en la tierra.

9. En caso de que _____ (hay) escasez mundial de comida, debes aprender a

cultivar comestibles en tu jardín.

10. A menos que no se _____ (utilizar) más pesticidas peligrosos, siempre habrá

contaminación del suelo.

Práctica 3. Tu hermanito viene al campus para visitarte. Listen to the questions posed by Mateo's little brother and answer using the cues provided. Follow the model. Then listen to and repeat the correct answer.

MODELO *(you hear)* ¿Puedo ir al cine contigo?

(you see) sí / con tal de que / no hablar durante la película →

(you say) Sí, puedes ir al cine conmigo con tal de que no hables durante la película.

1. sí / con tal de que / hablar en español
2. sí / con tal de que / no decirles nada a nuestros padres
3. sí / a menos que / comer demasiado
4. no / a menos que / saber hacer cálculo
5. no / en caso de que / ser muy pesada *(heavy)*
6. sí / con tal de que / no mencionar mi nombre
7. no / a menos que / ser café descafeinado
8. no / a menos que / querer meterte en problemas

Práctica 4. Consejos para un nuevo estudiante. Complete estas frases con el subjuntivo y su consejo para el nuevo estudiante.

1. Debes estudiar quince horas por semana para que...

_____

2. Debes ir a fiestas los jueves a menos que...

_____

3. Debes estudiar en grupo en caso de que...

_____

4. Debes visitar a tus profesores durante sus horas de oficina para que...

_____

5. Debes comprarte una computadora portátil en caso de que...

_____

6. Debes hacer nuevos amigos sin que...

_____

7. Debes vender los libros al final del semestre a menos que...

_____

8. Debes formar parte de un club social para que...

_____

Síntesis y repaso

Práctica 1.   ¡A visitar el zoológico! Listen to the following person describe a favorite zoo and check the correct boxes based on what you hear. **¡OJO!** You may check more than one option.

jaulas   cages

1. En el zoológico hay animales de _____.

    ☐ la selva amazónica   ☐ la zona ártica   ☐ África

2. Entre los animales del bosque tropical, *no* se puede ver _____.

    ☐ serpientes   ☐ aves   ☐ arañas

3. Los animales más populares son los de _____.

    ☐ la selva amazónica   ☐ la zona ártica   ☐ África

4. Entre los animales de las llanuras hay _____.

    ☐ cebras   ☐ elefantes   ☐ leones

5. Los animales del zoológico viven en _____.

    ☐ ambientes naturales   ☐ jaulas pequeñas   ☐ jaulas grandes

Práctica 2.   La reserva biológica. Read the statements and then listen to the conversation between Lisa and Pablo. Indicate whether each statement is **cierto (C)** or **falso (F)**, based on what you hear.

		C	F
1.	En la reserva no hay mucha vegetación, pero hay animales.	☐	☐
2.	En la reserva hay anfibios.	☐	☐
3.	En la reserva hay reptiles.	☐	☐
4.	En la reserva hay aves marinas.	☐	☐
5.	La reserva está cerca de un lago y no tiene costa.	☐	☐

Práctica 3.   En busca de animales. Complete cada una de las oraciones. Primero dé la forma correcta del verbo entre paréntesis y luego indique la palabra o frase apropiada para completarla.

1. A María le gustaría ver unas arañas grandes, pero no puede verlas a menos que

    _____ (ir) a la (selva / zona ártica).

2. Eduardo tiene ganas de ver unas almejas (*clams*) grandes, pero no puede verlas sin que

    _____ (nadar) en el (río / arrecife).

3. Rosa quiere sacar fotos de unas ovejas. Tiene que ir al (arrecife / campo) para que las

    _____ (ver).

4. Alonso quiere tener una serpiente como mascota, pero no puede cuidarla bien sin que sus

    padres _____ (descubrir) el (hábitat / arrecife) donde tendrá que guardarla.

5. Juliana quiere ver varios tipos de ranas, pero no las verá sin que _____ (caminar)

    por un (pantano / desierto).

6. Marcos busca peces colorados, y los puede encontrar con tal que _____ (ir) al

    (lago / páramo) este verano.

Práctica 4. Los paneles solares comerciales en Sevilla

PASO 1. Lea la información sobre uno de los proyectos comerciales en España con paneles solares.

España es tradicionalmente el país conocido por sus molinos de viento[a] y por Don Quijote, el personaje que confundió[b] los molinos por gigantes feroces.[c] Pero España se ha convertido en el país de los espejos.[d] Sí, ¡espejos! En el sur de España, hay miles de espejos gigantes que reflejan la luz y el calor del sol como parte de sistemas para producir energía solar.

España es el líder en la industria de energía solar comercial. En 2007, llegó a ser[e] la primera nación europea en construir una planta comercial de energía solar concentrada, y tiene más plantas en operación y bajo construcción que ningún otro país.

Sanlúcar la Mayor en la provincia de Sevilla tiene un proyecto de energía solar grande: el Plataforma Solúcar. Esta Plataforma se compone de cinco centros que se llaman «Solnova»; Solnova I fue el primer centro completado. La tecnología de estos cinco centros de energía solar es de colectores solares cilindroparabólicos.[f]

Cada uno de los centros de Plataforma Solúcar puede generar energía limpia suficiente para suministrar energía a 25.700 casas al año, evitando la emisión de más de 31.400 toneladas de CO_2 (dióxido de carbono) al año. ¿Y los espejos? Hay unos 300.000 m^2 de espejos, que reflejan la energía del sol y la dirigen a los colectores cilindroparabólicos. Esa energía calienta aceite sintético, y el vapor generado propulsa una turbina, que genera energía para su distribución.

Qué sorpresa para el Don Quijote moderno, ¿no? En vez de molinos de viento que parecen gigantes, se encuentra con espejos gigantes.

[a]molinos… *wind mills* [b]*mistook* [c]gigantes… *ferocious giants* [d]*mirrors* [e]llegó… *became* [f]*parabolic cylinder*

PASO 2. Escoge la respuesta correcta.

1. La Plataforma Solúcar está en _____.

   a. Centroamérica b. Europa c. Sudamérica

2. Esta planta es _____.

   a. del gobierno b. del mundo c. comercial

3. Solnova I es la primera planta de tecnología cilindroparabólica de un total de _____ en el Plataforma Solúcar.

   a. quinientas b. diez c. cinco

4. Cada planta puede dar energía para _____ casas.

   a. veinticinco b. veinticinco mil setenta c. veinticinco mil setecientas

5. La planta evita la emisión de 31.400 toneladas de _____.

   a. CO_2 b. H_2O c. O_2

6. El aceite que se usa es _____.

   a. caliente b. frío c. aceite de oliva

Pronunciación

Accent Marks, Diacritical Accents, and Accents on Verbs

You already know that accent marks may be used in Spanish to let you know where the stress falls in a word. Accent marks may also be used to distinguish two words that otherwise have the same spelling.

de	of, from	**dé**	give (present subjunctive)
el	the	**él**	he
mas	but	**más**	more
mi	my	**mí**	me
si	if	**sí**	yes
tu	your	**tú**	you

All interrogative words carry accents. The prepositions or relative pronouns with the same spelling do not have accent marks.

¿Cuándo llega Inés?   *When does Inés arrive?*

Llega cuando completa la excursión.   *She arrives when she completes the tour.*

Práctica 1. Los acentos. Circle the correct words in parentheses to complete each sentence.

1. ¿(Dónde / Donde) está (tú / tu) padre?
2. Mi amigo no sabe (cuándo / cuando) llega (mí / mi) hermana.
3. Es importante que (él / el) profesor (dé / de) notas buenas a los estudiantes que trabajan mucho.
4. (Sí / Si) has dormido sólo tres horas, debes dormir (más / mas).
5. Los estudiantes son (dé / de) Argentina.
6. (Él / El) quiere saber (dónde / donde) vives (tú / tu).

Spanish also has a diacritical mark called **diéresis** (¨) used sometimes on the vowel **u** when it occurs in **gue** or **gui**. This mark lets you know whether the **u** is pronounced or not. For example, the **u** is silent in words like **guerra,** spelled without a **diéresis** here. But in words like **pingüino,** the **diéresis** indicates that the **u** is pronounced.

Práctica 2. Diéresis. Listen and repeat the following words. Note the use of the **diéresis.**

1. pague   2. guisantes   3. pingüino   4. lingüística

Accent marks and word stress are also used to distinguish between verb tenses and moods. You may have already noticed, for example, that the verb **hablo** means *I talk* whereas **habló** means *he/she/you talked.*

Práctica 3. Los acentos y los verbos. Listen and repeat the following verbs. The accent mark tells you where to put the stress.

1. **trabajara** I/he/she/you worked (past subjunctive)   **trabajará** he/she/you will work
2. **escucho** I listen   **escuchó** he/she/you listened
3. **busque** look for (present subjunctive)   **busqué** I looked for

Práctica 4. El uso correcto de los acentos en los verbos. Read and then listen to the following sentences, completing each one with the missing verb that you hear.

1. El chico _____ todo el cereal.

2. _____ al fútbol todos los días.

3. _____ diez horas ayer.

4. Es importante que cada persona _____ el papel.

5. ¿Dónde _____ mi libro?

6. Le recomienda al chico que no _____ demasiado.

7. El otro día, yo _____ a mis abuelos.

8. _____ tres vasos de agua.

9. Si usamos medios de transporte anticontaminantes, el aire _____.

10. La chica _____ una gran mujer algún día.

TEMA II: Lo que podemos hacer nosotros

Vocabulario del tema

Práctica 1.   Los opuestos. Empareje las palabras opuestas.

1. _____ desperdiciar
2. _____ destruir
3. _____ reutilizar
4. _____ limpiar
5. _____ mejorar
6. _____ aumentar

a. arrojar
b. empeorar
c. reducir
d. proteger
e. conservar
f. contaminar

Práctica 2.   Problemas ambientales. Escoja la palabra apropiada para cada definición.

1. Uno de los elementos importantes del aire para los seres humanos es _____.

   a. el oxígeno   b. el humo   c. el smog

2. Cuando muchas personas viven en el mismo lugar, la población es _____.

   a. contaminada   b. densa   c. renovable

3. Los agricultores usan _____ para destruir los insectos.

   a. el petróleo   b. el dióxido de carbono   c. los pesticidas

4. _____ se usan mucho en los aparatos electrónicos, como radios, relojes y cámaras.

   a. El oxígeno   b. Las pilas   c. La combustión

5. _____ es un contaminante del aire que viene del fuego y de algunas fábricas.

   a. El humo   b. El cartón   c. El envase

6. La energía solar, eólica e hidroeléctrica son ejemplos de energías _____.

   a. renovables   b. recicladas   c. contaminantes

7. Los basureros contribuyen a la contaminación del _____.

   a. aire   b. suelo   c. agua

8. Los productos químicos y los derivados del petróleo no son _____.

   a. contaminantes   b. peligrosos   c. reciclables

Práctica 3. Problemas y soluciones. Indique si las oraciones son **ciertas (C)** o **falsas (F)**.

		C	F
1.	Una de las soluciones al problema del tráfico excesivo en las ciudades es usar el transporte público.	☐	☐
2.	Una de las soluciones al problema de la deforestación es reciclar el papel.	☐	☐
3.	Una de las soluciones al problema de las emisiones de carbono es arrojar los desechos en el basurero.	☐	☐
4.	Una de las soluciones al problema de la escasez del agua es cerrar el grifo.	☐	☐
5.	Una de las soluciones al problema de los animales en peligro de extinción es crear reservas biológicas.	☐	☐
6.	Una de las soluciones al problema de la contaminación del aire es talar los árboles.	☐	☐

Gramática

14.2   Review of The Subjunctive

Práctica 1. El medio ambiente. Complete las oraciones con la forma correcta de los verbos entre paréntesis. Use el presente de subjuntivo o de indicativo, o el infinitivo.

1. Queremos aire que _____ (ser) puro.

2. Es importante que Ud. _____ (proteger) el medio ambiente.

3. Creo que _____ (haber) demasiados coches en el mundo.

4. Dudo que tú _____ (conservar) agua eficientemente.

5. Es imposible _____ (evitar) la contaminación.

6. No creo que ellos _____ (hacer) mucho por resolver los problemas del medio ambiente.

7. Es urgente que nosotros _____ (mejorar) nuestros esfuerzos para reciclar.

8. Es probable que tú _____ (estar) haciendo algo para proteger el medio ambiente.

9. Es verdad que yo _____ (ducharse) por media hora.

10. Afirmo que todos nosotros _____ (tener) que hacer cambios a nivel personal para proteger el medio ambiente.

11. No dudo que nuestros esfuerzos _____ (ir) a ayudar mucho.

12. Espero que tú _____ (tomar) en serio estos problemas mundiales.

Práctica 2. ¿Qué debemos hacer? Complete las oraciones con la forma correcta de los verbos entre paréntesis. Use el presente o el imperfecto de indicativo, el presente de subjuntivo o el infinitivo.

1. Estoy interesada en mandar dinero cada mes para ayudar a un niño que no

   _____ (tener) padres.

2. Tú buscarás un grifo que _____ (cerrarse) automáticamente.

3. Nosotros usábamos combustible (*fuel*) que _____ (estar) hecho parcialmente de maíz.

4. Yo tomaré duchas que _____ (durar) menos tiempo.

5. Juana y Pepe tienen un sistema para _____ (reutilizar) el agua.

6. No hay ninguna universidad que no _____ (tomar) medidas para conservar

   energía.

7. Necesitamos más parques que _____ (ser) reservas naturales.

8. Me gustaría ver el lince (*lynx*) ibérico, que _____ (estar) en la lista de animales

   en peligro de extinción.

9. No conozco a ningún agricultor que no _____ (estar) preocupado por el medio

   ambiente.

10. Quiero ver el águila que _____ (vivir) encima de un edificio de la capital.

11. Uds. deben _____ (buscar) un centro de reciclaje.

12. Para mis vacaciones, siempre voy a la reserva natural que _____ (estar) en

    Argentina.

13. Fuimos a una fábrica (*factory*) donde vimos unos coches que _____ (ser) híbridos.

14. Busquen un árbol nuevo para reemplazar el árbol que _____ (Uds.: ir) a cortar.

15. Ellos buscan un experto para _____ (renovar) su casa ecológicamente.

Práctica 3. El pasado y el futuro del planeta. Complete las oraciones con la forma correcta de los verbos entre paréntesis.

1. Con tal de que nosotros _____ (cuidar) la Tierra, habrá menos huracanes.

2. Cuando _____ (ser) jóvenes, a nosotros no nos importaba mucho el medio

   ambiente.

3. Nuestros padres siempre reciclaban cuando no _____ (costar) mucho hacerlo.

4. En cuanto _____ (tener) casa, yo también pagaré por un programa de reciclaje.

5. Debemos plantar muchos árboles para que las aves _____ (poder) construir

   sus nidos (*nests*).

6. Antes de que mis padres _____ (comprar) una casa nueva, van a asegurarse

   de que los árboles den mucha sombra.

7. Los agricultores no deben quemar la basura en caso de que se _____

   (contaminar) el aire.

8. Se debe parar de cortar el bambú para que los osos panda tengan suficiente comida y

   _____ (vivir) en paz.

9. Después de _____ (construir) casas nuevas en un área, los animales que vivían

   allí tienen que buscar un nuevo lugar para vivir.

(*continúa*)

10. Cuando se introducen plantas exóticas en un ambiente diferente, los insectos nativos de ese lugar no _____ (poder) vivir en ellas.

11. Las abejas desaparecerán a menos que se _____ (encontrar) la causa.

12. Se debe comer productos orgánicos en caso de que la comida _____ (estar) contaminada por los pesticidas.

13. Vamos a considerar la posibilidad de comprar un coche híbrido antes de _____ (comprar) un coche nuevo.

Práctica 4. Quiero ser biólogo. Complete el párrafo con la forma correcta de cada verbo entre paréntesis. Use el presente de subjuntivo, el presente de indicativo, el pretérito o el infinitivo.

Quiero ser un biólogo que _____[1] (especializarse) en la flora exótica de la Amazonia. El área de la Selva Amazónica es muy importante en el mundo. Es probable que en esta región _____[2] (haber) muchas plantas medicinales que _____[3] (poder) curar varias de las enfermedades graves de hoy en día. Después de que mi abuelo _____[4] (ser) diagnosticado con cáncer, empecé a interesarme en las plantas medicinales. Los indígenas siempre han usado plantas para _____[5] (hacer) curas. Creo que estas curas exóticas también _____[6] (tener) aplicación hoy. Mis padres piensan que yo _____[7] (tener) razón. Cuando mi padre _____[8] (decidir) dejar sus estudios de ingeniería para hacerse científico, vio las muchas oportunidades que tiene un científico para mejorar la condición humana. Yo también _____[9] (ver) estas posibilidades y quiero _____[10] (ayudar) a la gente enferma.

Voy a buscar un pueblo en la región amazónica que _____[11] (estar) cerca del río. Deseo _____[12] (vivir) allí hasta que yo _____[13] (encontrar) una nueva planta que _____[14] (prometer) ser medicinal. En cuanto yo la _____[15] (encontrar), voy a estudiarla con mi equipo de biólogos. La analizaremos hasta que _____[16] (descubrir) su potencial. Después, la _____[17] (ir) a mandar a los Estados Unidos con tal de que _____[18] (hay) una compañía farmacéutica que nos _____[19] (dar) dinero para las investigaciones. En caso de que ninguna compañía nos _____[20] (querer) ayudar, tenemos una lista de universidades que investigan las plantas amazónicas. Espero que ellos _____[21] (interesarse) en nuestro proyecto. Pero hasta que no _____[22] (acabar) de completar mis estudios, no podré realizar este trabajo. Deséame suerte.

Práctica 5.   Nota comunicativa: Past Subjunctive Indique si las oraciones corresponden a su niñez o no.

	SÍ	NO
1. Quería que mis padres me compraran juguetes electrónicos.	☐	☐
2. Buscaba un amigo a quien le gustaran las muñecas.	☐	☐
3. Jugaba afuera hasta que estaba oscuro.	☐	☐
4. Me gustaba jugar al béisbol en la calle para que tuviéramos más espacio.	☐	☐
5. Era importante que asistiéramos a la iglesia los domingos.	☐	☐
6. Dudaba que existiera Santa Claus.	☐	☐
7. Andaba en bicicleta sin que pidiera permiso a mis padres.	☐	☐
8. Jugaba con los otros niños con tal de que ellos jugaran como yo quería.	☐	☐
9. Quería que mis hermanos y yo vendiéramos limonada en las calles.	☐	☐
10. Tenía miedo de montar en bicicleta en caso de que me cayera.	☐	☐

Síntesis y repaso

Práctica 1.   El medio ambiente y mi vida. Read the questions and then listen to Marina describe the ways she protects the environment in her daily life. Finally, answer the questions in complete sentences based on what you hear. You can listen more than once, if you like.

1. ¿Cuál es el problema ambiental en la ciudad donde vive Marina?

_____

2. ¿Por qué no maneja un coche?

_____

3. ¿Cómo conserva el agua?

_____

4. ¿Por qué cree que es importante reciclar?

_____

5. ¿Qué hace con los productos no reciclables?

_____

Práctica 2. **Algunas soluciones importantes.** Complete cada declaración sobre los problemas ambientales usando frases de la lista. Añada su propia información para terminar la oración. **¡OJO!** Use el subjuntivo del verbo.

cerrar el grifo   reutilizar nuestras cosas
crear reservas naturales usar la energía renovable
reciclar todo el papel

1. Las plantas de energía que usan petróleo contaminan el aire; es importante que nosotros...

   _____

2. Los cambios climáticos y la sobrepoblación dan como resultado en la escasez de agua en algunas áreas; es mejor que...

   _____

3. El uso de productos hechos de papel contribuirá a la deforestación hasta que...

   _____

4. Los basureros y los deshechos urbanos contaminan la tierra siempre que nosotros no...

   _____

5. El uso de la tierra para la agricultura y el desarrollo de las ciudades y las afueras contribuirán a la extinción de algunos animales, a menos que nosotros...

   _____

Práctica 3. **Mejorar el medio ambiente.** Read the lists and then listen to the three scenarios. For each one, complete the sentences, indicating the problem described and the animals affected by this problem. Finally, write a sentence describing a solution to the problem. **¡OJO!** You will not need to use all the problems listed. You can listen to the scenarios more than once, if you like.

PROBLEMAS   ANIMALES
el cambio climático   las focas
la contaminación del agua   las gaviotas
la contaminación del suelo   los monos
la deforestación   los osos polares
la desertificación   los papagayos
la sobrepoblación   los pingüinos

1. a. Este problema es un ejemplo de _____.

   b. Este problema afecta a _____ y _____.

   c. Una de las soluciones es _____.

2. a. Este problema es un ejemplo de _____.

   b. Este problema afecta a _____ y _____.

   c. Una de las soluciones es _____.

3. a. Este problema es un ejemplo de _____.

   b. Este problema afecta a _____ y _____.

   c. Una de las soluciones es _____.

Práctica 4. Andrill: Un proyecto en la Antártida

   PASO 1. Lea el artículo.

Se dice que es importante aprender de la historia para evitar la repetición de errores o conflictos y problemas.

   Uno de los estudios históricos más ambiciosos es el proyecto ANDRILL. El nombre de este proyecto se deriva de las palabras en inglés: *ANtarctica DRILLing Project.* Como sugieren estas palabras, este estudio histórico usa la perforación[a] para estudiar el hielo de tiempos pasados. El proyecto tiene su base en la Antártida, en la Estación McMurdo.

   Los 200 científicos, estudiantes y profesores de este proyecto vienen de Alemania, Italia, Nueva Zelanda, Gran Bretaña y los Estados Unidos, y esperan que los 1.200 metros de perforación les brinde[b] información sobre el clima y los cambios climáticos de los últimos 20 millones de años. Estos estudiantes de la historia quieren aprender más sobre los cambios del medio ambiente en los tiempos pasados y saber cómo eran los cambios glaciales en nuestro planeta. Muchos científicos temen que el calentamiento global pueda causar la repetición de algunos de estos movimientos glaciales. No quieren que esa historia se repita.

[a]*drilling*   [b]*give*

   En octubre de 2009, los científicos descubrieron evidencia de un período de calor en la Antártida. Encontraron alga y polen de plantas, lo cual significa que en el clima de ese período incluía temperaturas de por lo menos 50 grados Fahrenheit. ¿Cree Ud. que ANDRILL revelará más secretos históricos?

PASO 2. Conteste las preguntas, según la información del **Paso 1.**

   1. ¿Dónde hacen sus investigaciones? ¿Cómo las hacen?

   _____

   2. ¿Qué es ANDRILL?

   _____

   3. ¿Qué países participan en este proyecto?

   _____

   4. ¿Cuál es la meta de ANDRILL?

   _____

   5. ¿En qué año descubrieron algo inesperado (*unexpected*)? ¿Qué encontraron?

   _____

   6. ¿Qué significa este descubrimiento?

   _____

PASO 3. Ud. es científico. ¿Qué parte del mundo le fascina a Ud.? ¿Cuál es una de las partes del mundo que Ud. quiere proteger? Describa la flora y la fauna de este lugar. ¿Hay peligros de contaminación en este lugar? ¿Qué se puede hacer para resolver los problemas de esta área?

_____

_____

_____

_____

Palabra escrita

A finalizar

You are now going to write your final composition, based on the first draft you wrote in the **Palabra escrita: A comenzar** section of your textbook. Remember that the theme for your composition is **Nuestros recursos naturales** and that your purpose is to tell the reader about the natural resources in your area, how they are being wasted or used responsibly, and what will or will not happen to those resources, based on community habits, actions, or programs that affect them.

Práctica 1.   El borrador. Repase el borrador de su composición para estar seguro/a de que ha explorado bien estos temas relacionados con los siguientes temas y la región donde Ud. vive.

1.   los recursos naturales que hay
2.   las amenazas (*threats*) en contra de los recursos naturales
3.   los programas para protegerlos
4.   el futuro de los recursos naturales

Práctica 2.   El vocabulario y la estructura. Repase el vocabulario y la gramática de este capítulo. Tenga en cuenta estas preguntas.

1.   ¿Ha incluido Ud. suficiente información para explicar los temas de la **Práctica 1**?
2.   ¿Ha usado el vocabulario apropiado?
3.   ¿Ha usado correctamente el subjuntivo después de conjunciones de dependencia y propósito (*purpose*)?
4.   ¿Ha conjugado correctamente los verbos?
5.   ¿Concuerdan los adjetivos con los sustantivos que modifican?

Práctica 3.   ¡Ayúdame, por favor! Intercambien composiciones con un compañero / una compañera de clase. Repasen las composiciones y háganse sugerencias para mejorarlas o corregirlas.

Práctica 4.   El borrador final. Vuelva a escribir su composición y entréguesela a su profesor(a).

TEMA I: La tecnología y la comunicación

Vocabulario del tema

Práctica 1. Vivir en el mundo moderno. Indique si las oraciones sobre el mundo moderno son **ciertas** (**C**) o **falsas** (**F**).

		C	F
1.	El coche híbrido funciona con gasolina solamente.	☐	☐
2.	La gente se entera de los acontecimientos (*events*) viendo las noticias.	☐	☐
3.	Los ciudadanos pueden votar por el Internet durante las elecciones nacionales.	☐	☐
4.	Si uno quiere manejar las cuentas por el Internet, es necesario saber su contraseña (*password*).	☐	☐
5.	Los alimentos transgénicos son ejemplos de la comida orgánica.	☐	☐
6.	La agenda electrónica se usa mucho en las compañías de negocios.	☐	☐

Práctica 2. El mundo digital. Escoge la palabra apropiada para completar las siguientes oraciones. ¡OJO! No se usan todas las palabras de la lista.

adjuntar	borrar	estar al día	el modem
los archivos	digitalizar	la conexión WiFi	la television de alta definición

1. Es importante no olvidar de guardar _____ antes de apagar la computadora.

2. Se usa el escáner para _____ documentos y fotos.

3. Para mandar un archivo a otra persona, Ud. lo debe _____ a un email.

4. Con _____ uno puede conectarse al Internet con el portátil en toda la casa.

5. Es muy fácil _____ gracias a los varios periódicos y revistas que se encuentran en línea.

6. Si quiere tener una fiesta del Super Bowl, es importante que tenga _____.

Gramática

15.1 Conditional

Práctica 1. ¿Qué preferirías? Lea las preferencias e indique lo que Ud. prefiere.

1. ☐ Preferiría estar al día.   ☐ Preferiría no saber nada de las noticias.
2. ☐ Preferiría tener un coche híbrido.   ☐ Preferiría tener un coche eléctrico.
3. ☐ Preferiría tener un rey.   ☐ Preferiría tener un dictador (*dictator*).
4. ☐ Preferiría una computadora.   ☐ Preferiría una computadora portátil.
5. ☐ Preferiría una agenda electrónica.   ☐ Preferiría tener un calendario en la pared.
6. ☐ Preferiría usar un mapa.   ☐ Preferiría usar un sistema GPS.
7. ☐ Preferiría viajar por tren de alta velocidad.   ☐ Preferiría viajar por avión.
8. ☐ Preferiría presentarme para presidente.   ☐ Preferiría votar por otra persona.

Práctica 2. Con un millón de dólares en el banco... Conjugue los verbos en el condicional.

1. Nosotros _____ (presentarse) a la presidencia.

2. Mis abuelos _____ (volar) muchas veces a Florida.

3. Yo me _____ (comprar) un barco.

4. Mi madre _____ (mudarse) a una casa más grande.

5. Uds. _____ (tener) su propio periódico.

6. Uds. _____ (comer) sólo comida orgánica.

7. Mi padre _____ (encontrar) la motocicleta que desea.

8. Tú _____ (buscar) un coche híbrido.

9. Ud. _____ (guardar) el dinero en el banco.

10. Los estudiantes _____ (viajar) más.

Práctica 3. ¿Qué haría Ud. como presidente de su país? Conjugue los verbos en el condicional.

Como presidente, yo _____[1] (hacer) cosas muy buenas por los ciudadanos de mi país. En mi país todos _____[2] (saber) leer y escribir bien. Yo _____[3] (ir) a visitar las escuelas con frecuencia. Yo _____[4] (tener) programas para que los estudiantes participaran en las investigaciones que les interesaran. Ellos me _____[5] (decir): «Muchas gracias por la oportunidad, señor Presidente». Si hubiera una huelga (*strike*) de trabajadores, yo _____[6] (salir) a hablar con ellos personalmente y _____[7] (resolver) los problemas con ellos. Me _____[8] (gustar) darles oportunidades a todos los ciudadanos y también a los inmigrantes. Los inmigrantes _____[9] (poder) mantener su nacionalidad de origen y también tener la nacionalidad de mi país. _____[10] (Haber) programas para ayudar a los inmigrantes a adaptarse a la nueva cultura. Por otro lado, nosotros _____[11] (tener) organizaciones culturales especiales para ayudarlos a mantener su cultura. Yo no _____[12] (querer) olvidarme de nadie. Cuando las personas llamaran para hablar conmigo sobre un asunto de importancia personal, yo _____[13] (poner) sus nombres en una lista y les _____[14] (devolver) sus llamadas cuando tuviera tiempo. Todos los días la gente _____[15] (venir) a visitarme.

Práctica 4. Pidiendo favores. Listen to the cues and use the conditional to express your wishes. Follow the model. Then listen to and repeat the correct answer.

MODELO (*you hear*) decirme la hora   (*you see*) poder →
(*you say*) ¿Podrías decirme la hora?

1. poder	3. pasarme	5. informarme	7. llamarnos
2. poder conseguirme	4. poder ponerme	6. votar	

Práctica 5. El futuro desde un punto de vista del pasado. Complete las oraciones con la forma correcta del pretérito del primer verbo entre paréntesis, y del condicional del segundo.

MODELO El dictador <u>cambió</u> (cambiar) las leyes porque <u>querría</u> (querer) más poder.

1. Los ciudadanos _____ (guardar) provisiones porque _____ (venir) un período de escasez.

2. Los asesinatos _____ (ocurrir) en la noche porque los testigos probablemente _____ (estar) durmiendo.

3. El dictador _____ (prometer) que nos _____ (dar) mucha libertad.

4. Los políticos _____ (esconder) la clonación que evidentemente _____ (ser) muy controvertida más tarde.

5. Los trabajadores _____ (cumplir) con sus deberes porque _____ (salir) en las noticias si no lo hicieran.

6. Los reporteros no _____ (escribir) la información que _____ (poder) causarles problemas con el gobierno.

7. Las revistas tampoco _____ (decir) la verdad porque los escritores _____ (perder) sus puestos si la publicaran.

8. El desastre natural que _____ (ocurrir) en los años 90 _____ (parar) los planes que el dictador tenía para el futuro.

Síntesis y repaso

Práctica 1. El mejor candidato. Read the following statements made by voters and then listen to two candidates for mayor describe their platforms. Indicate whether each voter will choose **Candidato 1** or **Candidato 2,** based on the statement.

VOCABULARIO PRÁCTICO

si yo fuera alcalde   if I were mayor

1. Laura: «Mi candidato favorito mejorará el sistema de autobuses.»

   Laura votará por _____.

2. Esteban: «Mi candidato favorito creará parques.»

   Esteban votará por _____.

3. Eduardo: «Mi candidato favorito cree que los trabajadores deben tener seguro médico.»

   Eduardo votará por _____.

4. Lucía: «Mi candidato favorito probablemente estaría a favor de crear programas de reciclaje.»

   Lucía votará por _____.

(continúa)

5. Gustavo: «Mi candidato favorito cree que es importante que los niños sepan cuidarse.»

   Gustavo votará por _____.

6. Marisol: «A mi candidato favorito probablemente le importaría el estado mental de los ciudadanos.»

   Marisol votará por _____.

Práctica 2. El acontecimiento. Read the statements and then listen to Ricardo and Jaime discuss a news story. Indicate whether each statement is **cierto (C)** or **falso (F)** based on what your hear.

	C	F
1. Hoy hay una manifestación (*demonstration*).	☐	☐
2. Hay una huelga (*strike*) de trabajadores en el centro.	☐	☐
3. La gente protesta porque nadie quiere otra fábrica en la ciudad.	☐	☐
4. El basurero de la ciudad ya está lleno de basura.	☐	☐
5. A Ricardo no le molestan los basureros.	☐	☐
6. Jaime no está de acuerdo con las ideas de Ricardo.	☐	☐

Práctica 3. Un noticiero. Read the questions and then listen to the television news report. Indicate the correct answer for each question based on what you hear.

1. ¿Qué tiempo hace esta noche?
   - ☐ Llueve.
   - ☐ Nieva.
2. ¿Por qué no es buena idea manejar?
   - ☐ El hielo podría causar accidentes de coches.
   - ☐ El agua podría causar una inundación.
3. ¿Cuál es el problema de los actores?
   - ☐ Están en huelga por el sueldo.
   - ☐ Están en huelga por el horario de trabajo.
4. ¿Qué sucede en el país vecino?
   - ☐ Los ciudadanos trabajarán.
   - ☐ Los ciudadanos podrán votar.
5. ¿Cómo es la situación en ese país ahora?
   - ☐ Es mala.
   - ☐ Es buena.
6. ¿Qué ocurrió en el Parque Central?
   - ☐ una lucha
   - ☐ un asesinato (*murder*)
7. Según la Policía, ¿por qué ocurren estos casos?
   - ☐ La gente no obedece las leyes.
   - ☐ La gente obedece las leyes.
8. ¿Quién aparecerá en el noticiero de las diez?
   - ☐ Aparecerá un político.
   - ☐ Aparecerá uno de los testigos (*witnesses*).

Práctica 4. El desarrollo científico y tecnológico

PASO 1. Lea sobre el futuro de la tecnología.

Según los expertos, hay diez avances[a] científicos que realmente cambiarían el mundo. ¿Le sorprendería saber que todos esos avances tienen algo que ver con la tecnología? No, ¿verdad? Muchos de esos avances tienen nombres que, hace unos años, sólo leeríamos en novelas de ciencia ficción: nano-células solares,[b] mecatrónica,[c] glucómicas,[d] criptografía quantum,[e] litografía nano-impresión,[f] por nombrar algunos.

A los países latinoamericanos, los obstáculos económicos les han impedido avanzar en los campos de la ciencia y la tecnología. El Banco Interamericano de Desarrollo[g] (BID) es un banco dedicado al desarrollo de los países latinoamericanos y caribeños. Uno de sus objetivos es acabar con la diferencia en el campo científico y tecnológico entre Latinoamérica y otras naciones como los Estados Unidos, Canadá y los países europeos. Para lograr[h] esto, el BID ha colaborado con varias agencias, políticos e instituciones para estimular e invertir[i] en ciencia y tecnología en esos países.

[a]*advances* [b]*nano-células... nanosolar cells* [c]*mechatronics* [d]*glycomics* [e]*criptografía... quantum cryptography* [f]*litografía... nanoimprint lithography* [g]*Development* [h]*achieve* [i]*invest*

Aunque todavía hay diferencias en estos campos, algunos países latinoamericanos ya han tomado medidas para cubrir las distancias que los separan de los países más desarrollados. ¿Cómo se acabaría con estas diferencias por completo? Algunas de las medidas[j] incluirían el aumento del número de publicaciones científicas, del número de empleados que trabajan en investigaciones y desarrollo y del número de patentes pedidas. Para promover estas actividades, también es muy importante crear un sistema de educación que integre las ciencias y la tecnología.

El BID invierte en todos los países latinoamericanos y caribeños, pero los resultados varían mucho de un país a otro. Recientemente, varios estudios informan que, de los países latinoamericanos, Chile es el líder en tecnología y ciencia, especialmente en el campo de tecnologías de la información y comunicación.

[j]measures

PASO 2. Escoja la respuesta correcta, según la información del **Paso 1.**

1. Describa en qué consiste uno de los avances mencionados en el primer párrafo.

   _____

2. ¿Qué es el BID?

   _____

3. ¿Cuál es el objetivo del BID?

   _____

4. ¿Qué medidas pueden tomar los países latinoamericanos para acabar con las diferencias en el campo científico y tecnológico?

   _____

5. ¿Cuál país latinoamericano es el líder en tecnología y ciencias? ¿En qué campo?

   _____

PASO 3. Busque información sobre dos avances mencionados en el primer párrafo u otros que le interesen, y describa cómo estos cambiarían nuestra vida diaria.

_____

_____

_____

_____

_____

Pronunciación

Rhythm and Intonation

Remember that Spanish words are linked together when pronounced in sequence. In normal speech, there are typically no pauses between words, and no syllable is pronounced longer than any other syllable.

Práctica 1.   El ritmo. Listen to each phrase and pay attention to the rhythm and linking. Then repeat each phrase as closely as possible.

1. ¿Adónde va Adán?
2. los árboles
3. ¿Cómo está Ud.?
4. tu amigo
5. ¿Estás seguro de que tu amigo esté en las afueras?

When pronouncing a statement, Spanish-speakers use a falling intonation. This means that the pitch of the voice falls toward the end of the sentence.

Práctica 2.   La entonación. Listen to each statement and pay attention to the falling intonation. Then repeat each statement as closely as possible.

1. El libro está en la mesa.
2. Me gusta estudiar español.
3. No sé donde estará mi amigo.
4. Es importante que estudies.
5. No tengo mucho dinero.

Falling intonation is also used in information questions that begin with a question word such as **¿qué?** or **¿cómo?** For *yes-no* questions, however, a rising intonation is used. This means that the pitch of the voice rises toward the end of the sentence.

Práctica 3.   La entonación: Preguntas. Listen to the intonation of several different types of questions. Then repeat each question as closely as possible.

1. ¿Por qué estudias español?
2. ¿Qué haces los fines de semana?
3. ¿Cuánto dinero tienes?
4. ¿Tienes mi libro?
5. ¿Te gusta el español?
6. ¿Has visto a mi amigo?

For statements and questions that include a list of items, the pitch will rise with each item in the list and fall on the last item.

Práctica 4.   La entonación: Listas. Listen to each list and pay attention to the intonation patterns. Then repeat each sentence as closely as possible.

1. Me gusta leer, escribir y cantar.
2. ¿Te gusta el español o el francés?
3. Tengo tres opciones: ir a la fiesta, estudiar o dormir.
4. ¿Vas a beber té, café o agua?
5. ¿Qué prefieres, los monos o las ranas?

TEMA II: La calidad y las presiones de la vida

Vocabulario del tema

Práctica 1.   Las presiones de la vida moderna. Lea cada oración y escoja la palabra que la complete mejor.

1. En vez de poner el dinero en una cuenta de ahorros uno puede (invertir en la bolsa / planear la jubilación) para ganar más dinero.
2. El gobierno te va a dar dinero para que puedas asistir a la universidad. Esto es (una matrícula / un préstamo estudiantil).

3. Cuando muchas personas que tienen el mismo problema hablan juntos con un sicólogo es (el retiro espiritual / la terapia de grupo).
4. Esto ocurre cuando inhalas mucho aire en los pulmones: (respirar profundo / estirarse).
5. Para comprar una casa nueva en efectivo necesitas mucho dinero, por eso pides una (hipoteca / deuda).
6. Si quieres lo que tienen otras personas, experimentas el sentimiento de (miedo / envidia).

Práctica 2. El carácter. Empareje cada definición con el adjetivo apropiado.

1. _____ Habla mal de sus padres porque no le permiten andar en la calle hasta muy tarde.
2. _____ Dice «por favor» y «gracias».
3. _____ Da parte de su tiempo para hacer de voluntario.
4. _____ Quiere ser abogado, político y presidente del país en el futuro.
5. _____ Le gusta mirar fotos de sus hijos cuando eran niños.
6. _____ Pasa diez horas al día estudiando música porque le encanta.
7. _____ Siempre quiere la parte más grande de todo.
8. _____ Cree que es mejor que todos los demás.

a. Es rencoroso/a.
b. Es altruista.
c. Es respetuoso/a.
d. Es orgulloso/a.
e. Es egoísta.
f. Es sentimental.
g. Es apasionado/a.
h. Es ambicioso/a.

Gramática

15.2 **Si** Clauses

Práctica 1. Cosas que siempre hace la consejera. Complete las oraciones con la forma correcta de los verbos entre paréntesis, según el modelo.

MODELO Si un estudiante <u>necesita</u> (necesitar) ayuda, yo lo <u>escucho</u> (escuchar).

1. Si un estudiante me _____ (decir) que está deprimido, siempre le

    _____ (preguntar) por qué.

2. Si un estudiante _____ (tener) problemas con algún compañero, me

    _____ (gustar) hablar con su compañero también.

3. Si un estudiante _____ (quejarse) de sus profesores, le _____

    (recomendar) que hable con ellos.

4. Si un estudiante no _____ (poder) dormir bien, siempre le

    _____ (dar) consejos para ayudarlo a dormir.

5. Si un cliente me _____ (explicar) que no le gusta su trabajo, le

    _____ (sugerir) que cambie de puesto.

6. Si un cliente me _____ (dar) permiso, _____ (grabar) la

    conversación para revisarla después.

(continúa)

7. Si un cliente no _____ (querer) hablar conmigo, siempre

_____ (querer) saber por qué.

8. Si un cliente no _____ (ser) respetuoso, a veces _____ (tener)

que llamar a la policía.

Práctica 2. Mi trabajo en la venta de bienes raíces. Complete las oraciones con la forma correcta de los verbos entre paréntesis, según el modelo.

MODELO Si <u>vendía</u> (vender) cuatro casas al mes, <u>ganaba</u> (ganar) mucho dinero.

1. Si los clientes me _____ (llamar) por la mañana, yo les _____

(mostrar) la casa por la tarde.

2. Si las casas _____ (estar) cerradas, las _____ (abrir) con la

llave.

3. Me _____ (gustar) mostrar las casas si los clientes me _____

(hacer) muchas preguntas interesantes.

4. Los clientes _____ (ponerse) muy contentos si les _____

(hablar) de un descuento.

5. Los clientes _____ (enojarse) si la casa _____ (oler) a animales.

6. Los clientes _____ (recibir) una tarjeta de Navidad si _____

(hacer) negocio conmigo.

Práctica 3. Mis planes con el dinero. Complete las oraciones con la forma correcta de los verbos entre paréntesis, según el modelo.

MODELO Si el banco no me presta dinero, no compraré una casa nueva.

1. Si el banco me _____ (dar) un préstamo (*loan*), yo _____ (comprar) una casa.

2. Si _____ (ganar) dinero extra este año, lo _____ (invertir) en la bolsa.

3. Si no _____ (ganar) mucho dinero durante mi primer año de trabajo, no

_____ (poner) nada en el banco.

4. Si mis padres me _____ (prestar) dinero, les _____ (pagar)

tan pronto como me sea posible.

5. Si _____ (invertir) mi dinero en la bolsa, _____ (leer) el periódico

todos los días para ver si ha subido el valor.

6. Si no _____ (terminar) mis estudios, nunca _____ (tener) mucho

dinero.

Práctica 4. Si yo fuera este animal... Empareje las frases para formar oraciones lógicas.

1. _____ Si yo fuera una abeja...
2. _____ Si yo fuera un mono...
3. _____ Si yo fuera un reptil...
4. _____ Si yo fuera un cocodrilo...
5. _____ Si yo fuera un pingüino...
6. _____ Si yo fuera una mariposa...
7. _____ Si yo fuera un lobo...
8. _____ Si yo fuera un águila...

a. sería el líder de la manada (*pack*).
b. me gustaría el frío.
c. dormiría encima de una roca en el sol.
d. buscaría el polen de las flores.
e. viviría en un pantano.
f. mostraría al mundo mis colores bellos.
g. volaría muy alto.
h. saltaría en los árboles.

Práctica 5. Posibilidades en la vida. Complete las oraciones con la forma correcta del imperfecto de subjuntivo de los verbos entre paréntesis.

1. Si yo _____ (tener) más tiempo, participaría en un retiro (*retreat*) espiritual.

2. Si tú _____ (ir) al banco, te darían un préstamo.

3. Si Ud. _____ (hacer) negocios con nosotros, su compañia lograría muchos

    beneficios.

4. Si nosotros _____ (ser) más apasionados por el trabajo, podríamos tener mejores

    resultados.

5. Si Uds. _____ (hablar) por el Internet en vez de usar el celular, gastarían

    menos dinero.

6. Si las personas _____ (estar) más contentos en sus relaciones familiares,

    habría menos necesidad de la terapia de grupo.

Práctica 6. Pobre de mí. Your friend is having a pity party. Listen to his statements and then use the cues to provide a different perspective. Follow the model. Then listen and repeat the correct answer.

> MODELO (*you hear*) Tengo muy pocos amigos.
>
> (*you see*)   no ser tan ambicioso / tener más amigos →
>
> (*you say*) Si no fueras tan ambicioso, tendrías más amigos.

1. ser altruista / ser más feliz
2. no estar tan ocupado / poder asistir a las fiestas
3. hablar con él con más frecuencia / conocerte
4. ser menos egoísta / estar más interesadas en ti
5. no ser rencoroso / no tenerte manía
6. pedirle / aumentarte el sueldo
7. no tenerles envidia / tratarte mejor

Síntesis y repaso

Práctica 1.   ¿Qué haría Ud.? Read the following questions and then listen to the conversation between Sabina and Mateo. Answer the questions using complete sentences based on what you hear.

1.   ¿Cómo se enteró Mateo de que el actor gana mucho dinero?

_____

2.   ¿Qué cosas materiales compraría Sabina?

_____

3.   ¿Qué deudas personales pagaría Sabina?

_____

4.   ¿Qué acto de altruismo haría Sabina si tuviera mucho dinero?

_____

5.   ¿A qué lugar se mudaría Mateo si ganara mucho dinero? ¿Por qué?

_____

Práctica 2.   Si tuviera tiempo...   Read the following questions and then listen to each person describe himself/herself. Indicate the correct answer to each question, based on what you hear.

1.   Si Luis tuviera tiempo, ¿qué haría?
   ☐ Trabajaría en el jardín.   ☐ Cocinaría unos postres.   ☐ Iría a nadar en el mar.
2.   Si Salvador tuviera el tiempo, ¿qué haría?
   ☐ Leería un libro.   ☐ Estudiaría para un examen.   ☐ Bebería unas cervezas.
3.   Si Juana tuviera tiempo, ¿qué haría?
   ☐ Iría a la librería.   ☐ Bailaría en una discoteca.   ☐ Limpiaría la casa.
4.   Si Ramón tuviera tiempo, ¿qué haría?
   ☐ Correría en el parque.   ☐ Jugaría a los videojuegos.   ☐ Leería el periódico en línea.
5.   Si Lola tuviera tiempo, ¿qué haría?
   ☐ Pasaría la aspiradora.   ☐ Dormiría en casa.   ☐ Haría de voluntaria en el hospital.

Práctica 3.   A parafrasear. Lea las oraciones y la paráfrasis de cada una. Complete las paráfrasis con la forma condicional del verbo apropiado.

1.   En mi opinión, es importante que los ciudadanos estén al día para que tomen decisiones inteligentes.

   En otras palabras, si los ciudadanos estuvieran al día, _____ decisiones inteligentes.

2.   En mi opinión, es urgente que las fábricas dejen de contaminar el aire para que no haya tanto smog.

   En otras palabras, si las fábricas dejaran de contaminar el aire, no _____ tanto smog.

3.   En mi opinión, es necesario que los jefes supervisen a los empleados para que los empleados sean responsables.

   En otras palabras, si los jefes supervisaran a los empleados, los empleados _____ responsables.

4. En mi opinión, es importante que la gente duerma ocho horas cada noche para que no se enferme.

   En otras palabras, si la gente durmiera ocho horas cada noche, no se _____.

5. En mi opinión, es necesario que llegues al aeropuerto a tiempo para que no pierdas el vuelo.

   En otras palabras, si llegaras al aeropuerto a tiempo, no _____ el vuelo.

Práctica 4.   El estrés en el trabajo

PASO 1.   Lea el artículo.

¿Sabe Ud. reconocer los síntomas del estrés? El estrés puede presentar síntomas físicos, mentales y sociales. Un dolor de cabeza, espalda o cuello podrían ser síntomas del estrés mental. Un síntoma emocional sería el desánimo[a] o la pérdida de motivación, llorar o estar de mal humor. Las personas que consumen mucho alcohol o drogas o que tienen malas relaciones con sus compañeros o con su familia podrían estar exhibiendo síntomas sociales del estrés. ¿Ha sufrido Ud. alguna vez de tensiones musculares, visión borrosa,[b] problemas digestivos, cansancio[c] excesivo o dificultad en dormir? ¿Se ha sentido incapaz de cambiar una situación desagradable? Es posible que Ud. sufra del estrés.

¿Qué factores contribuyen al estrés? En muchos casos puede ser el carácter de una persona, pero hay otros factores que intervienen. Un factor prevalente es el trabajo. El estrés con síntomas físicos es especialmente problemático en trabajos que exigen un ritmo acelerado, como el de las secretarias, los camareros y los obreros de la construcción. Son empleos que, además, no tienen remuneración[d] muy alta. Los que trabajan como empleados domésticos, maestros o empleados de transporte a menudo[e] manifiestan síntomas mentales del estrés. Las amas de casa[f] también lo sufren.

Muchas afectados por el estrés podrían aliviar los síntomas si dedicaran algún tiempo a reflexionar, analizar su situación y seguir algunos pasos para recuperarse. Si Ud. sufre del estrés, debe hacer más ejercicio. No tiene que ser una rutina complicada. Si Ud. diera un paseo tres o cuatro días a la semana, reduciría muchas de sus tensiones. También podría simplemente relajarse, meditar unos diez minutos, ostirar los músculos después de levantarse. También debe tener en cuenta su dieta. Es aconsejable[g] comer bien, bajar la ingestión de carbohidratos y aumentar la comida alta en fibras. Y lo más importante, haga un poco de autorreflexión para conocerse a sí mismo y aprender a evitar situaciones estresantes. Aunque es imposible evitar por completo el estrés, hay muchas técnicas que podemos usar para reducirlo.

[a]*dejection*   [b]*blurry*   [c]*tiredness*   [d]*no... don't pay well*   [e]*a... often*   [f]*ama... housewives*   [g]*advisable*

PASO 2.   Conteste las siguientes preguntas, según la información del **Paso 1.**

1. ¿Cuáles son los trabajos que causan mucho estrés mental?

   _____

2. ¿Cuáles causan estrés físico?

   _____

3. Nombre dos de los síntomas físicos del estrés. _____

4. Nombre dos de los síntomas mentales. _____

5. Nombre tres de las cosas que una persona puede hacer para aliviar el estrés.

   _____

PASO 3.   Conteste las siguientes preguntas, según su propia experiencia.

1. ¿Qué situaciones le causan a Ud. mucho estrés?

   _____

(continúa)

2. ¿Qué hace Ud. cuando se siente estresado/a? ¿Come? ¿Bebe? ¿Fuma? ¿Se queja? ¿Guarda silencio? ¿otras cosas?

_____

_____

3. ¿Con quién habla Ud. de su problema cuando se siente estresado/a? ¿con un amigo? ¿un pariente? ¿un profesor? ¿una mascota? ¿Prefiere escribir? Explique.

_____

4. ¿Ha experimentado Ud. estrés relacionado con el trabajo? ¿Hizo algo para resolver el problema? ¿Qué hizo?

_____

5. ¿Cuáles son algunas de las técnicas que le gustaría probar (*try*) la próxima vez que se sienta estresado/a?

_____

Palabra escrita

A finalizar

You are now going to write your final composition, based on the first draft you wrote in the **Palabra escrita: A comenzar** section of your textbook. Remember that the theme for your composition is **¿Conectarse o no?** and that your purpose is to tell the reader about Generation Z, the most "connected" generation in history, and then argue why it is or why it could be good or bad to have, expect, and maintain that level of connectedness to people, media, the Internet, music, news, entertainment, and so on.

Práctica 1. El borrador. Repase el borrador de su composición para estar seguro/a de que ha contestado bien estas preguntas.

1. ¿Quiénes pertenecen a la Generación Z?
2. ¿Qué significa «estar conectado/a»?
3. ¿Cuáles son o podrían ser las ventajas de estar conectado/a?
4. ¿Cuáles son o podrían ser los peligros y las desventajas de estar conectado/a?
5. ¿Cómo podría afectar al resto del mundo esa conectividad de la Generación Z? ¿Qué podría cambiar? (Piense en la economía, las normas sociales, la salud y otros factores.)

Práctica 2. El vocabulario y la estructura. Repase el vocabulario y la gramática de este capítulo. Tenga en cuenta estas preguntas.

1. ¿Ha incluido Ud. suficiente información para contestar las preguntas de la **Práctica 1**?
2. ¿Ha usado el vocabulario apropiado?
3. ¿Ha usado correctamente el condicional?
4. ¿Ha conjugado correctamente los verbos?
5. ¿Concuerdan los adjetivos con los sustantivos que modifican?

Práctica 3. ¡Ayúdame, por favor! Intercambien composiciones con un compañero / una compañera de clase. Repasen las composiciones y háganse sugerencias para mejorarlas o corregirlas.

Práctica 4. El borrador final. Vuelva a escribir su composición y entréguesela a su profesor(a).

Answer Key

CAPÍTULO PRELIMINAR

Tema I

Vocabulario del tema Práctica 1: 1. e 2. d 3. c 4. f 5. a 6. b **Práctica 2:** 1. cómo 2. Me llamo 3. nombre 4. Igualmente 5. De dónde eres 6. Y tú 7. Buenos días 8. usted 9. gracias 10. De nada **Práctica 3:** 1. veintisiete 2. nueve 3. catorce 4. treinta 5. dieciséis 6. cinco 7. once 8. veintidós 9. dieciocho 10. cuatro **Práctica 4:** 1. veintiséis 2. quince 3. dos 4. veintinueve 5. diez 6. diecisiete **Práctica 5:** 1. 3 2. 21 3. 12 4. 6 5. 8 6. 10 7. 1 8. 13

Gramática P.1 Práctica 1, PASO 1: 1. las 2. la 3. los 4. la 5. el 6. los **PASO 2:** 7. un 8. unos 9. unas 10. una 11. un 12. un **Práctica 2, PASO 1:** 1. los cuadernos 2. los lápices 3. los papeles 4. las sillas 5. los dólares **PASO 2:** 1. la novela 2. el mapa 3. la sandalia 4. el diccionario 5. la luz
    Gramática P.2 Práctica 1: 1. Ud. 2. tú 3. tú 4. Ud. 5. Ud. 6. Uds. 7. tú 8. tú 9. Uds. 10. Uds. **Práctica 2:** 1. ella 2. él 3. ellos 4. ellas 5. nosotros 6. Uds. 7. ellos 8. ella 9. Uds. 10. él **Práctica 3:** 1. soy 2. somos 3. son 4. son 5. Son 6. Es 7. son 8. es 9. eres 10. es
    Síntesis y repaso Práctica 1: 1. Se llama Luis Gómez. 2. Se llaman Roberto y Marcos. 3. Muy bien. 4. Roberto 5. Marcos 6. el profesor/Luis Gómez **Práctica 2:** 1. AMBOS 2. ESTUDIANTE 3. PROFESOR 4. PROFESOR 5. AMBOS 6. ESTUDIANTE **Práctica 3: PASO 1.** 1. Cómo te llamas / Cuál es tu nombre 2. De dónde eres 3. Cuántos estudiantes hay **PASO 2.** ESTUDIANTE 1: María, México, 23 (veintitrés) ESTUDIANTE 2: Antonio, Puerto Rico, 15 (quince) ESTUDIANTE 3: Gloria, California, 28 (veintiocho) **Práctica 4: PASO 2.** 1. AMBOS 2. ADAM 3. ADAM 4. DANIA 5. DANIA
    Pronunciación Práctica 4: 1. Eva Muñoz 2. Luis Flores 3. Carlos Delgado

CAPÍTULO 1

Tema 1

Vocabulario del tema Práctica 1: 1. F 2. C 3. F 4. C 5. F 6. F 7. F 8. F **Práctica 2:** 1. una mochila, un teléfono celular 2. unos libros de texto, un cuaderno 3. una mochila, un cuaderno 4. una mochila, un bolígrafo **Práctica 3:** 1. b 2. c 3. b 4. a 5. d 6. d **Práctica 4:** 1. inglés, literatura 2. ciencias políticas, derecho 3. biología, química 4. escultura, pintura 5. arquitectura, ingeniería **Práctica 5:** 1. d 2. c 3. a 4. f 5. h 6. e 7. b 8. g
    Gramática 1.1 Práctica 2: 1. aburridas 2. grande 3. perezoso 4. antipáticos 5. bajos 6. malas 7. feo **Práctica 4:** 1. tu 2. Su 3. Su 4. Mi 5. tu 6. Mi
    Gramática 1.2 Práctica 1: 1. gustan 2. gustan 3. gusta 4. gusta 5. gusta 6. gusta 7. gusta 8. gusta
    Síntesis y repaso Práctica 1: 1. cálculo, química, sicología, español, anatomía 2. difíciles 3. medicina 4. español 5. interesante **Práctica 2:** 1. b 2. c 3. a 4. b 5. c **Práctica 3:** 1. F 2. C 3. F 4. C 5. C **Práctica 4: PASO 2.** 1. F 2. F 3. F 4. F 5. C 6. C

Tema II

Vocabulario del tema Práctica 1: 1. jueves 2. sábado 3. miércoles 4. domingo 5. viernes **Práctica 2:** 1. 12:30 2. 9:25 3. 2:45 4. 5:53 5. 1:05 **Práctica 3:** 1. Son las nueve menos cuarto de la mañana./Son las nueve menos quince de la mañana. 2. Es medianoche. 3. Son las cinco menos veinte de la tarde. 4. Son las nueve y diez de la noche. 5. Son las tres y media de la tarde. 6. Son las siete menos cinco de la mañana. **Práctica 4:** 1. a las once 2. una 3. a las tres de la tarde 4. historia de Europa, ciencias políticas y español 5. a la una de la tarde 6. seis horas 7. sicología y geografía

Gramática 1.3 Práctica 2: 1. practicamos 2. regresa 3. hablo 4. toman 5. trabajan
6. buscas 7. cantan 8. toco
Gramática 1.4 Práctica 1: 1. creen 2. leen 3. comen 4. escriben 5. viven 6. asisten
7. reciben Práctica 2: 1. aprendo 2. escribimos 3. asisten 4. debes 5. comprendo 6. cree
7. lees 8. abrimos 9. recibe 10. venden Práctica 4: 1. Corre en el parque. 2. Escucha música.
3. Lee muchos libros. 4. Trabaja en una tienda. 5. Asiste a un concierto. 6. Habla con una amiga.
Síntesis y repaso Práctica 1: 1. ocho o nueve 2. la cafetería 3. una gran biblioteca 4. cuatro
o cinco 5. español, historia, arquitectura, matemáticas 6. flexibles, inteligentes 7. béisbol, tenis,
fútbol 8. hablan con sus amigos, bailan

Práctica 2:

	lunes	martes	miércoles	jueves	viernes
8:00	historia		historia		historia
9:00					
10:00	ciencias políticas		ciencias políticas		ciencias políticas
11:00		derecho		derecho	
12:00	cafetería		cafetería		restaurante
13:00		sociología		sociología	
14:00					
15:00		español		español	
16:00	estudiar	estudiar	estudiar	estudiar	estudiar

Práctica 3: 1. F: Julio estudia lingüística y Celia estudia ingeniería. 2. F: Celia trabaja en la librería.
3. C 4. C 5. C 6. F: Julio toca el piano Práctica 4: PASO 2. 1. muchos, trescientos 2. tres
3. parte del día 4. los niños

CAPÍTULO 2

Tema I

Vocabulario del tema Práctica 1: 1. Nada en la piscina. 2. Corre en el parque. 3. Juega al
baloncesto. 4. Navegan en Internet. Práctica 2: 1. PARQUE 2. CASA 3. PARQUE 4. PARQUE
5. CASA 6. PARQUE Práctica 3: 1. b 2. c 3. c 4. a 5. c 6. a Práctica 5: 1. verde 2. morado
3. negro 4. amarillo 5. rojo 6. blanco 7. gris 8. anaranjado 9. azul
Gramática 2.1 Práctica 1: 1. c. 2. f. 3. e. 4. b. 5. d. 6. a Práctica 2: 1. a 2. b 3. b
4. b 5. a 6. b Práctica 3: 1. pone 2. sale 3. hago 4. ven 5. hace 6. trae 7. salen 8. hacen
9. oímos 10. oyes
Gramática 2.2 Práctica 3: 2. va a jugar al fútbol 3. va a patinar en línea 4. van a andar en
bicicleta 5. voy a nadar 6. vas a sacar fotos 7. vamos a correr 8. va a mirar televisión
Síntesis y repaso Práctica 1: 1. Nicolás y Felipe 2. Nicolás y Felipe 3. Nicolás 4. Felipe
5. Nicolás Práctica 2: 1. F 2. C 3. F 4. F 5. C Práctica 3: 1. b 2. b 3. d 4. a 5. c 6. d
Práctica 4, PASO 2: 1. a, b, c, d 2. a 3. d 4. a, b, d 5. a 6. b

Tema II

Vocabulario del tema Práctica 1: 1. cinco, frío 2. veintiocho, calor 3. quince, fresco 4. treinta y
cinco, calor Práctica 2: 1. junio, julio, agosto; hace sol, hace calor 2. diciembre, enero, febrero; hace
frío, nieva 3. septiembre, octubre, noviembre; hace fresco, está nublado 4. marzo, abril, mayo;
llueve, hace fresco Práctica 3: 1. b 2. a 3. b 4. b 5. b
Gramática 2.3 Práctica 2: 1. el libro de texto 2. Antonia 3. el pizarrón 4. los papeles
5. el lápiz de la profesora 6. los estudiantes Práctica 4: 1. c 2. f 3. b 4. e 5. a 6. d
Práctica 5: 1. estoy 2. está 3. están 4. está 5. estamos 6. está 7. están 8. estás
Gramática 2.4 Práctica 1: 1. está comprando 2. están viendo 3. están haciendo 4. está
leyendo 5. están trabajando 6. estoy hablando 7. estamos paseando 8. estás haciendo

Síntesis y repaso Práctica 1: 1. Es sábado. 2. Es junio. 3. Hace muy buen tiempo. 4. 30 grados centígrados. / 86 grados Fahrenheit. 5. No, no está nublado (en Guadalajara) 6. Hace muy mal tiempo. 7. 15 grados centígrados / 59 grados Fahrenheit. 8. Sí, hace viento (en Buenos Aires). **Práctica 2:** 1. C 2. B 3. C **Práctica 3:** 1. Trabaja tres o cuatro días por semana y tiene clases todos los días. Trabaja y estudia mucho. 2. Está enferma y cansada. 3. Le gusta el verano porque hace buen tiempo. 4. Va a jugar al vólibol, nadar, salir a escuchar música y bailar. 5. No va a trabajar o estudiar. **Práctica 4, PASO 1:** 1. Lidia Tinieblas 2. Es de Cancún, México. 3. Estudia en la Universidad Nacional Autónoma de México. 4. Desea poder vivir exclusivamente de su arte. 5. Trabaja en un estudio de escenografía. **PASO 2:** 6. Artesanía Blog en español 7. Contacto 8. cinco 9. Publica tu testimonio

CAPÍTULO 3

Tema I

Vocabulario del tema Práctica 1: 1. lavar los platos, quitar la mesa, sacar la basura, trapear 2. arreglar el cuarto, hacer la cama, pasar la aspiradora, planchar la ropa **Práctica 2:** 1. e 2. c 3. a 4. d 5. b

Gramática 3.2 Práctica 1: 1. tengo suerte 2. tiene prisa 3. tenemos calor 4. tienen éxito 5. tienes miedo **Práctica 2:** 1. tengo 2. tenemos 3. viene 4. quiero 5. prefiere 6. vienen 7. quieren 8. prefiero 9. tengo 10. prefiero **Práctica 4. Nota comunicativa:** 1. tiene que pasar la aspiradora / barrer el piso / trapear 2. tengo que sacar la basura 3. tenemos que lavar los platos 4. tienes que planchar la ropa 5. tienen que secar las toallas 6. tiene que lavar la ropa

Síntesis y repaso Práctica 1: 1. Ángela 2. José 3. Ángela 4. José 5. José 6. Manuel 7. Ángela 8. Manuel 9. José 10. Manuel **Práctica 2:** 1. C 2. F 3. C 4. F 5. C **Práctica 3:** 1. Robert necesita cortar el césped. 2. Está lloviendo. 3. Prefiere trabajar en casa. 4. Va a lavar, secar y planchar la ropa. 5. Va a pasar la aspiradora y trapear. **Práctica 4, PASO 2:** 1. a, c 2. b 3. b 4. a 5. c 6. a, b

Pronunciación Práctica 4: 1. aquí 2. chimpancé 3. delgado 4. simpático 5. matrícula 6. alemanes 7. estadística 8. actitud **Práctica 5:** 1. árabe 2. dominó 3. francés 4. japonés 5. matemáticas 6. así 7. está 8. fútbol 9. jardín 10. miércoles 11. café 12. física 13. informática 14. lápiz 15. música

Tema II

Vocabulario del tema Práctica 1: 1. b 2. a 3. a 4. a **Práctica 2:** 1. jugar a las cartas 2. levantar pesas 3. hacer yoga 4. jugar a los videojuegos 5. ir al cine 6. jugar al billar 7. asistir a la iglesia

Gramática 3.3 Práctica 1: 1. a. pensar b. perder c. cerrar d. empezar e. entender 2. a. jugar b. almorzar c. dormir d. volver e. poder 3. a. repetir b. pedir c. servir d. seguir **Práctica 2:** 1. piensas 2. quiero 3. Cierro 4. entiendo 5. empieza 6. puedo 7. pierden 8. juega 9. Pienso 10. Tienes 11. almorzamos 12. Podemos **Práctica 3, PASO 1:** 1. Almuerza a las doce y cuarto / a las doce y quince. 2. Puede llamar a su novia. 3. Vuelve a clase a las dos y media. 4. Juega al rugby. 5. Duerme a las once y media. **Práctica 4:** 1. Sirven 2. podemos 3. puedes 4. consigues 5. pides 6. quiero 7. Pienso 8. entiendo

Gramática 3.4 Práctica 1: 1. e 2. a 3. d 4. f 5. a 6. b 7. c 8. b 9. a 10. c 11. a 12. d **Práctica 2:** 1. sé 2. conocemos 3. sabes 4. saben 5. conocen 6. sabe 7. conozco 8. conoces 9. Sabes 10. conocen **Práctica 4. Nota comunicativa, PASO 1:** 1. sí 2. no 3. no 4. sí **PASO 2.** 1. a 2. x 3. x 4. a

Síntesis y repaso Práctica 1: 1. b 2. a 3. c 4. a 5. d **Práctica 2, PASO 1:** 1. tomar café 2. doblar la ropa 3. asistir a la iglesia 4. hacer yoga 5. mirar la televisión **PASO 2.** *Possible answers:* 1. María debe practicar yoga. 2. Alisa debe tomar café con sus amigos. 3. Susana debe asistir a la iglesia. **Práctica 3:** 1. 10, DISTRACCIÓN 2. 6, OBLIGACIÓN 3. 5, DISTRACCIÓN 4. 9, DISTRACCIÓN 5. 2, OBLIGACIÓN 6. 12, DISTRACCIÓN 7. 1, OBLIGACIÓN 8. 8, OBLIGACIÓN 9. 3, DISTRACCIÓN 10. 11, DISTRACCIÓN 11. 7, OBLIGACIÓN 12. 4, DISTRACCIÓN **Práctica 4, PASO 2:** 1. b 2. c 3. c 4. b

CAPÍTULO 4

Tema I

Vocabulario del tema   Práctica 1:   1. tío   2. madre   3. abuela   4. yerno   5. primo   6. sobrino
7. hermano   8. suegra   9. hijo   10. cuñada   11. nieta   12. esposo   **Práctica 2:**   1. madre; cuarenta
2. abuelo; setenta y seis   3. hermana; diecisiete   4. padre; cuarenta y tres   5. hermano; tres
Práctica 3:   1. C   2. F: El padre de Manolo es trabajador.   3. C   4. C   5. F: La abuela de Julio es
delgada.   6. F: El cuñado de Lisa es pelirrojo.   **Nota comunicativa**   1. tienen 71 años   2. tiene 49 años
3. tiene 44 años   4. tiene 4 años   5. tiene 2 años   6. tiene 36 años   7. tiene 42 años
   Gramática 4.1   Práctica 1:   1. g   2. e   3. a   4. d   5. h   6. i   7. b   8. c   9. f   **Práctica 3:**
1. Por   2. por   3. por   4. por   5. para   6. para   7. por   8. Por   9. para   10. por   11. por   12. por
13. por   14. Por   15. por   16. Para   17. por   18. para   19. para   20. por
   Gramática 4.2   Práctica 1:   1. estos   2. esos   3. aquellos   4. este   5. ese   6. aquel   7. aquella
8. esa   9. esta   10. aquellas   11. esas   12. estas   **Práctica 3:**   1. Este, Ese   2. Este, Ese   3. Esta, Esa
4. Esta, Esa   5. Estas, Esas   6. Estos, Esos
   Síntesis y repaso   Práctica 1:   1. madre   2. Nueva York   3. padre   4. 1962   5. dos   6. hermana
7. 18   8. jugar   **Práctica 2:**   1. Mateo; tío   2. Andrea; prima   3. Eduardo; primo   4. María, abuela
5. Sandra; hermana   **Práctica 3:**   1. Tiene 11 años.   2. Tiene ocho primos.   3. Son extrovertidos.
4. Tiene 34 años.   5. Es profesor.   6. Es delgado y moreno.   **Práctica 4, PASO 2:**   1. el Real Madrid
2. el mejor equipo del siglo XX   3. más de sesenta años   4. ochenta mil, tres cientos cincuenta y cuatro
5. entre 150€ y 300€   **PASO 3.**   1. F   2. F   3. C   4. C   5. C   6. C   7. F
   Pronunciación   Práctica 3:   1. Busco una bicicleta nueva.   2. Voy a la biblioteca.   3. Mis abuelos
están divorciados.   4. Está nevando.   5. Está nublado.   6. Llueve.

Tema II

Vocabulario del tema   Práctica 1:   1. madre   2. hijastra   3. hermanastros   4. hermano   5. padrastro
Práctica 2: PASO   1.   1. la soltera   2. el divorcio   3. el matrimonio   4. los gemelos   5. la boda
6. el viudo   7. el hijo único
   Gramática 4.3   Práctica 1:   1. más rica que   2. menos mascotas que   3. más grande que
4. corren más rápido que   5. cocinan mejor que   6. más zapatos que   7. menos inteligentes que
8. más horas que   **Práctica 2:**   1. mejor   2. mayor   3. menores   4. peores
   Gramática 4.4   Práctica 1, PASO 2:   1. corre tanto como   2. estudia tanto como   3. come tanto
como   4. tiene tanto dinero como   5. tienes tantos gatos como   6. tiene tantas casas como   7. tengo
tanta suerte como   **Práctica 2:**   1. menos   2. más   3. más   4. tan   5. tan   6. como   7. menor que
8. mayor que   9. que   **Práctica 5:**   1. buenísimo   2. cariñosísimo   3. torpísimo   4. altísima
5. inteligentísima   6. guapísimo   7. orgullosísimos   8. feísimo   9. nerviosísima   10. unidísimas
   Síntesis y repaso   Práctica 1:   1. Mateo   2. Marisol   3. Rodrigo   4. Beatriz   5. Carlos
Práctica 2:   1. F   2. F   3. F   4. C   5. C   6. C   **Práctica 3:**   1. Roberto   2. la persona soltera
3. su esposo   4. la abuela   5. Rosa y Pablo   **Práctica 4: PASO 2.**   1. España   2. el presidente de los
Estados Unidos   3. España   4. España   5. España

CAPÍTULO 5

Tema I

Vocabulario del tema   Práctica 1:   1. la casa   2. el jardín   3. el balcón   4. la ventana   5. el edificio
de apartamentos   6. la planta baja   7. el primer piso   8. el segundo piso   9. la calle   **Práctica 2:**
1. a   2. a   3. a   4. b   5. a   6. b
   Gramática 5.1   Práctica 1, PASO 1:   1. inglés, lo   2. los libros, los   3. un _iPod_ bellísimo, lo
4. español, lo   5. las lecciones, las   6. dos botellas de Coca-Cola, las   7. la televisión, la   8. un lavabo, lo
9. las rosas, las   10. una estantería, la   11. al billar, lo   12. la música que me gusta, la   **PASO 2.**
1. Lo estudio.   2. Los traemos a clase todos los días.   3. Lo tengo.   4. El profesor lo enseña.   5. Las
leemos cada día.   6. Mi compañero las bebe todos los días.   7. La miras mucho.   8. Lo tenemos en
nuestro cuarto.   9. Las ponen en la mesa.   10. A la derecha de mi mesita de noche, la tengo.   11. En mi

casa lo jugamos. 12. La escucho en casa. **Práctica 2, PASO 1:** 1. <u>a Anita</u>, la 2. <u>a Damián</u>, lo 3. <u>a la muchacha guapísima</u>, la 4. <u>a mí</u>, me 5. <u>a ti</u>, te 6. <u>a ti</u>, te 7. <u>a tu hermanito</u>, lo 8. <u>a los abuelos</u>, los 9. <u>a nosotras</u>, nos 10. <u>a Uds.</u>, los **PASO 2.** 1. la 2. lo 3. la 4. te 5. me 6. me 7. lo 8. los 9. las 10. nos **Práctica 3:** 1. Los voy a hacer. / Voy a hacerlos. 2. No los puedo invitar. / No puedo invitarlos. 3. La voy a llamar. / Voy a llamarla. 4. ¿La quieres pedir? / ¿Quieres pedirla? 5. ¿La debemos beber? / ¿Debemos beberla? 6. ¿Me puedes ayudar? / ¿Puedes ayudarme? **Práctica 4:** 1. Sí, lo estoy barriendo. / Sí, estoy barriéndolo. 2. Sí, lo estoy arreglando. / Sí, estoy arreglándolo. 3. Sí, la estoy haciendo. / Sí, estoy haciéndola. 4. Sí, la estoy pidiendo. / Sí, estoy pidiéndola. 5. Sí, las estoy limpiando. / Sí, estoy limpiándolas. 6. Sí, te estoy escuchando. / Sí, estoy escuchándote.

Gramática 5.2 Práctica 1: 1. e. 2. g. 3. a. 4. d. 5. h. 6. b. 7. c. 8. f. 9. i **Práctica 3:** 1. es aburrido, están aburridos 2. son ricos, está rico 3. es listo, está lista

Síntesis y repaso Práctica 1: 1. el centro 2. el bulevar 3. amueblados 4. céntrico 5. balcón **Práctica 2:** 1. Está cansada. 2. Es bajo. 3. Está alegre. 4. Está enfermo. 5. Es vieja. 6. Es alto. **Práctica 3:** 1. Vive en las afueras de Segovia. 2. Es alto, delgado y extrovertido. 3. Porque su vecino y los amigos escuchan música. 4. Le gusta cocinar. 5. Lo visita los fines de semana. **Práctica 4, PASO 2:** 1. F: Mi casa ideal está en Málaga, España. 2. F: Está en la playa. 3. F: Tiene un jardín con muchas flores. 4. C 5. C

Pronunciación Práctica 3: 1. caro 2. carro 3. moreno 4. barrer 5. abril 6. rubia 7. rosado 8. triste

Tema II

Vocabulario del tema Práctica 1: 1. una mesita, un sillón, una chimenea 2. una cafetera, un refrigerador, un horno 3. un cuadro, una alfombra, una cómoda 4. un inodoro 5. una mesa, unas sillas **Práctica 2:** 1. entre 2. dentro de 3. debajo de 4. a la izquierda de 5. enfrente de 6. encima de 7. a la derecha de 8. al lado de 9. delante de

Gramática 5.3 Práctica 1: 1. e 2. b 3. a 4. d 5. c **Práctica 3:** 1. se despierta 2. se baña / se ducha 3. se seca 4. se viste 5. se lava los dientes 6. se maquilla 7. se divierte 8. se acuesta **Práctica 4:** 1. nos afeitamos, nos bañamos, nos duchamos, nos lavamos, nos maquillamos 2. nos despertamos, nos vestimos, estudiamos, hacemos la cama, pasamos la aspiradora 3. cocinamos, desayunamos, almorzamos, cenamos, trapeamos el piso **Práctica 5:** 1. bañarme 2. despertarme 3. relajarme 4. maquillarme 5. vestirme 6. ducharme 7. me, divertir 8. me, lavar 9. me, afeitando 10. me, vistiendo 11. secándome 12. divirtiéndome **Práctica 6** 1. primera 2. Segundo 3. tercera 4. Cuarto 5. quinta 6. sexta 7. primera 8. segunda 9. séptima 10. Octavo 11. noveno

Gramática 5.4 Práctica 1: 1. f 2. d 3. e 4. h 5. i 6. j 7. g 8. b 9. a 10. c **Práctica 2:** 1. No 2. Siempre 3. ningún 4. ni 5. ni 6. Tampoco 7. nadie 8. nunca 9. algún 10. alguien **Práctica 3:** 1. algo 2. no 3. Nadie 4. Siempre 5. alguien 6. ni 7. tampoco 8. nada

Síntesis y repaso Práctica 1: 1. sofá: Hay un sofá. Es grande. 2. lámpara: Hay dos lámparas. Son altas y bellas. 3. televisión: Hay una televisión. Es pequeña pero funciona bien. 4. estanterías: Hay cuatro estanterías. Son viejas. **Práctica 2:** 1. F: No hay una estantería. 2. F: No hay una mesita de noche. 3. C 4. F: La cómoda cuesta más que el sillón. 5. F: El escritorio cuesta ciento treinta y siete dólares y ochenta y nueve centavos. 6. F: La lámpara cuesta menos que el microondas. 7. C 8. F: La lámpara y el escritorio cuestan menos que la cómoda. **Práctica 3:** 1. La casa de Sara 2. La casa de Sara 3. La casa de Sara 4. La casa de Sean 5. La casa de Sean 6. La casa de Sean **Práctica 4, PASO 2:** 1. C 2. C 3. F 4. C 5. C

CAPÍTULO 6

Tema I

Vocabulario del tema Práctica 1: 1. el bistec, el tocino, el pavo, el pollo 2. la piña, las uvas, las espinacas, la zanahoria 3. el atún, los camarones, la langosta 4. la leche, el queso, el yogur 5. el arroz, el pan 6. el azúcar, la sal 7. el agua, la champaña, la leche **Práctica 2:** 1. el pavo 2. el arroz 3. la lechuga 4. el mango 5. el aceite

Gramática 6.1 Práctica 1: 1. le 2. les 3. les 4. me 5. nos 6. le 7. les 8. te **Práctica 3:** 1. vamos a mostrarte (te vamos a mostrar) nuestros buenos modales 2. vamos a darte (te vamos a dar) nuestros juguetes antes de comer 3. vamos a decirle (le vamos a decir) «Gracias» a la camarera 4. vamos a pasarle (le vamos a pasar) la comida a nuestro hermanito 5. vamos a decirte (te vamos a decir) cuándo necesitamos ir al baño

Gramática 6.2 Práctica 1, PASO 1: 1. ensalada, la mujer bonita 2. unas servilletas, los niños 3. el aceite de oliva, los ricos 4. las gracias los jóvenes 5. el azúcar, el hombre que bebe café **PASO 2.** 1. Se la doy. 2. Se las traigo. 3. Se lo pongo. 4. Se las doy. 5. Se lo necesito dar. / Necesito dárselo. **Práctica 2:** 1. Les 2. Se las 3. Les 4. Se la 5. Les 6. Se la 7. le 8. Se las 9. Les 10. Se los 11. Le 12. Se las 13. Les 14. Se los 15. Le 16. Se las **Práctica 3:** 1. Sí, se lo puedo llevar. / Sí, puedo llevárselo. 2. Sí, se lo puedo cocinar. / Sí, puedo cocinárselo. 3. Sí, se las cocino. / Sí, nos las cocino. 4. Sí, se lo preparo. 5. Sí, se lo llevo. 6. Sí, se los puedo preparar. / Sí, puedo preparárselos. Sí, te los puedo preparar. / Sí, puedo preparártelo. 7. Sí, se la puedo llevar. / Sí, puedo llevársela.

Síntesis y repaso Práctica 1: 1. la tienda de comestibles 2. la carnicería 3. la frutería 4. el supermercado 5. la pescadería **Práctica 2, PASO 1:** el aceite de oliva, la cebolla, las espinacas, los huevos, el jamón, la leche, la pimienta, el queso, la sal, el tocino **PASO 2.** 3, 4, 1, 2, 5 **Práctica 3:** 1. Les va a comprar jamón. 2. Va a comprar pescado para sus primos. 3. Va a ir a la tienda de comestibles para comprar verduras. 4. Va a comprar papas, tomates y pepinos. 5. Va a comprar dos sandías. **Práctica 4, PASO 2:** 1. las familias hispanas 2. casi 20 mil personas 3. el 70 por ciento 4. Los Ángeles, Nueva York, Miami, Chicago y Houston 5. Univisión 6. $10,000 en efectivo más un viaje

Pronunciación Práctica 3: 1. de nada 2. estudiante 3. un doctor trabajador 4. los cuñados divorciados 5. al lado del departamento

Tema II

Vocabulario del tema Práctica 1: 1. almuerzo 2. desayuno 3. cena 4. desayuno 5. cena **Práctica 2:** 1. C 2. F 3. C 4. C 5. C 6. C 7. C 8. F

Gramática 6.3 Práctica 1: 1. Cocinar 2. dejar, dejarlo 3. Cortar 4. Preparar 5. cortar, cortarlas 6. Cortar 7. Calentar 8. sofreír 9. retirar, retirarlos 10. Echar 11. Revolver, Revolverlo 12. agregar 13. Añadir 14. Servir **Práctica 2:** 1. Corten 2. Pongan 3. Denme 4. Preparen 5. Hiervan 6. Cocinen 7. Mezclen 8. Cubran **Práctica 3:** 1. estén 2. vayan 3. Estén 4. Den 5. vayan 6. sean 7. Sean 8. den **Práctica 5:** 1. f 2. b 3. a 4. h 5. e 6. g 7. c 8. d **Práctica 6:** 1. límpienla 2. arréglenlos 3. pónganla 4. no la coman 5. lávenselas 6. no se sienten 7. no la duerman 8. no se los den 9. sírvansela 10. tráiganselo

Gramática 6.4 Práctica 1: 1. a. 2. b. 3. c. 4. a. 5. c. 6. c. 7. b. 8. b. 9. c. 10. b **Práctica 2:** 1. pasaron 2. llegué 3. busqué 4. encontré 5. me senté 6. llegó 7. llamé 8. oyó 9. se sentó 10. habló 11. contó 12. dejó 13. vio 14. me levanté 15. llegaron 16. nos sentamos 17. pasamos

Síntesis y repaso Práctica 1: 1. F 2. F 3. C 4. C 5. F **Práctica 2:** 1. JORGE 2. ESTEBAN 3. ESTEBAN 4. AMANDA 5. JORGE 6. AMANDA **Práctica 3:** 1. en un restaurante cubano 2. ropa vieja 3. el platillo moros y cristianos 4. toda la familia 5. relajante **Práctica 4, PASO 2:** 1. C 2. F 3. F 4. F 5. F 6. C

CAPÍTULO 7

Tema I

Vocabulario del tema Práctica 1: 1. b 2. e 3. i 4. j 5. d 6. a 7. f 8. g 9. c 10. h **Práctica 2:** 1. MATERIAL 2. DISEÑO 3. TALLA 4. DISEÑO 5. DISEÑO 6. MATERIAL 7. DISEÑO 8. DISEÑO 9. TALLA 10. MATERIAL 11. TALLA 12. MATERIAL **Práctica 3:** 1. fui 2. Dimos 3. fuimos 4. buscamos 5. compramos 6. encontramos 7. Estuvimos 8. compré 9. Tuve 10. tuvimos 11. se puso 12. pudo **Práctica 4:** 1. tuve 2. quiso 3. quise 4. pudo 5. pudo 6. conocí **Práctica 5:** 1. fue 2. enseñó 3. se quedó 4. vendió 5. pudo 6. contribuyó 7. hizo 8. hizo 9. fue 10. pagaron 11. ganó 12. compró 13. hizo 14. vino 15. fue

Síntesis y repaso   Práctica 1: un traje de baño verde, pantalones de última moda color gris, zapatos de tenis, una blusa negra de seda   **Práctica 2:**   1. ropa de última moda para hombres, mujeres y niños   2. en la ropa para hombres   3. de lana   4. las corbatas   5. ciento cincuenta dólares / $150 **Práctica 3:**   1. F   2. F   3. F   4. C   5. C   **Práctica 4, PASO 2:**   1. Santo Domingo   2. Madrid   3. la República Dominicana, España, Francia   4. para trabajar en la casa Elizabeth Arden   5. en 1967   6. el uniforme oficial de los Boy Scouts

Pronunciación   Práctica 2:   1. generoso   2. junio   3. refrigerador   4. viejo   5. gimnasio **Práctica 4:**   1. los gatos gordos   2. me gusta el ajo   3. geografía y geometría   4. la hija juega en junio   5. unos guantes grandes   6. lechuga y guisantes

Tema II

Vocabulario del tema   Práctica 1:   1. madera   2. diamante   3. arcilla   4. oro y plata   5. cuero **Práctica 2:**   1. el anillo   2. la juguetería   3. los guantes   4. el maquillaje   5. la cartera

Gramática 7.4   Práctica 1:   1. Se me olvidó   2. Se me cayó   3. Se me acabó   4. se me rompieron **Práctica 2:**   1. Se me cayeron los libros.   2. Se te olvidó el libro.   3. Se le rompió el espejo.   4. Se nos acabó la leche.   5. Se les acabó la gasolina.   6. Se les cayó la escultura.

Síntesis y repaso   Práctica 1:   1. C   2. F   3. C   4. F   5. C   **Práctica 2:** la floristería: unas flores; la zapatería: las botas; la joyería: un brazalete, un collar; la librería: unas novelas; la frutería: las fresas, las uvas   **Práctica 3:**   1. el maquillaje   2. una escultura   3. unos guantes   4. un collar   5. una cartera   **Práctica 4, PASO 2:**   1. 1550–1730   2. Gran Bretaña, Francia, España, Portugal, los Países Bajos   3. los españoles   4. oro, plata, esmeraldas, maderas exóticas, azúcar, especias, tabaco, sal 5. la Española

CAPÍTULO 8

Tema I

Vocabulario del tema   Práctica 1:   1. metro   2. avión   3. barco   4. parada   5. carnet   6. taller **Práctica 2:**   1. g   2. d   3. a   4. b   5. f   6. i   7. h   8. j   9. e   10. c

Gramática 8.1   Práctica 1:   1. Cruza   2. Dobla   3. Sigue   4. dobles   5. pares   6. cruces   7. sigas 8. Para   **Práctica 2:**   1. Pon, pongas   2. Sal, salgas   3. Haz, hagas   4. Ve, vayas   5. Ven, vengas 6. Ten, tengas   7. Diles, les digas   8. Sé, seas   **Práctica 4:**   1. Házmela.   2. Pónmela.   3. Búscaselas. 4. Pídenosla.   5. No la pongas en la mesa.   6. No me hables ahora.   7. Dísela.   8. Escríbeselo. 9. No me mires.   10. Ábresela.

Gramática 8.2   Práctica 1:   1. mucho   2. rápidamente   3. bien   4. Nunca   5. Mañana   6. un poco 7. bien   8. muy   **Práctica 2:**   1. rápidamente   2. lentamente   3. cómodamente   4. Tristemente 5. inmediatamente   6. cuidadosamente   7. Solamente   8. Felizmente

Síntesis y repaso   Práctica 1: la gasolinera   **Práctica 2:**   1. Ve, la cantina   2. Visita, centro de salud / hospital   3. Deja, taller de reparaciones   4. Mira, mapa / plano   5. Salir, comisaría de policía **Práctica 3:**   1. al almacén   2. en coche o en el metro   3. Hay mucho tráfico.   4. no 5. entre el restaurante y la fuente   **Práctica 4, PASO 2:**   1. dos   2. más de cinco   3. el autobús 4. El Petén   5. No hay servicio de autobuses porque las carreteras desaparecen.   6. barco 7. las ruinas de Tikal

Pronunciación   Práctica 4:   1. bicicleta   2. la corbata color café   3. carne y cebolla   4. qué tranquilo es el centro   5. una cuchara de aceite   6. cómo quieres el queso

Tema II

Vocabulario del tema   Práctica 1:   1. e   2. g   3. h   4. a   5. f   6. c   7. b   8. d   **Práctica 2:**   1. el camino   2. la cerca   3. los caballos   4. el cerdo   5. el agricultor   6. el gallo 7. las gallinas   8. el sendero   9. el ganado / las vacas   10. el perro

Gramática 8.3   Práctica 1:   1. CIUDAD   2. CIUDAD, CAMPO   3. CIUDAD   4. CAMPO   5. CIUDAD 6. CAMPO   7. CIUDAD   8. CAMPO   **Práctica 2:**   1. pasaba   2. eran   3. vivían   4. era   5. había 6. despertaba   7. Tenía   8. corrían   9. iba   10. íbamos   11. volvíamos   12. tenía   13. ayudaba 14. crecía   15. gustaba   **Práctica 3:**   1. manejaba, abría   2. montaban, llamaban   3. daba, preparaba

4. cantaba, nos levantábamos   **Práctica 4:**   1. Hacía   2. Eran   3. brillaba   4. estaba   5. parecía   6. salía   7. estaba   8. miraba   9. veía   10. oía   13. se extendía   14. susurraba   15. sabía   16. iba

Síntesis y repaso   Práctica 1:   1. Vivía en una finca.   2. Era un valle.   3. una posada y un comedor   4. para tener qué comer   5. Montaban a caballo.   **Práctica 2:**   1. C   2. F: Hay dos penínsulas en la costa del océano Pacífico.   3. F: Hay muchos ríos en el país   4. F: Hay varios volcanes activos.   5. C   6. C   **Práctica 3:**   1. transporte, comida, hotel, caminatas   2. caminatas, exploración, excursiones en barco   3. la selva de Panamá, la Ciudad de Panamá, el Canal de Panamá   **Práctica 4, PASO 2:** *Possible answers.*   1. Fue fenomenal.   2. Eran dueños de una cadena de hoteles.   3. Costa Rica, por sus playas espectaculares   4. a los monos y osos   5. peces y arañas   6. por sus quemaduras del sol

CAPÍTULO 9

Tema I

Vocabulario del tema   Práctica 1:   1. la tormenta   2. el huracán   3. la inundación   4. el tornado   5. el terremoto   6. la neblina   **Práctica 2:**   1. c   2. a   3. e   4. f   5. b   6. d   **Práctica 3:**   1. bandera   2. imperio   3. gobiernos   4. declaró   5. florecieron   6. pertenecieron   7. tuvo lugar

Gramática 9.1   Práctica 1, PASO 2:   1. d   2. c   3. b   4. a   5. a   6. f   7. b   8. e   9. b   **Práctica 2:**   1. d   2. e   3. c   4. a   5. b   6. j   7. i   8. g   9. f   10. h   **Práctica 3:**   1. para   2. Por   3. para   4. por   5. por   6. por   7. por   8. Por   9. Para   10. para   11. Por   12. por   13. Para   14. para   15. para   16. para   17. Por   18. para   19. para

Gramática 9.2   Práctica 2:   1. se saludaron   2. se besaron   3. se tomaron   4. se besaron   5. se abrazaban   6. se decían

Síntesis y repaso   Práctica 1:   1. 1998   2. Honduras   3. El viento fue, Las inundaciones fueron   4. destruyeron edificios, mataron a mucha gente, destruyeron puentes   **Práctica 2:**   1. México, Honduras, Belice, Guatemala, El Salvador   2. pirámides, templos, palacios   3. el arte, la astronomía, la agricultura, la arquitectura, las matemáticas   4. Creían en varios dioses.   **Práctica 3:**   1. d   2. c   3. b   4. f   5. a   6. e   **Práctica 4, PASO 2:**   1. C   2. C   3. F   4. F   5. F   6. C   7. F   8. F

Pronunciación   Práctica 3:   1. una tormenta   2. una patata   3. el tratado de paz   4. la historia política   5. el período precolombino   6. el territorio tolteca

Tema II

Vocabulario del tema   Práctica 1:   1. papel   2. televisión / computadora   3. caballos   4. televisión   5. computadora   6. bicicleta   7. papel   **Práctica 2:**   1. la madurez   2. la niñez   3. la vejez   4. la infancia   5. la juventud   6. la adolescencia

Gramática 9.3   Práctica 1:   1. P   2. P   3. I   4. P   5. P   6. P   7. P   8. I   9. P   10. P   **Práctica 2:**   1. nació   2. Nací   3. era   4. Era   5. tenía   6. nos divertíamos   7. fue   8. eligió   9. expulsó   10. quería   11. fue   12. dejaron   13. Volví   **Práctica 3:**   1. I   2. P   3. P   4. P   5. I   6. I   7. I   8. I   9. I   10. I   11. I   12. I   13. I   14. P   15. P   16. I   17. P   18. P   **Práctica 5:**   1. nació   2. Era   3. Tenía   4. montaba   5. se llamaba   6. era   7. gustaba   8. mataba   9. temían   10. era   11. seguía   12. atrapó   13. había   14. protegían   15. seguía   16. se transformaba   17. se colgó   18. se convirtió   19. llegó   20. veían   21. vieron   22. se llevaron   23. volvió   24. estaba

Síntesis y repaso   Práctica 1:   1. c; ayer   2. d; los fines de semana   3. a; una vez   4. f; los veranos   5. e; todos los domingos   6. b; todos los lunes   **Práctica 2:**   1. C   2. C   3. F; Iba al cine con los amigos.   4. C   5. F; En el futuro, quiere hacer la observación de aves y la fotografía.   **Práctica 3:** *Possible answers:*   1. Estuvo cinco años en la universidad.   2. Vivieron en un bloque de pisos en el centro de la ciudad.   3. Tenían fiestas e iban a una discoteca.   4. Patinó en línea.   5. Practicaron el ala delta.   **Práctica 4, PASO 2:**   1. c   2. c   3. a   4. c   5. b

CAPÍTULO 10

Tema I

Vocabulario del tema **Práctica 1:** a. 7 b. 4 c. 1 d. 8 e. 6 f. 3 g. 9 h. 10 i. 5 j. 2 **Práctica 2:** 1. crucero 2. pasaporte 3. maletas 4. boleto de embarque 5. clase económica

 Gramática 10.1 **Práctica 3:** 1. me he preparado 2. has bajado 3. ha llamado 4. hemos comprado 5. han pedido 6. ha volado 7. han llegado 8. han sido 9. nos hemos sentado 10. has salido

 Gramática 10.2 **Práctica 1:** 1. e 2. d 3. c 4. f 5. a 6. b

 Síntesis y repaso **Práctica 1:** 1. ha llegado a su destino 2. ha hecho las maletas 3. ha bajado del avión 4. ha tomado el tren del aeropuerto 5. ha subido al avión **Práctica 2: PASO 2,** *Possible answers:* 1. Llegó hace cuatro días. 2. Ha viajado a Machu Picchu dos veces. 3. Tiene un poco de dinero extra. 4. Es popular porque es bello y misterioso. 5. Va a salir el sábado. **Práctica 3:** 1. C 2. F 3. C 4. C 5. F **Práctica 4, PASO 2,** *Possible answers:* 1. Las carreteras y ferrocarriles son difíciles de construir y mantener porque los puertos de montaña quedan a grandes alturas. 2. con animales de carga en caminos y senderos que no están pavimentados 3. Brasil tiene más aerolíneas porque es el país más grande de Sudamérica. 4. TAME es una aerolínea con base en Ecuador. Se estableció porque las fuerzas militares necesitaban hacer uso de su flota de aviones. 5. Argentina y Chile se establecieron Aerolíneas Argentinas y LAN en 1929. Sus gobiernos las establecieron.

 Pronunciación **Práctica 3, PASO 1:** 1. c 2. s 3. c 4. z 5. z 6. z 7. s 8. c 9. s 10. z

Tema II

Vocabulario del tema **Práctica 1:** 1. la recepción 2. el ascensor 3. el gerente 4. el botones 5. la maleta 6. el huésped 7. la mochila 8. la huéspeda **Práctica 2:** 1. c 2. b 3. a 4. b 5. b 6. c 7. a 8. b

 Gramática 10.3 **Práctica 1:** 1. sí 2. no 3. sí 4. sí 5. no 6. no 7. sí 8. sí 9. no 10. no **Práctica 2:** 1. hagamos 2. traigas 3. lleve 4. venga 5. preparen 6. busque 7. suba 8. nos divirtamos **Práctica 3:** 1. den 2. sepan 3. haya 4. sean 5. vayamos 6. estén 7. cuide 8. respete **Práctica 5:** 1. la veas 2. la hagas 3. lo recorras 4. lo tomes 5. lo llames 6. la hagas 7. las des 8. los compres

 Síntesis y repaso **Práctica 1:** 1. Patagonia 2. España 3. El Caribe **Práctica 2:** 1. e 2. c 3. d 4. f 5. a 6. b **Práctica 3:** 1. pase; un hotel en la playa 2. vaya; reclamo de equipaje 3. visite; la reserva biológica 4. haga; excursiones 5. hospede; un hotel de lujo **Práctica 4, PASO 2,** *Possible answers:* 1. Hay que viajar en avión y en lancha. 2. sí 3. en el restaurante 4. pesca, viajes en canoa, excusiones para la observación de fauna y flora, excursiones de tirolina 5. una vacuna contra la fiebre amarilla

CAPÍTULO 11

Tema I

Vocabulario del tema **Práctica 1:** 1. f 2. c 3. e 4. b 5. d 6. a **Práctica 2:** 1. el cumpleaños 2. los Sanfermines 3. las vacaciones de primavera 4. la Pascua 5. el Cinco de Mayo

 Gramática 11.1 **Práctica 1:** 1. d 2. b 3. h 4. c 5. e 6. f 7. g 8. a **Práctica 2:** 1. trabaje 2. aprendas 3. lave 4. estén 5. lleves 6. recojas 7. tome 8. sugieras 9. deje

 Gramática 11.2 **Práctica 2:** 1. vayamos 2. reconozca 3. hagamos 4. haya 5. tengamos 6. guste 7. digas 8. preparemos 9. tengan 10. seas 11. se diviertan **Práctica 3:** 1. tengamos 2. vamos 3. visitemos 4. nos alojemos 5. tengamos 6. vamos 7. cuesten 8. salimos 9. lleguemos 10. pensamos 11. puedo

 Síntesis y repaso **Práctica 1:** 1. el Año Nuevo 2. el cumpleaños 3. el Día de la Independencia 4. la Navidad 5. las vacaciones **Práctica 2:** 1. C 2. F 3. C 4. F 5. C **Práctica 3:** 1. F 2. F 3. C 4. F 5. F **Práctica 4, PASO 2:** 1. el salón y la iglesia. 2. dos meses antes 3. una Biblia especial y una limosina 4. al padre o al compañero de honor 5. comidas con exceso de grasas y chocolates 6. mandar tarjetas de agradecimiento

Tema II

Vocabulario del tema   Práctica 1:   1. escribe libros   2. pinta pinturas   3. saca fotos   4. escribe óperas 5. esculpe estatuas   6. escribe obras de teatro   **Práctica 2:**   1. b   2. e   3. d   4. a   5. f   6. c
   Gramática 11.3   Práctica 1:   1. ganen   2. tienen   3. trabajan   4. duerman   5. pueden   6. estén 7. sea   8. aprenda   9. se diviertan   10. sean   **Práctica 2:**   1. No creo que sea una buena noche para salir.   2. No dudo que hay una obra en el teatro.   3. No es cierto que los dramaturgos escriban muy bien.   4. Es verdad que cuesta mucho dinero.   5. No es probable que mi amigo esté actuando en la obra de teatro.   6. No niego que estoy enamorada de él.   7. Dudo que quieras verlo otra vez. 8. No estoy seguro de que nos divirtamos esta tarde.   **Práctica 4:**   1. debemos   2. empecemos 3. necesitemos   4. cantan   5. son   6. van   7. practiquemos   8. discutas   9. tienes   10. te calles 11. va
   Síntesis y repaso   Práctica 1:   1. C   2. F   3. F   4. C   5. F   **Práctica 2:**   1. Es necesario que vaya al cuarto piso.   2. Sugiere que vea la colección de fotografías y vídeos de la naturaleza.   3. Es necesario que vaya al primer piso.   4. Es necesario que vaya al tercer piso.   5. Recomiende que vea la exposición principal: pinturas, dibujos y murales modernos que reflejan la vida de nuestra ciudad. **Práctica 3:**   1. Es probable que Sergio sea arquitecto.   2. Es probable que Luisa sea música.   3. Dudo que Andrés sea cineasta.   4. Dudo que Celia sea pintora.   5. Dudo que Jaime sea escritor.   **Práctica 4, PASO 2:**   1. F   2. C   3. F   4. F   5. C   6. F   7. F

CAPÍTULO 12

Tema I

Vocabulario del tema   Práctica 1:   1. BIEN   2. BIEN   3. MAL   4. MAL   5. BIEN   6. MAL   7. BIEN 8. MAL   9. BIEN   10. MAL   11. MAL   12. BIEN   **Práctica 2:**   1. c   2. a   3. e   4. b   5. d
   Gramática 12.1   Práctica 1:   1. I   2. S   3. S   4. I   5. S   6. S   7. S   8. S   **Práctica 2:**   1. esté 2. quiera   3. digas   4. te confíes   5. vas   6. sigan   7. lleves   8. llego   9. invites   10. tenga 11. pases   12. te sientas   13. respondas   14. sean
   Gramática 12.2   Práctica 1:   1. b   2. j   3. c   4. g   5. i   6. d   7. h   8. a   9. e   10. f   **Práctica 2:** 1. mío   2. nuestra   3. suyo   4. suya   5. nuestro   6. suyos   7. míos   8. suya   9. nuestra   10. suyas
   Síntesis y repaso   Práctica 1, *Possible answers:*   1. Se conocieron en la escuela secundaria. 2. Pensaba que era inteligente y guapo.   3. Se enamoraron en su primera cita.   4. Pasaron tres años juntos.   5. No, a veces discuten.   **Práctica 2:**   1. es amable   2. está enamorada   3. está celosa 4. está contento   5. está enojado   **Práctica 3:**   1. e   2. c   3. b   4. d   5. a   **Práctica 4, PASO 2:** 1. treinta   2. agosto   3. localizada en las calle Vizcaya con la avenida Torres   4. flores que uno puede comer   5. tener un baile   6. abuelos   7. amor   8. regalo
   Pronunciación   Práctica 3:   1. ¿Cómo te llamas?   2. El valle es grande.   3. Me gusta el yogur. 4. Quiero que vayas.   5. La pastilla es amarilla.   6. Yo ya llamé a Yolanda.

Tema II

Vocabulario del tema   Práctica 1:   1. la cabeza   2. el ojo   3. la nariz   4. la oreja   5. la boca   6. el cuello   7. el hombro   8. el pecho   9. el brazo   10. la mano   11. el dedo   12. el estómago   13. la pierna   14. la rodilla   15. el pie   **Práctica 2:**   1. los pulmones   2. la boca; los dientes   3. las piernas; los pies   4. el cerebro   5. las manos; los dedos   6. los ojos   7. los brazos   **Práctica 3:**   1. c   2. e 3. a   4. g   5. b   6. h   7. d   8. f
   Gramática 12.3   Práctica 1:   1. RECÍPROCO   2. REFLEXIVO   3. REFLEXIVO   4. RECÍPROCO 5. RECÍPROCO   6. REFLEXIVO   7. REFLEXIVO   8. RECÍPROCO   9. RECÍPROCO   10. REFLEXIVO   **Práctica 2:** 1. Nosotros nos lavamos las manos el uno al otro.   2. Nosotros nos abrazamos nosotros mismos. 3. Uds. se afeitaron el uno al otro.   4. Uds. se vieron a ustedes mismos.   5. Ellos se curaron el uno al otro.   6. Ellas se cuidaron a ellas mismas.   **Práctica 4:**   1. les duelen   2. les duelen   3. te duelen 4. le duelen   5. les duele   6. me duele   7. le duele   8. nos duelen
   Síntesis y repaso   Práctica 1:   1. tome jarabe / se tome la temperatura   2. beba agua / no beba alcohol   3. tome aspirinas / haga yoga   **Práctica 2:**   1. F   2. C   3. F   4. C   5. F   **Práctica 3:** 1. hagas; el corazón funcione bien   2. te drogues; seas drogadicto   3. te pongas; te des la gripe

4. fumes; los pulmones funcionan bien   5. comas; engordes   6. abuses; evitar una adicción   7. hagas; reduzcas el estrés   8. te cuides; seas sano   **Práctica 4, PASO 2:** *Possible answers*   1. Por las posibles repercusiones legales y, en el caso de drogas intravenosas, la exposición a VIH y SIDA.   2. La drogadicción es una enfermedad.   3. Un programa con cuatro iniciativas: apoyo, investigación, prevención, y entrenamiento.   4. Porque ideas como el cambio de aguja son para muchos difíciles de aceptar. 5. La drogadicción puede afectar a todos: hombre o mujer, joven o viejo, rico o pobre.

CAPÍTULO 13

Tema I

Vocabulario del tema   Práctica 1: 1. h   2. a   3. e   4. d   5. g   6. b   7. i   8. c   9. j   10. f
Práctica 2: 1. el entrenador   2. la abogada   3. el veterinario   4. el banquero   5. el médico   6. la cocinera   7. la pintora   8. el programador   9. la farmacéutica   10. la traductora
  Gramática 13.1   Práctica 3: 1. me graduaré   2. tomaré   3. iremos   4. haremos   5. subiremos 6. llevaremos   7. nos alojaremos   8. pediré   9. dirá   10. estará   11. llorará   12. daré   13. abrazará 14. nos besaremos   15. contará   16. será   **Práctica 4:** 1. se graduará   2. hará   3. iré   4. seguiré 5. podré   6. querré   7. saldré   8. diré   9. querrá   10. podré   11. Tendré   12. sabré   **Práctica 5:** 1. será   2. vendrá   3. tendrá   4. habrá   5. será   6. llevará   7. Habrá   8. estará   9. contestará 10. Estará
  Gramática 13.2   Práctica 1: 1. antes de que   2. cuando   3. Después de que   4. En cuanto 5. hasta que   **Práctica 2:** 1. S   2. I   3. S   4. I   5. S   6. I   7. S   8. I   9. S   **Práctica 3:** 1. se enferma   2. vaya   3. se resfría   4. dejó   5. se mejore   6. terminen   7. visite   8. esté
  Síntesis y repaso   Práctica 1: 1. C   2. C   3. F: Es electricista.   4. C   5. C   6. F: Habla español y chino.   7. F: Trabaja para una compañía de negocios internacionales.   8. C   **Práctica 2:** 1. C 2. F   3. C   4. C   5. C   6. F   **Práctica 3:** 1. mujer de negocios   2. intérprete   3. atleta   4. jueza **Práctica 4, PASO 2:** 1. C   2. F   3. F   4. C   5. F
  Pronunciación   Práctica 3: 1. Tengo éxito en mi curso de historia mexicana.   2. A Ana le encanta el boxeo.   3. Cenamos en los restaurantes extravagantes.   4. Pasé el verano en el extranjero.

Tema II

Vocabulario del tema   Práctica 1: 1. maneja   2. supervisa   3. solicita   4. archiva   5. contesta 6. anota   **Práctica 2:** 1. b   2. c   3. c   4. a   5. b   6. a   7. c   8. b
  Gramática 13.3   Práctica 2: 1. pueda   2. tenga   3. sea   4. sepan   5. tengan   6. disfrute 7. guste   8. sepa   9. esté   10. cuide   **Práctica 4:** 1. sea   2. es   3. dan   4. haga   5. tenga   6. tengo 7. trata   8. trate   9. quiere   10. quiera   11. trabaje   12. trabaje
  Síntesis y repaso   Práctica 1: 1. C   2. F   3. C   4. F   5. F   **Práctica 2:** 1. d   2. f   3. b   4. c 5. e   6. a   **Práctica 3:** 1. tenga don de gentes   2. incluya un paquete   3. sepa hacer copias   4. sea fuerte   5. sean organizados   **Práctica 4, PASO 2:** 1. desde las ocho hasta las tres   2. a las seis y media   3. jornada completa   4. salario fijo con comisiones   5. en Santiago   6. *Possible answers:* tenga experiencia de al menos un año en ventas, preferiblemente del sector de computación y tecnología; sea tenaz y motivado y alcanzar sus metas; tenga ambición económica y profesional; sea bilingüe; tenga título en ventas y/o computación

CAPÍTULO 14

Tema I

Vocabulario del tema   Práctica 1: 1. el hielo, la nieve   2. la arena, las palmeras   3. el agua, las olas   4. los caballos, las vacas   5. los quetzales, la vegetación   **Práctica 2:** 1. la ballena, la foca, la medusa, el tiburón   2. el mono, el oso, el puma, el tigre, el papagayo, la rana   3. el águila, el chivo, el oso, el puma
  Gramática 14.1   Práctica 1: 1. e   2. b   3. f   4. d   5. c   6. g   7. a   **Práctica 2:** 1. preste 2. se quede   3. autoricen   4. se enfermen   5. haya   6. siga   7. usemos   8. paremos   9. haya 10. utilicen

Síntesis y repaso **Práctica 1:** 1. la selva amazónica, África 2. arañas 3. África 4. elefantes, leones 5. ambientes naturales **Práctica 2:** 1. F 2. C 3. C 4. C 5. F **Práctica 3:** 1. vaya, selva 2. nade, arrecife 3. campo, vea 4. descubran, hábitat 5. camine, pantano 6. vaya, lago **Práctica 4, PASO 2:** 1. b 2. c 3. c 4. c 5. a 6. a

Pronunciación **Práctica 1:** 1. Dónde, tu 2. cuándo, mi 3. el, dé 4. Si, más 5. de 6. Él, dónde, tú **Práctica 4:** 1. comerá 2. Juego 3. Trabajé 4. recicle 5. estará 6. beba 7. visité 8. Bebí 9. mejorará 10. será

Tema II

Vocabulario del tema **Práctica 1:** 1. e 2. d 3. a 4. f 5. b 6. c **Práctica 2:** 1. a 2. b 3. c 4. b 5. a 6. a 7. b 8. c **Práctica 3:** 1. C 2. C 3. F 4. C 5. C 6. F

Gramática 14.2 **Práctica 1:** 1. sea 2. proteja 3. hay 4. conserves 5. evitar 6. hagan 7. mejoremos 8. estés 9. me ducho 10. tenemos 11. van 12. tomes **Práctica 2:** 1. tenga 2. se cierre 3. esté 4. duren 5. reutilizar 6. tome 7. sean 8. está 9. esté 10. vive 11. buscar 12. está 13. eran 14. van 15. renovar **Práctica 3:** 1. cuidemos 2. éramos 3. costaba 4. tenga 5. puedan 6. compren 7. contamine 8. vivan 9. construir 10. pueden 11. encuentre 12. esté 13. comprar **Práctica 4:** 1. se especialice 2. haya 3. puedan 4. fue 5. hacer 6. tienen 7. tengo 8. decidió 9. veo 10. ayudar 11. esté 12. vivir 13. encuentre 14. prometa 15. encuentre 16. descubramos 17. vamos 18. haya 19. dé 20. quiera 21. se interesen 22. acabe

Síntesis y repaso **Práctica 1:** *Possible answers:* 1. El problema es la contaminación del aire. 2. No maneja porque ya hay mucho tráfico. 3. Cierra el grifo y no se ducha por corto tiempo. 4. Es importante para conservar los recursos naturales. 5. Trata de reutilizarlos. **Práctica 2:** 1. usemos la energía renovable 2. cerremos el grifo 3. reciclemos todo el papel 4. reutilicemos nuestras cosas 5. creemos reservas naturales **Práctica 3:** 1. a. la contaminación del agua b. las focas; las gaviotas 2. a. el cambio climático b. los osos polares; los pingüinos 3. a. la deforestación b. los monos; los papagayos **Práctica 4, PASO 2:** *Possible answers:* 1. Hacen sus investigaciones en la Antártida. Usan la perforación para estudiar el hielo de tiempos pasados. 2. Andrill es una colaboración multinacional compuesta de más de 200 científicos, estudiantes y profesores para investigar el clima. 3. Alemania, Italia, Nueva Zelanda, Gran Bretaña y los Estados Unidos 4. Quieren aprender más sobre los cambios del medio ambiente en los tiempos pasados y saber cómo eran los cambios glaciales en nuestro planeta. 5. En octubre de 2009 encontraron evidencia de un período de calor en la Antártida. 6. Significa que en el clima de ese período incluía temperaturas de por lo menos 50 grados Fahrenheit.

CAPÍTULO 15

Tema I

Vocabulario del tema **Práctica 1:** 1. F 2. C 3. F 4. C 5. F 6. C **Práctica 2:** 1. los archivos 2. digitalizar 3. adjuntar 4. la conexión WiFi 5. estar al día 6. la televisión de alta definición

Gramática 15.1 **Práctica 2:** 1. nos presentaríamos 2. volarían 3. compraría 4. se mudaría 5. tendrían 6. comerían 7. encontraría 8. buscarías 9. guardaría 10. viajarían **Práctica 3:** 1. haría 2. sabrían 3. iría 4. tendría 5. dirían 6. saldría 7. resolvería 8. gustaría 9. podrían 10. Habría 11. tendríamos 12. querría 13. pondría 14. devolvería 15. vendría **Práctica 5:** 1. guardaron, vendría 2. ocurrieron, estarían 3. prometió, daría 4. escondieron, sería 5. cumplieron, saldría 6. escribieron, podría 7. dijeron, perderían 8. ocurrió, pararía

Síntesis y repaso **Práctica 1:** 1. Candidato 1 2. Candidato 1 3. Candidato 2 4. Candidato 1 5. Candidato 2 6. Candidato 2 **Práctica 2:** 1. C 2. F 3. F 4. C 5. F 6. F **Práctica 3:** 1. Nieva. 2. El hielo podría causar accidentes de coches. 3. Están en huelga por el sueldo. 4. Los ciudadanos podrán votar. 5. Es mala. 6. un asesinato 7. La gente no obedece las leyes. 8. Aparecerá uno de los testigos **Práctica 4, PASO 2:** 1. *Answers will vary.* 2. Es un banco dedicado al desarrollo de los países latinoamericanos y caribeños. 3. Acabar con la diferencia en el campo científico y tecnológico entre Latinoamérica y otras naciones como los Estados Unidos, Canadá y los países europeos. 4. Pueden aumentar el número de publicaciones científicas, el número de empleados que trabajan en investigaciones y desarrollo y el número de patentes pedidos. 5. Chile es el líder en tecnología y ciencia, especialmente en el campo de tecnologías de información y comunicación.

Tema II

Vocabulario del tema **Práctica 1:** 1. invertir en la bolsa 2. un préstamo estudiantil 3. la terapia de grupo 4. respirar profundo 5. hipoteca 6. envidia **Práctica 2:** 1. a 2. c 3. b 4. h 5. f 6. g 7. e 8. d

    Gramática 15.2 **Práctica 1:** 1. dice, pregunto 2. tiene, gusta 3. se queja, recomiendo 4. puede, doy 5. explica, sugiero 6. da, grabo 7. quiere, quiero 8. es, tengo **Práctica 2:** 1. llamaban, mostraba 2. estaban, abría 3. gustaba, hacían 4. se ponían, hablaba 5. se enojaban, olía 6. recibían, hacían **Práctica 3:** 1. da, compraré 2. gano, invertiré 3. gano, pondré 4. prestan, pagaré 5. invierto, leeré 6. termino, tendré **Práctica 4:** 1. d 2. h 3. c 4. e 5. b 6. f 7. a 8. g **Práctica 5:** 1. tuviera 2. fueras 3. hiciera 4. fuéramos 5. hablaran 6. estuvieran

    Síntesis y repaso **Práctica 1:** 1. Lo leyó en una revista de sociedad. 2. Compraría una computadora y un coche. 3. Pagaría las tarjetas de crédito y la hipoteca. 4. Daría dinero a un grupo dedicado a la conservación de especies. 5. Se mudaría al campo porque el aire es puro. **Práctica 2:** 1. Iría a nadar en el mar. 2. Leería un libro. 3. Limpiaría la casa. 4. Correría en el parque. 5. Haría de voluntaria en el hospital. **Práctica 3:** 1. tomarían 2. habría 3. serían 4. enfermaría 5. perderías **Práctica 4, PASO 2:** 1. los empleados de la limpieza, los maestros, los empleados de transporte y los amas de casa 2. las secretarias, los camareros y los obreros de construcción. 3. *Possible answers:* dolor de cabeza, espalda y nuca, tensiones musculares, visión borrosa, problemas digestivos, cansancio excesivo y dificultad en dormir 4. *Possible answers:* perder el apetito, consumir alcohol y drogas, tener malas relaciones con los compañeros, perder la motivación, deseos de llorar constantemente, estar de mal humor y sentirse impotente de cambiar la situación 5. haciendo más ejercicio, tratar de relajarse, practicar la meditación, estirarse, respirar profundamente, mantener una dieta baja en carbohidratos y alta en fibras, conocerse a sí mismo y evitar situaciones que causen estrés

About the Authors

María J. Amores received her Licenciatura en Filología Hispánica from the Universidad de Sevilla and her Ph.D. in Spanish Applied Linguistics with a concentration in Second Language Acquisition from Pennsylvania State University. She is currently an Associate Professor of Spanish at West Virginia University, Morgantown, where she coordinates and supervises the Basic Spanish Program and teaches undergraduate and graduate courses in language, culture, methodology, and linguistics. Her research is oriented toward pedagogical issues related to the teaching of writing and to the professional development of graduate teaching assistants. Professor Amores has published various articles on these topics in *Dimension, The Northeast Conference on the Teaching of Foreign Languages Review,* and *Foreign Language Annals.* She has also conducted several in-service workshops at national institutions for language instructors at the public school (K-12) levels, and at international institutions for teachers of Spanish as a second language.

José Luis Suárez García received his Ph.D. from the University of Illinois at Urbana-Champaign in 1991. He is currently a Professor of Spanish and Graduate Coordinator at the Department of Foreign Languages and Literatures at Colorado State University in Fort Collins. He regularly teaches Spanish Golden Age and other courses on Peninsular Literature and Culture and has taught Spanish language at all levels. Professor Suárez has published several reviews, articles, and books on Spanish Golden Age literature and culture, medieval bibliography, poetic and dramatic theory, and contemporary theater. He has been a guest speaker at the prestigious Jornadas de Teatro Clásico in Almagro, the Jornadas de Teatro de Almería, and has been a Panelist for the Post-Performance Roundtable Discussions at the XX Festival del Siglo de Oro in El Paso, Texas. Some of his publications have appeared in *Criticón, Journal of Spanish Studies, La Corónica, Journal of Hispanic Philology, Anales de Literatura Española*, Editorial Castalia, Universidad de la Rioja, and Editorial Universidad de Granada.

Michael Morris received his Ph.D. in Foreign Language Education from the University of Iowa in 1997. He is currently an Associate Professor of Spanish and Foreign Language Education at Northern Illinois University, where he teaches courses in Spanish language and linguistics as well as language teaching methodologies. He also coordinates the first- and second-year Spanish program and oversees the foreign language teacher certification program. His research focuses on the analysis of foreign language teachers' beliefs regarding instruction and the relationship of these beliefs to their classroom practices, as well as foreign language classroom assessment. He has given many in-service presentations to elementary, secondary, and college level teachers at the local, state, and national levels as well as abroad. His work has appeared in *Foreign Language Annals, Hispania, The Modern Language Journal, The Journal of Graduate Teaching Assistant Development*, and the annual volume of the American Association of University Supervisors and Coordinators.